# 現代イギリス「品質保証国家」の教育改革

大田直子

世織書房

# 目　次

# 略字一覧

APS = Assisted Places Scheme　援助席計画

BTEC = Business And Technology Education Council
資格授与機関（現在はEdexcel）

CATE = Council for Accreditation of Teacher Education　教員養成評価委員会

CCCS = Centre for Contemporary Culutural Studies
現代文化研究所（バーミンガム大学）

CPVE = Certification of Pre-Vocational Education　職業教育準備課程資格

CSE = Certificate of Secondary Education　中等教育修了証書

CTC = City Technology College　シティテクノロジーカレッジ

DES = Department of Education and Science　教育科学省

GCE = General Certificate of Education　教育修了一般証書

　GCE-A = Advanced　A（上級）レベル

　GCE-O = Ordinary　O（普通）レベル

GCSE = General Certificate of Secondary Education　中等教育修了一般証書

GMS = Grant Maintained Schools　国庫維持学校

GNVQ = General National Vocational Qualification　般全国職業資格

HEFC = Higher Education Funding Council　高等教育基金協議会

HMC = Headmasters' Conference　全国校長会議

HMI = Her Majesty's Inspectorate　勅任視学官

IEA = Institute of Economic Affairs　経済問題研究所

ILEA = Inner London Education Authority　内ロンドン教育当局

LEA = Local Education Authority　地方教育当局

LMS = Local Management of Schools　学校の自律的経営

MSC = Manpower Services Commission　マンパワーサービスコミッション
NCC = National Curriculum Council　ナショナルカリキュラム協議会
NUT = National Union of Teachers　全国教員組合
NVQ = National Vocational Qualification　全国職業資格
Ofsted = Office for Standard in Education　教育水準局
＊2007年から「子どもサービスとスキル」が付け加えられている
PGCE = Post Graduate Certificates in Education
教員資格（大学院レベル１年課程修了）
PRU = Pupil Referral Unit　生徒委託ユニット
QCA = Qualifications and Curriculum Authoriy　資格とカリキュラム協議会
SCAA = School Curriculum and Assessment Authority
学校カリキュラムと評価当局
SEAC = School Examination and Assessment Council　試験と評価協議会
*SLP = South London Press*　サウス・ロンドン・プレス
SSE = School for Social Entrepreneurs　社会貢献型起業のための学校
TECs = Training and Enterprise Councils　訓練と企業協議会
*TES = Times Education Supplement*　タイムズ教育版
TTA = Teacher Training Agency　教員養成局
TVEI = Technical and Vocational Education Initiative
技術的職業的教育イニシアティヴ
UGC = University Grant Committee　大学補助金委員会
*WBN = Wandsworth Borough News*　ワンズワース・バラ・ニュース
YOP = Youth Opportunity Programme　青少年就業機会計画
YTS = Youth Training Scheme　青少年訓練計画

# 現代イギリス「品質保証国家」の教育改革

序　章

# 問題の所在

## 1 問題の所在

イギリスの教育改革が日本においても注目されている．それは日本でも同様の教育改革を行おうとする動きとそれに反対する動きが明確に対立しているからである．しかし賛成するものも反対するものも，イギリスの教育改革の一部だけを取り上げて自らの主張に都合よく接ぎ木をしているように思われる．

本書は1980年代以来，英国（イングランドとウェールズ）で追求されてきたポスト福祉国家像を「品質保証国家」と命名し，そのもとで公教育の新しい供給メカニズムがどのように開発されてきたのかということを明らかにしようとするものである．この「品質保証国家」なるものは，サッチャリズムと総称されるいわゆるニューライトのポスト福祉国家路線が1980年代末にその原型を作り上げたものであるが，本書で明らかにされたように，その内容は新自由主義と新保守主義という言葉で普通説明されるほどには単純ではない[1]．

また，1997年に誕生したブレア労働党政権とサッチャリズムとの連続性または非連続性が2000年代初頭は論議の的となっていた．この問題は，前述の問題同様，とかくイデオロギー的見地から論議されやすいテーマである．「第三の道」の提唱者からすれば，連続の部分と非連続の部分があるのは当然であり，新労働党の独自性は，サッチャリズムの問題点，たとえば，不平等を国全体の活性化にとって必要なものとして積極的に容認したことや，社会というものの存在を否定し，個人化（individualized）を促進した点などを，社会正義と社会的包摂（social inclusion）にコミットすることで乗り越えるところにあるとする．もとよりイデオロギーの重要性を軽視するものではないが，本書では，保守党政権が準備した教育改革が実際に学校現場や地方教育当局（Local Education Authority：LEA）によってどのように解釈され，実践されていったのかということに注目することによって，教育水準の向上という目標を保守党，労働党がともに設定した時に，実際にはほとんど同じ体制，すなわち「品質保証国家」がきわめて有効な装置として機能するという点に労働党が注目したということを主張するものである．もちろん，保守党政権が1980年代に作り上げた原型が現在そのまま適用されているわけではない．10年間の実際の経験を経たのち，1990年代の労働党政権のもとでそのメカニズムの意味が明確化され，洗練され，強力な国家主導のもとでさらに発展させられてきたのである．その契機となったのは，実は保守党政権時代にいくつかの地域で行われた実践であったということが本書を通じて明らかになるだろう．さらにそのうえで「品質保証国家」の枠組みをサッチャリズムのものと，ブレア主義のものとを自覚的に峻別し，類型化することも本書の目的である．

■新労働党が「第三の道」を信奉していることを明言しているのと並行して，ブレア主義とサッチャリズムを峻別することは，ギデンズやルグランによっても意識的に行われている．

ところで，現代日本においても進行しつつある教育改革には，規制緩和，アカウンタビリティ（応答責任），親の学校選択と経営参加，学校の自主性・自律性，ニューパブリックマネージメント（New Public Management：NPM）などいくつかのキイワードがあるが，これらのキイワードはイギリスの教育改革におけるキイワードでもあった．したがって，本書の対象はイギリスではあるが，日本での政策論議に対しても深く関わるものである．むしろ日本の政策論議に積極的に関わるために，本書は書かれたといってよい．もちろん日本とイギリスの文化的歴史的差異を無視して，イギリスを理念化する気は毛頭ないが，イギリスで現実に進められてきた教育改革の実態を具体的に検討することによって，日本における教育政策論議に一石を投じることが可能であると考える．その際，イギリスの教育改革をいかに評価するかということが問われてくるだろう．

本書では，日本やイギリスで繰り返し展開されたニューライトのイデオロギーを問題にする次元での論争には与しない．この論争は，私達の注意を教育改革の現実の動向からそらし，多くのエネルギーを吸収してしまう傾向にあった．その一方で学校現場や地方教育当局（LEA）は現実の改革の波に揉まれ，子ども達を目の前にして必死に新しい状況を自らが信じる教育理念の実現に向けて解釈し直し，変えていくよう奮闘してきた．イデオロギー論争はこういった彼らの実践に注意を払うことはせず，専ら市場原理にもとづく新自由主義の教育改革は「不平等」を拡大するという点に批判を集中させた．そのため，公教育制度における官僚制を批判し，（スモール・スクールと）学校選択という新しい政策によって，学校と親との間に新しい「抑制と均衡」の原理を導入してきた公立学校改革派の動きと，「ナイーブな市場原理」の導入できわめて粗い方法で公立学校を改組しようとする新自由主義・新保守主義の教育改革との理論的違いを明確に区分しようと試みる1980年代以降の黒崎勲の主張は，藤田英典の批判に代表されるように問題点がうまくかみ合わず，多くの場合これらの二つの原理の違いは無視され，学校選択を活用した改革は，専ら不平等の拡大に与するものとして批判されてきたのである．

■最近になって黒崎は，論争がかみ合わなかったことを両者が拠って立つ基盤が教育社会学と教育学の違いであったと指摘している（黒崎：2006）．

■現在，イギリス教育改革をめぐる研究書やルポルタージュは数多く出されている．そこには概ね二つの立場が見て取れる．一つは，公立学校の組織原理に市場原理を導入することへの危険性を指摘し，日本での学校選択の導入を阻止しようとするものであり，もう一つは，イギリスの教育改革のすべてを高く評価するものである．

　イギリスの教育改革をめぐるこれら二つの立場は，どちらもかなり単純化して評価を行っているという点でともに問題を抱えている．たとえば，イギリスでは政府が学校のテストの成績を公表し，それを全国紙等が順位表（リーグテーブルと呼ばれる）に組み替えて発表してきたのだが，このことがすぐに学校の序列化をもたらすとして批判されている（たとえば藤田他『誰のための教育改革か』など）．つまり，親は学校の成績だけで学校選択を行うと信じられているのだ．しかしこれは確かにサッチャーらによって期待されたことではあるが，一般化するには何ら根拠のないことである．たとえば，イギリス教育社会学のいくつもの調査結果が，親が学校選択をする際に重視するのは子どもと学校の相性であることなどを，明らかにしている．さらに1988年教育改革法を適用したほとんどの学校が進学者定数の75%程度を学校と自宅との距離，兄弟姉妹がすでにその学校に在籍している，医者が発行する特別教育ニーズの証明書をもっているといった条件に合致した生徒から入学させているというのが事実である．このような事実には一切言及せずに，いたずらに学校選択が「不平等の拡大」や「学校の序列化」をもたらすと危機感をあおっているのである．このような言説が新自由主義・新保守主義に反対する教育学専門家から発せられ，批判的なマスコミもこれにすぐ飛びつくあたりに日本の教育改革をめぐる言説の在り方に危機感を覚えざるをえない．またこの教育改革の選択と並ぶもう一つの特徴は「参加」である．この「参加」をめぐっては，言い古された言説，すなわち「体制内化」を批判するものもみられる．「体制」そのものを批判し，それへの「参加」を一切拒否するこういった主張は，他の社会運動にとっては意味があるかもしれないが，現実の教育の現場にとっては何の意味ももたらしはしない．

他方，イギリスの教育改革の成果を何ら批判もせずに大絶賛する立場も同様に単純化しすぎている．イギリスの教育改革はここ20年にわたって，様々な取り組みや見直しを通じて，今日に至っているのであり，そこには失敗も当然あった．このような経過を踏まえずに，評価を下すこともあまりに危険であり，イギリス教育改革が有している真の意義そのものの価値を下げてしまう可能性が高い（筆者が考える「真の意義」については補論を参照のこと）．単純化した議論はわかりやすいし，受け入れられるところは多いかもしれないが，教育問題は単純かつ単純化して論じられるような簡単な問題ではない．この深刻さ，複雑さの認識がこれら二つの立場には欠けている．

学校選択のみを取り上げて教育改革全体の議論を代表させてしまう論調は，学校選択がどのような歴史的・文化的文脈の中で機能しているのか，またその他の政策，たとえば従来からの補助金制度や教職員の人事制度といったものから，新たに主張された学校の自律的経営や，学校のタイプの多様化などといったものが複雑に絡み合っているという重要な側面を切り落としてしまうという危険性をもっている．したがって，学校選択という一つの政策だけを取り出して批判を行うことはそれほど有意義であるとは思えない．さらにいえば，経済的不平等の問題は学校制度だけで解決できるものではないからである．と同時に，学校制度だけが生み出すものではない．

■たとえば藤田英典は学校選択政策を不平等を拡大させる政策として批判するが，学校選択という政策が単独で社会の不平等や地域格差，学校

> 格差を招来するすべての原因であると決めつけることはできない．すでに通学区制度の下でも，豊かな層は引っ越しをして著名な公立学校に入学するなど不動産による不平等の存在は以前から指摘されていたのであり，平等と想定されている公立学校間での格差も存在していることは明らかな事実である．これはまず第一に運営費にみられる学校予算額の差異という点において，すなわち市町村レベルにおいて，また第二に教職員給与，定数といった都道府県レベルの問題において，さらには第三として，同一の市町村内部でも，つまり同じ運営費配当のもとにある場合においても，その地域の歴史や文化，住民の構成，保護者の経済的地位や意識などによって異なることは明らかである．かつまた，学校制度そのものが社会的経済的不平等を再生産し，なおかつこれを「能力主義」の名の下，正統化しているということはすでに教育社会学の見地として一般に承認されている事柄である．現在は，アメリカでもイギリスでも貧しいものやマイノリティの家庭に対する学校選択の自由を保障するということは，彼らに発言権等の「力」を与える戦略として，ほとんど受け入れられてきている．もちろんその際においても，この戦略が新自由主義の戦略と親和性をもっていることに対するアップル（2008）の警告を無視することは危険である．

さらにまた，学校選択だけを不平等と絡めて議論する論調は，サッチャーらが展開した「平等」論，すなわち優秀な子ども達が画一的な公教育のもとで不利益を被っていること，したがって彼らの能力にふさわしい教育を供給することが「平等」にかなっているという種類の「平等」論の再登場についてもこれを不問に付すものである．再登場というのは，20世紀初頭，これと同じレトリックを用いて中等教育の機会の開放を労働党が提唱したという事実をさす．つまり中等教育学校進学が階級および金銭的壁によって阻まれていた時に，労働党政権はIQテストの結果を使って，「能力」のあるものにはそれに相応しい教育を与えるべきであると主張したのである．奨学金制度はそれを実現する手段であった．

イギリスでは伝統的に私立学校の教育はエリート大学に直結するものであり，一般に公立学校よりも優れていると思われている．したがって，貧しいがゆえに（私立学校の高額な授業料を支払えないために），優れている教育（すなわち私立学校が供給する教育）を受けることができないのは教育の機会均等原則に反しており，問題であると保守党政府は主張した．詳しくは後述するが，保守党政権は政権発足直後に新たな奨学金制度（「援助席計画」

Assisted Places Scheme：APS）を導入した．これに対しては，私立学校に公立学校の優秀な生徒が逃げ出してしまうと，まことにもっともな批判が公立学校擁護派から出された．しかしそのことは翻って考えれば，公立学校関係者もまた，私立学校のほうが教育の水準が高いということを認めていたことになる．

第二次大戦後多くの先進諸国では，「平等」をキイワードとして福祉国家路線が追求された．人権と民主主義を支配的な組織原理とする現代社会にあっては，「教育を受ける権利」は，「社会権」（基本的人権）として認識される．しかしながら，このことが教育問題を複雑にする．その根本の原因は，イリイチが指摘するように，基本的人権概念そのものにある．すなわち，想定される基本的人権の持ち主は抽象的個人であり，そこでは性別，人種，年齢，階級が一旦は捨象されているからである[2)]．実際にこの社会に生きている私達は，どれをとっても非対称の存在であり，唯一無二である．私達は人間であるというたった一つの意味を除けば，決して同じではない．ところが，人権と民主主義を標榜する現代社会では，平等は理想として追求され続ける．しかし何をもって平等が実現していると考え，どこまで実現したら平等と見なすのかについては，個人によって異なる．もし平等を究極的に突きつめたとするとおそらくたった一つのものに集約され，一切の自由や差異は不平等の源泉として拒否されてしまう．しかし，そのような社会が全体主義的であり，非常に閉塞した，危険なものとなることは言をまたないだろう．

兼子仁は20世紀の「義務公教育法制は，あくまでも私教育の自由をふまえており，私教育法制を土台としつつそれを修正したものにほかならない」と指摘している[3)]．たとえば，公立学校の教師やブレア首相をはじめ労働党議員が，また筆者も知る労働党支持を表明している教育学者ですら，私立学校や選抜学校に自分の子どもを送るという事態が起こっている．こういったことは日本でもみられることであるが，このような親達を批判すれば問題が解決できるわけではない（もちろん，公立学校の現場を一番よく知っているものがこういった選択を行っているとすれば，公立学校の危機の根はより深いといわねばならない）．経済的な資本に加えて，文化資本や社会関係資本といった形で不平等が再生産されるということを承認するならば，教育における不平等をなくすことは，究極的にいえば親や家庭の影響を排除しない限り不可能である.

そのようなことは果たして現実的であろうか, また社会にとって, あるいは人間にとってそうすることが幸せなのだろうか.

不平等を問題とする限り, 単純な平等追求主義に立つことが求められているのではないことを自覚することが肝要である.「私達は極端な不平等の除去を求めてきた. 人々を平等にするためではなく, 彼らが平等ではなかったということを証明するために. 社会主義者は階級制度を批判する. いかなる理由や正義においてもこの現存する不平等を正当化することが困難であるからではなく, そのような単純化に依存する社会においては, 価値の多様化を促進することが不可能であるからだ」とマイケル・ヤングは主張する[4]. ここでの強調は「人を平等にするためでは」なく,「価値の多様化を促進する」ということだ. そのためには人々が自らの価値観を表明し, 自由にそれを実現することが可能とされなければならない. ヤングは, 福祉国家のもとで万民に教育を受ける権利が保障されたことを歓迎する. しかしそれと同時に, 国家なり地方自治体なりがそれを独占することを危険視し, 価値の多元化を認める様々な公立学校を創る運動を組織した(「教育助言センター」Advisory Centre for Education：ACE. 1960年設立. 機関誌は *Where*).

またヤングは, 人間の能力を科学的に測定し, それによって人間を一元的に序列化し, 最終的には新たな階級として固定化するというメリトクラシーの社会を痛烈に批判する. メリトクラシーの社会は「能力」以外の不平等を許さない社会であり, それは「教育の機会均等」(平等) 原則を追求した労働者階級が理想として追い求めた社会でもあった. しかしそれが新たに階級として人々を固定化した場合, その社会の末路は恐ろしいものであった. したがって彼にとっての問題は, 人間を測る尺度を一元化しないことと, この階層化された社会の中で, 上位と下位のギャップがどの程度なら不平等を許容できるか, ということを考えることであった. 1994年の『メリトクラシーの興隆』(新版) *The Rise of Meritocracy* で新たに書き加えられた序論で, ヤングはロールズの理論に深い関心をいだいていることにふれているが, それはある意味で当然のことであった[5]. 日本の現代の状況は, イギリスの現状もまた, まさに今ヤングの危惧するメリトクラシー的状況にあるといえよう.

■メリトクラシーの社会は,「能力」以外の不平等は認められないとするが，そもそもこの「能力」自体，すべての人が同じようにもっているわけではないということを自覚することが重要である．イギリスでは，優秀な子ども達を gifted children と呼ぶ．これは「優秀な能力」とは神から与えられた贈り物であるという伝統的な認識を表している．たまたまこの贈り物をもらうことができた幸運なものは，その幸運を社会に還元しなければならない．つまり，優秀な能力はさらに伸ばされなければならないし，優秀なものはその能力を発揮することで社会に貢献しなければならないのだ．これこそ神の教えに従うことなのである．この思想は選民思想とたやすく結び付く危険性はあるものの，「優秀な能力」および今はその結果として見なされる一流大学入学・卒業，一流企業への就職，安定した雇用というライフコースが個人の努力の結果であると考えがちな日本人の能力観とはかなり異なる．

したがって，本論で展開されるイギリス教育改革の動向についての分析は，これらの改革が不平等を拡大したかどうかという議論を直接に展開するのではなく，サッチャリズムの教育改革の結果として新たに登場してきた「品質保証国家」のメカニズムとその本質を明らかにすることを意図するものである．さらにこの「国家」像が登場してきた背景には，「依存文化」の存在という問題に対処し，「自律した個人の創出」といった活力ある社会の復活という国民国家の生き残りを賭けたヘゲモニックプロジェクトが存在していたということを指摘しておきたい．この問題は，日本の戦後教育改革の目的でもあった「人格の完成」あるいは主体的個人，西洋個人主義のモデルの創出といった問題と絡めて，稿を改めて論じる．

## 2 教育行政学の課題との関連でイギリスの教育改革をみる

子どもは教育を受けるという自分の権利を行使する際，ある年齢まではエージェント（代理人）に依存せざるをえない．この年齢自体，論争の対象となるが，今はひとまず捨象しておく．子どもの「最善の利益」を代理できるエージェントはいったい誰なのか．親なのか，専門家なのか，それとも国家なり地方政府なりその他の第三者なのか．

元来ヨーロッパでは，子どもの教育と養育は（父）親の義務であり権利であったとされる．前述の私教育法制というのはこのことをさしている．この親としての責任が果たせる親は，私費で学校に子どもを通わせたり，家庭で家庭教師を雇ったりしたが，やがて「親代わり *in loco parentis*」論によって，教育は教師によって担われることになっていった．他方，自分達では教育費を捻出できない親達，あるいは学校教育を与えることを責務だと考えてこなかった親達にとっては，それまでは主に教会が子どもの教育の場であったが，19世紀になると国家が国民の教育に関心を払うようになり，彼らの子ども達に公金で学校が「与えられる」ことになった．このような公金（地方税，国税）で維持され就学義務を伴う学校は，理論上は親権の一部を制限して実現されるのである．

本書が対象とするイギリスでは公教育の制度化に先立ち，階級別に「親」の扱いが異なっていた．台頭しつつあったミドルクラスは子どもの教育に熱心であり，自由に自弁で子どもに教育を与えるものと見なされた．そのイデオロギーはセルフヘルプ，あるいはリスペクタブルであった．そしてこういった親のイメージこそが理想化された近代の「親」像であった．したがって，犯罪者，救恤貧民の親についてはすでに親権そのものがないものとされ，子どもの教育は公的機関に委ねられることが当然視された．それに対して肉体労働者の親や一般大衆の親が残されていた．彼らは普通の親であったが，子どもの労賃に依存したり，あるいは子どもの学校教育には無関心なものもいた．こういった親達は，ロバート・オーウェン，ベンサムら一部ミドルクラスや，自覚した労働運動の担い手達にとってもまた働きかけるべき対象として見なされた（そして子ども達は保護の対象として見なされたのである）．工場労働者など一部の産業労働者については1802年から工場法によって親権が一部制限され，児童労働の制限，児童の保護の観点から学校への強制的な就学が義務付けられることになった．この体制が全国化される1870年基礎教育法制定の時点では，一般大衆の親権への明白な制限を国家が直接行うことを回避するために，地方税納税者による公選制の学務委員会制度が導入され，そこが当該地域の就学義務規定を決定するという方策が取られた（教育内容に関してはすでに1862年の段階で国家がスタンダードを規定していた）．つまりこのシステムは，親権という個人の権利を直接民主主義的合意形成によって制限するというものである．

さらにこの公教育制度の発展に伴い，公立学校での教育を職業とする公務員としての教師集団が登場してくる．彼らは始めは社会的地位は低いものの，徐々に専門職としての自覚を高めていく．他方，私立中等教育学校の教師達は，常に他校との競争に身をおきながらも，自らも大学出身ということ，大学の視察を受け入れたり大学が行う外部試験（最初は大学入学試験から発展した）を生徒に受験させることによって学校の教育水準を公にし，大学と結び付くことによって自らの専門職性を主張できる立場にあった．また基金や授業料徴収による財政的自立を根拠に，国家関与を否定し，自律性を主張することが可能であった．こうしてイギリス社会においても，日本と同様に，学校教師といっても二種類の教師が存在していたことがわかる．

地方税納税者による直接公選制の学務委員会制度は1902年に廃止された．そして地方の立法と行政を担う公選制の地方参事会を地方教育当局（Local Education Authority：LEA）とし，そのもとに地方議員および補助委員（coopted）によって構成される法定教育委員会（Education Committee：EC）が実際の教育政策立案を行い，事務局である教育局（Education Department）とその長である教育局局長（Director of Education または Chief Education Officer）が教育行政事務を担当する体制へと変わったのである．この教育局は地方自治体事務局の一部局であり，教育局局長はまた，事務局全体の長である Director の部下でもある．つまり，イギリスの地方教育行政制度は，アメリカ合衆国型公選制教育委員会制度をモデルとする日本とはまったく異なる原理，たとえば，一般行政からの独立，政治的中立性といった原理とはまったく異なる原理に依拠していることになる．イギリスの教育改革を論じるうえでこの点は注記すべき点である．

この改革によって，親や地域住民は教育行政への直接的な参加の道が閉ざされ，政治家である地方議員が代表として参加することになった．と同時に，公立学校には地方議員をメンバーとする学校評議会（小学校には school managing body，中等教育学校には school governing body）が設置され，ここが学校運営を行うこととされた6)．実際には，LEA では学校関係者，LEA 視学官や教育局，さらには中央に組織される専門家や勅任視学官（Her Majesty's Inspectorate：HMI）に依存する傾向が強くなり，学校評議会もまた形骸化し，校長が日々の運営を実質的に行うようになるのである．中央にはこれまでの勅任視学官（HMIs）とならんで，新たに政府の諮問機関として専門家によって構成される中央審議会が設置され，教育政策に関する答申を出していく．なおカリキュラムに関しては中央官庁である教育院（Board of Education）が規則を制定し，大枠を決定していた．

パーキンが指摘するように20世紀は専門職が登場し，発展していく世紀であったが[7]，公教育においてもまた，基本的に教師（教育の専門家）の専門性の向上・発展がみられた．その一方で，前述の通り，地方教育行政機関を地方参事会とすることにより，親や地域住民は教育行政への直接的参加の道を断たれ，親権を有している立場というよりも，教育を受ける子どもを専門職に委ねる存在として，あるいは，学校を支援するための存在として位置付けられることになったのである．もちろん学校（教師）の地位が社会的に低い場合や学校が部分的にせよ授業料収入に依存する場合，親はしばしば親権の保持者であることを，転校や自宅で教育を与えるといった手段などを通じて，学校に思い出させることが可能であった．しかし学校の地位が高まるにつれ，この親の地位は下がっていったのである．

第二次大戦終了前夜の1944年教育法で，中央政府は，初めて普遍的な義務教育制度を確立し，連続する教育階梯として初等教育と中等教育を規定したが，その一方で教育内容に関する規則を廃止し，教育内容への直接的介入をやめ，指導・助言を行い，モデルを提示する役割を果たすようになる[8]．また，地方政府はLEAとして，当該地域の教育に責任を負い，カリキュラム統制としては，三分岐型中等学校への振り分けを行うイレブンプラス試験が存在するのみであった．（大学進学者を選別するための二段階の外部試験制度もあったが，これはきわめて少数のもののみが影響を受けるものであった．）

1970年代に三分岐型中等教育学校のほとんどがコンプリヘンシブスクールに移行するのに伴い，イレブンプラス試験は廃止され，とくに小学校は教育の自由を謳歌していった．さらに大学進学率の低い時期においては中等教育学校もまた同様であった．こうして，中央—地方—学校，この三者は教師の教育の自由を根幹とする「パートナーシップ」原理で結ばれているといわれ，「これこそ卓越した姿」であるとイギリスの研究者によって自負されるまでになっていった．中央集権的教育行政制度を有する日本においてもこの「パートナーシップ」原理こそが教育の内的事項外的事項区分論にもとづく民主的な教育行政のモデルの一つとして高く評価されることになる．しかしながら，その時にはすでに親や地域住民は教育政策の決定過程から排除されており，「パートナー」として認識されてはいなかったことに注目しておく必要がある．つまり実質的なエージェンシーはもはや親ではなかったのである[9]．そしてこれは教師の専門職としての評価が，私立中等教育学校教師の枠を越え，公立小学校や公立中等教育学校の教師にも拡大され，社会一般に受け入れられるようになった1960年代において確立したとみてもよいであろう[10]．

他方，日本では戦後教育改革によって，アメリカ合衆国に範をとる公選制の地方教育委員会制度が導入された．同制度は，親や地域住民が公選によって自らの代表者を選出し，この地方教育委員会が教育行政の専門家である教育長を雇い，教職員の人事，財政，教育内容を含む教育政策の実行を委ねるという形で，親と専門家との権限のバランスを取るという原理にもとづくものであった．しかしながら，戦後まもなくの日本の社会的状況を反映し，日本での実態としては財政基盤を欠き，さらには選挙においても地方のボス支配を免れることができなかった．さらに1950年代からの国家による中央集権的な教育行政の制度化の動きによって，形骸化させられる．1956年の地方教育行政の組織と運営に関する法律によって，教育長は資格職ではなく，また教育委員の公選制は任命制に切り替えられた．さらに教科書検定制度や全国学力テスト，勤務評定などが次々と導入された．こういった動きに対抗して，これを批判する側からは国民の「教育の自由」に依拠し，教育における内的事項外的事項区分論にもとづく「国民の教育権」論が生み出され，これが教育行政学の主流となっていた．この理論は簡単にいえば，教育と教育行政を峻別する理論である．

■「国民の教育権」論で展開される教育の内外事項区分論は，アメリカの比較教育学者，キャンデルの著作に宗像がヒントをえて展開したものとされているが，具体的にはキャンデルがイギリスの教育行政制度を紹介している部分がそれにあたる（佐藤：1990）．アメリカの公選制教育委員会制度とイギリスのLEA 制度はまったく異なるものであるが，その違いを等閑視して，原則だけを取り上げ，これによって日本の中央集権的教育行政制度を批判するという方法は，そもそも無理があるものであった．たとえば，一般行政からの独立という原則（教育委員会制度）はイギリスではあてはまらない．イギリスの場合，教育の内的事項外的事項区分論は，戦後当時の国家と地方政府との間についてはいえるが，これは教育と教育行政を峻別するものではない．この点については大田（1992）を参照のこと．

「国民の教育権」論によれば，出発点は国民の教育の自由および教育を受ける権利にあるが，実際に教育を行うのは「教育の自由」の権利主体である親（国民）ではなく，親（国民）の付託を受けた「真理代弁の徒」である専門職としての教師であるとされた．しかし親と教師の間には明白な付託の手続きはなく，両者は自ずと予定調和的な存在として描かれる．そして教育行政は専ら条件整備を行うべきものと規定された．この場合の「教育行政」にはたんに中央政府にある文部省だけでなく，都道府県，市町村の教育委員会も含まれていたのである．これはもはや，戦後教育改革期の公選制教育委員会制度とは異なる原理となっていることは明らかである．そして最終的に「教師（教職員）の活動」（内的事項）と「教育行政」（外的事項）が互いに対置され，「教育行政」の介入に対してこれに抗う「教職員」という図式ができ上がる．

公教育の場合「教職員」は公務員として存在しているから，さらに複雑である．その後「国民の教育権」論は，子どもを権利主体とするために特別な権利として「子どもの学習権」という概念を成立させたが，この権利を実現するためにも結果的には「教師の教育権」が主張される点で，基本的な理論的枠組みには何ら変更は加えられていない．この主張は，徐々に世界的に通用してきた義務制教師の専門職論の台頭によって，その論理構成の違いを超えて，他国の教育行政理論と表面的に一致するようになる．それはまた，個人の内心および価値観には国家は介入しないというリベラリズムに依拠する近代国家における「公」と「私」の区分論と重なるようになる．本来は国家と親（個人）との関係で「公」と「私」の問題が取り上げられてきたものであるが，この時代になると，教師の専門職性が確立するのと同時に，教師が専門性を根拠に国家介入の排除を主張するようになる．そしてこのような関係においては，親の存在は蚊帳の外に追いやられ，親の地位は相対的に下がってきたことがわかる．そして子どもとともに親が教師の教育対象となる．

■成人とは異なる子どもの特別な権利として「子どもの学習権」という権利概念を生み出したことは，日本の教育法学の最大の貢献といってよいかもしれない．そこには，「子どもの権利条約」につながるものとしてある種の普遍性を獲得できる可能性があった．しかしながら，その後，たとえば堀尾はこの学習権を「国民の学習権」に拡大させてしまう（堀尾：1997）．そのため，折角大人と区別された子どもの権利というきわめてユニークな側面が失われてしまい，既存の「国民の教育権」論に理論的に解消されてしまうものとなったということができよう．さらに翻っていえば，「子どもの学習権」という権利概念それ自体，それほど深い自覚の下で生み出されてきたものではなかったのかも知れないという疑念を生じさせるものでもある．

これとは異なり，たとえば森田明は，子どもの権利条約に関連して，それが子どもを依然として保護の対象として押さえているという側面と，自然法的親子関係が崩壊したアメリカ社会からの要請としての自律という側面を含む矛盾の統一体として規定されざるをえなかった情勢を分析している．森田によれば，1960年代アメリカでみられた「新しいタイプの『児童虐待』，家族モラルの変容と性の自由化」そして「離婚の急増に見られる『家族の崩壊』」といったものが大きく影響していた．つまり自然と見なされていた親子関係の崩壊という現実を前に，子どもの「市民的権利」を主張することによって身勝手な親や教師，国家あるいは学校のパターナリズムと対抗し，子どもとの関係を組み直す必要が生じてきたというのである．さらに森田は，権利という法規範のみで教育を語ることの問題点を指摘したうえで，「権利中心的思考と設計主義的合理主義という近代法の基本哲学の持っている限界を何らかの形で超えなければならない」と主張する．つまり，「ハイエクの言葉を借りるならば，我々は個人主義的で設計主義的な法秩序を超えて，人間関係を取り込んだ，『自生的秩序』を再発見しなければならない」（森田：1999）と提案している．

他方，教育学者大田堯は，まず時代情勢として冷戦構造の崩壊につながる軍事大国の限界，地球汚染からくる経済成長の限界という二つの限界から，すべての国が協同して助け合っていかなくてはならず，「人類の持続と自然との共存」を模索する時代になったことを確認する．さらにこの汚れた地球を次世代にわたすことは不公平だということから，世代間の公平（まだ見えない対象との公平さ）を考える新しい時代とも指摘する．子どもの権利条約はこの時代情勢に則して読まれなければならない．大田堯は「子どもは未熟の弱者代表であり権力なき者の象徴である．さらに，偏見に囚われないで好奇心に富んだ斬新な発想を持っている，未来を開いていくエネルギー旺盛な主体である．つまり，未来を指すものと現実政治の犠牲となっている二つの顔を持っているのである．この子ども優先による子ども観を押さえることによって人間の顔をした地球環境の再生が期待できる」と主張する（大田：1997）．大田によれば，権利は権理と訳されるべきであり，さらに子どもの権理という場合，その内容は，端的にいって子どもが人となることを保障することだ．子どもが人となるのは，大人が「子どもの最善の利益を第一次的に考慮」しつつ，遺伝子と環境の二つの生命力の合成（個性＝人格）を可能とし，子どもの人生の選択を助け，一人ひとりの価値を尊重していく中で可能となっていくのである．この視点は森田の主張する「人間関係を取り込むこと」にも通じるものである．

さらに付け加えると，イギリスにおいてもヤングとハルゼーが，女性やマイノリティの権利がある程度認められるようになった時代の次の課題は，「子どもの権利」であると主張している（Halsay and Young：1997）．結局，女性やマイノリティの問題も実際は，同じ成人同士の問題であり，「子ども」を権利主体とする発想はきわめて新しいものであり，権利論としても，法理論としても未だに未成熟であるということがここからわかるのである．もちろん，たとえばフェミニズムは早くから子どもは親の所有物ではないという主張を繰り返してきたと思われるが，これは法理論としては困難を抱える主張であった．翻って教育学は基本的人権の例外である子どもを対象とすることによって，法学および政治学における議論を越える可能性をもつものとして挑戦的な分野であるということができる．

日本のように公立学校の威信が絶大であった時には，親も学校の威信を信じていたので，問題は表面化しなかったし，イギリスのように，一部の親を除いて，親が子どもの教育に対してそれほど関心をもたず，専門家に全面的に委ねていた場合も同様であった．しかしながら，そういった時点においても，前述した通り，子どもの教育に関する権限は親がもつという私教育法制は原点において存続していることを確認することが重要である．とくにイギリスでは保守党を中心に「親の教育の自由」を公教育の専門家よりも優位に立たせようという動きが伝統的に強かった．これは労働党が公教育に携わる専門家を優位に立たせてきたのとは対照的である．また親が学校以外の場で子どもに十分な教育を与えていることが証明されれば，学校に通学させる必要がないことがまず認められていたのであり，私立学校とは基本的人権の一つである教育の自由の具体化であるとして，その設置条件も日本と比べれば非常に緩やかなものであったことも同時に指摘しておかなければならない．

1970年代になると，イギリスではこの「パートナーシップ」原理が現実には機能していないことが具体的に親と学校との対立という形で判明してくる．さらに，経済発展が思うように進まなくなったイギリス社会では，教育改革が緊急の課題であると為政者によって自覚されるようになる．地方教育当局（LEA）と専門家が優位であった公教育制度が経済発展の失敗の元凶であると見なされ，その責を負わされた．経済政策としての教育への注目，これはその後に続く教育改革をもたらした一因にすぎないが，もっとも強く政府を突き動かしたものであったということができよう．国民全体の教育水準を上げ，労働者のモラールを高めなければならない．そしてそこでは敗戦後短期間で高度経済成長を達成した日本の公教育制度が成功例として見なされ，モデルの一つであると考えられたのである．

他方，日本では都市部を中心に私学ブームが起こり，公立学校の威信が低下し始め，80年代からの都立高校離れにさらに拍車をかけた．校内暴力は学校を危険な場所へと転化した．教育に関心ある親達が公立学校から「退出」した結果，公立学校の地盤沈下が始まったのである．さらに90年代にバブルがはじけ，一気に不景気になると日本は海外の行政改革や教育政策に注目するようになる．とくに英語圏の諸国ではサッチャリズムに代表される80年代の新自由主義・新保守主義的行政改革や教育改革が進んでいたのに加えて，90年代には「グローバリゼーション」というある種の新しい時代の危機説が鼓舞され，知識社会，生涯学習社会を展望するという側面が付与された．そのもとでは常に学習意欲をもち，義務教育を終えた後でも，あるいは大学を卒業した後でも常に新しい知識を吸収しようとする，創造力をもつ労働者の育成という経済的必要性から，教育改革がそのトーンを変えつつあった．

そのような状況の中で日本で導入された「ゆとり教育」や「総合的な学習」などは，実は21世紀を展望した教育改革の一つの戦略としてみることができる．なぜならば，そこでは自主的に問題を発見し，自ら解決していくような子どもが理想化されていたからである（もちろん，普通の子どもが突然犯す凶悪犯罪，不登校，いじめ，自殺，売春，薬物，十代の希望しない妊娠など学校教育をめぐる問題もまた改革を進める推進力となったのも無視できないだろうが）．しかしながら，「ゆとり教育」などの導入の結果，学力低下論争が勃発し，再び基礎基本を重視する教育改革の方向転換が行われたというのが日本の現状である．

本書で取り上げるイギリスの教育改革の試みは，もともとは日本の公教育制度をモデルとして始まったものであるが，今や日本が手本とすべきであるとまでいわれる一つの成功例となっている．そこでは，まずサッチャリズムの教育改革が先行することによって，既存の公教育制度がまったく異なる原理で組織された．それは，これまで専門家の側に大きく傾いていたバランスを消費者（親，地域，産業など）の側にとることによって，学校と親との新しい関係を打ち立てたことであった．公共サービスの供給者の多様化を促進し，顧客は市場で自由に供給者を選択し，国家は品質の内容と水準を規定し，査察し，評価し，テストや査察結果を公表する（具体的にはナショナルカリキュラムの設定とナショナルテストの導入，テスト結果の公表，査察結果の公表）というものであり，本書で主張する「品質保証国家」の登場であった．サッチャーのもともとのアイデアとしては，子どもの学ぶべき教育内容は，親（時には親子）が市場で選ぶというものであったが，ナショナルカリキュラムの導入によって，国家的見地からある意味共通の最低限の教育内容は全国的に保障されるようになった．そして学校間の競争はナショナルテストの結果をめぐるものへと矮小化されるが，それと同時に国家が規定するナショナルカリキュラムは自ずと徹底されるようになる．つまり，学校間の競争は学力の水準を上げるためのメカニズムとなる．

結論を先取りしていえば，サッチャリズムのもとでの「品質保証国家」は「自由競争」と「自然淘汰」をキイワードに構築された．つまりテスト成績や学校査察の結果公表を含む情報公開は，あくまでも親の学校選択の判断基準に関わる情報として理解されており，「悪い学校」はそれゆえ親から選択されずに廃校とならざるをえない．生き残るためには親のニーズを先取りして学校そのものを柔軟に変えていき，かつ教育水準を高めることによって親に選ばれて市場に残る道を模索することになるのである．また親は学校選択を行う消費者であるのみならず，学校現場においても教育専門家の独断を牽制する役割が与えられた．

学校の「自然淘汰」による教育水準の向上をねらいとするがゆえにこれに対する批判も鋭く行われるわけであるが，実際にはイデオロギーの次元でいわれたほどにはサッチャリズムの思惑は浸透せず，現実化の過程ですぐに修正が加えられていった．新労働党政権のイメージ戦略に踊らされることなく冷静に判断するならば，「第三の道」的教育改革の芽は，実は保守党政権下の実践の中に発見することができる．もちろん，この芽が十分育てられるためには新労働党政権の登場が必要であった．そして両者の違いを簡略に述べるとすれば，「自由競争」と「自然淘汰」をキイワードとした保守党の「品質保証国家」から，「規制された競争」と「事後評価と救済策」をキイワードとした労働党の「品質保証国家」へということが可能である．ここにおいて，成績や査察結果の公表は，学校の抱える問題点を明らかにし，それに対する救済策を講じる余地を生み出すための手段に転化する．（もちろん，テストの点数のみで教育水準を測ろうとするこの一連の改革については，教育学的にいって問題があると指摘されていることは明らかである．しかしながら，明確な目標なしに頑張ること，あるいは主観的な判断だけで客観的な基準なしに比較することは実際不可能である．）そして親には学校選択，経営参加に加えて，子どもの教育水準を向上させるために果たすべき役割というものが明確にされた．つまり，サッチャリズムにみられる「親」は「王様(消費者)」として，専門家の独善を牽制し，最後には学校を閉鎖に追い込むまでの力があるものと想定されていたが，新労働党のもとでは，子どもの学力を上げるという共通の目標を達成するための重要な責任と役割をもつものとして位置付けられているのである．学力向上という至上目的に向かって，関係者はそれぞれ役割と責任が明確にされた．この目的達成に失敗したものは，親であれ，LEA であれ，新労働党は容赦しないと明言したのである．

つまりこの「品質保証国家」体制は，サッチャリズムの教育改革が1988年教育改革法で明確にしたように，教育水準の全体的向上を目的とする教育改革であるがゆえに，新労働党政権によって積極的に引き継がれたのであり，新労働党政権はそれを十全に活用し，教育水準の向上を一層促進しようとしているということができるのである．しかしながら，この二つの「品質保証国家」を峻別することは，とくに新自由主義と新保守主義にもとづく「品質保証国家」を追求するモデルが政権担当者によって強調される地域（たとえば日本）においては決定的に重要である[11)]．また，イギリスの経験主義な進み方は，とかく理念的な論争にあけくれる傾向にある日本の状況に対しても，有為な経験知を提供するものとなるだろう．

また，新労働党政権は，「依存文化」の存在を問題視するという意味で保守党政権と同じ危機感を共有していた．さらに若者の間にみられる政治的無関心（投票率の低さ）という状況を問題視した．なぜならば，投票率の低さは，国家としての正統性を国民から獲得する手段としての選挙が意味をなさなくなるという危機感と結び付いていたからである．さらにこれは生涯学習社会の創設を目標としていた新労働党にとって，致命的な事柄であったともいえよう．すなわち，この生涯学習社会の創出は，生涯を通じて主体的に学習を進めていく個人，また活動的な市民となる主体的な個人をいかに創出するかにかかっているからである.

本章の対象を労働党政権第一期に限定するのは,「品質保証国家」的枠組みが労働党政権のもとでどのように継承され，洗練され，展開していったか,「品質保証国家」の枠組みをサッチャリズムのものと新労働党のものとを峻別するという点に本書の目的があるからであり，強い個人の復権をめざした保守党および労働党政権の教育政策についての本格的検討は今後の課題としたい.

# 1章

# 労働党の幻の教育改革案

## ――『イギリス病』の処方箋としての教育改革の始まり

## 1 キャラハン首相のラスキン・カレッジ演説の意義

1976年のキャラハン首相（労働党：当時）によるラスキン・カレッジでの演説[1)]は，これから延々と続く教育改革の幕開けを告げる歴史的な演説であった．

この演説において，キャラハンは，訪れた先々で実業家達が，就職を求める若者達が仕事をするのに必要な「道具」を身に付けていないとこぼしていたと述べている．必要な「道具」とは，「基礎的な読み書き算，個人を尊び，他人を尊びながら一緒に生き，働くということはどういうことかを理解する」能力である．彼によって指摘された教育の現状の問題点とは，(1) 多くの大学卒業者は，産業界に進まず，アカデミックな分野にとどまるか公務員になる．(2) 科学においてはアカデミックな学問より，産業に応用できる技術的応用面への傾倒が必要である．(3) 少女達は早期に科学を学ぶことをやめている．(4) 離学者における算数・計算力の弱さ．(5) 学校と産業の共同の欠如といった諸点であり，さらにキャラハンはこれらに加えて，(6) 基礎的学力と（勤労）態度の欠如は誰の責任か，(7) なぜ大学で人文系は一杯なのに理系は３万人もの欠員があるのか，といった以上の７点であった．

また新たなインフォーマルな教授方法（プログレッシブな教授方法のこと）について，親達の間で不信感が広がっている事実を指摘し，そこに親と教師の信頼感の欠如を指摘した．さらに続けて彼は，ベーシック・カリキュラムとかユニバーサル・スタンダードの導入は考えていないと念をおしたうえで，教育の目的を，「子ども達に，社会の中で生きていく建設的な地位を得るための力を与え，仕事にふさわしい能力を与えることである」と規定した．そして，(1) インフォーマルな教授方法とその目的，(2) 基礎的知識における「コア・カリキュラム」，(3) 効率的財政運用を確保するためのチェック，(4) ナショナル・スタンダードを確保するための視学官の役割，(5) 産業と教育の関係改善，以上５点の研究が優先されるべきであると主張した．

この演説は，これまでカリキュラムに関しては中央政府は発言をしないという，第二次大戦後のイギリスの暗黙の伝統を覆すものであるとして，非常に大きな論争を呼び起こすものとなった．とくに，多額な公費支出の割に公教育制度が社会の要求に応えていないという指摘，児童中心主義的な教授方法への懐疑と基礎学力の低下，中等教育学校における教育修了一般証書（General Certificate of Education：GCE）のＡ（上級）レベル試験科目等大学進学に結び付く学術的な科目偏重の傾向が批判され，限られた財源と新たな産業社会における教育の役割を見直す中で，労働に対する積極的な考え方や学校における技術の取得の必要性などがここで論じられていることが重要である．

このキャラハン首相の演説がなされた背景には，第一に，イギリス経済の衰退という深刻な経済的理由がある．「イギリス病」と呼ばれたこの衰退の具体的な内容としては，若年層を中心とした高度の失業率，加速化したインフレーション，生産性の極度の低下，世界市場におけるポンドの不安定な地位などが，多くの経済学者によって指摘されている．これに対して，労働党政府は，労働組合の支援をバックに所得政策によって乗り切ろうとしたのであるが，失敗に終わった．キャラハン首相の演説が行われた時期は，彼が，これまでのケインズ主義的経済・財政政策を，新保守主義の理論であるマネタリスト的政策，緊縮財政政策への転換を図って脱出を試みようとし始めた時期にあたる．その背景にはIMFからの援助を受ける条件として行政改革を行うことが必要とされたからでもあった[2)]．

では，キャラハン首相は，何がこの「経済危機」をもたらした原因だとしているのだろうか．

要約すれば，彼の主張は経済政策の失敗の原因を公教育制度に求めるものであり，より根本的な原因は，社会の中でその位置と職を得ることを子ども達に教えてこなかった（大学進学のための）学術的教科偏重の公教育制度と，これまでそういった内容の公教育制度を維持・独占してきた教育専門家，教育行政関係者，及びそれを許してきた教育行政制度にあるとしたのである．つまりキャラハンは，イギリス教育行政制度の特質とされている「教師の教育の自由」を根幹とする中央教育当局—地方教育当局（Local Education Authority：LEA）—学校の「パートナーシップ」体制[3)]と，それを支え，発展させてきた労働党の教育政策に対する批判を，ここで展開しているのである．

さらに，この演説の背景として，ロンドンで生じたウィリアム・ティンダール校事件[4)]に代表されるように，学校における教育内容・教育方法，または教育目的といったものをめぐって，親と学校，あるいは学校とLEAとの対立が明白になってきていたことがあげられる．つまり，これまで「安定」したものとして考えられてきた「パートナーシップ」という概念の前提が，学校教育の現場でも崩れ始めていたのである．

このような状況の中で行われたこの演説は，ボールによれば，主に（1）教育水準の低下，（2）革命や社会主義，平等主義，フェミニズムと性的逸脱（sexual deviation）を主張する政治的自覚をもつ危険な教師の存在，（3）学校における規律の欠如，この３点を主な内容とする保守的・権威主義的教育学者達の『ブラック・ペーパー』 *Black Paper*[5)]における公教育制度批判と，基本的に同じ観点に立つものであった[6)]．また，保守党のセント・ジョン・スティーヴァスは，キャラハンの演説は保守党の教育政策の枠組み・陣地の中で行われており，我々の勝利と見なすべきであると党大会で語っている[7)]．

つまり，このラスキン・カレッジでの演説は，「社会民主主義と福祉国家」というヘゲモニーがその支持者でもあり執行官でもあった労働党の党首自身によって否定され，崩壊し始めたことが告げられたという意味で象徴的なものであり，教育改革を含む社会経済政策全体の重要な転換点となったのである．

こうした労働党政権による教育改革は，しかしながら，まず手初めとして，1976年法による義務教育年限の１年延長，およびもう一つの教育法でのコンプリヘンシブスクール（非選抜の総合制中等教育学校）設置の法制化から始まった．そして，法律上は1902年法から各学校に設置されることになっており，1944年法でもそれが確認されていたが，しかし実際は形骸化していた学校評議会[8]の活性化がそれに続くはずであった．なぜならば，後者は，学校評議会に親，教職員，地域，生徒などの代表の新たな参加とその権限を勧告した1977年のテーラー・レポートの内容[9]を，1978年教育法原案に盛り込む形で進められたからである[10]．

## 2 テーラー・レポートにおける学校評議会の位置

ここでは，同レポートから，学校評議会に与えられた位置や任務などについて簡単に要約することにする〔なお（　）内の数字は，レポートの項目番号を示す〕．

テーラー・レポートは，簡単にこれまでの学校評議会の歴史や現状などを述べた後，まず第一に，新たに設置される学校評議会の構成員についての勧告を行っている．具体的には，LEA 代表者，学校のスタッフ，親，生徒と地域代表，これら４種類の代表が「同数」で構成すること（4･6），これとは別に，校長は必ず構成員となるが，議決権をもたない（4･16）こととされた．

第二に，このように設置された学校評議会は，カリキュラムに関しては，これを教師の独占に任せず，学校の教育目的を設定し（6･24），それに従った教師の教育実践計画を事前に学校評議会に提出させることができる（6･27）とした．また，LEA が設定する一般的な枠組みの中で，学校評議会は生徒の規律や懲戒に関するガイドラインを作成し（6･33），個々のメンバーは教室内の日々の活動を監督する（6･37）こともできるとされた．また校長は，学校での実践に関する情報を学校評議会に提出する責任をもつ（6･44）．さらに学校評議会は LEA に，毎年学校の発展度に関する承認済の報告書を提出することとされた（6･55）．

こうしてテーラー・レポートは，LEA の決めた大枠の中ではあるが，学校の教育目的およびそれに準じたカリキュラムの決定の権限，懲戒に関するガイドラインの設定などを学校評議会の任務としていた．このことは，「教師の教育の自由」に対する明確な制限であった．

第三に，予算・財政に関してであるが，レポートは支出に関する権限は LEA にあるとしたうえで（7･13），従来から学校に配分されている運営費関係の予算の自主的な運営を，学校評議会にまかせることにした（7･15，

7·16).

第四に，教職員の任命権についてであるが，学校評議会とLEA代表の同数からなる特別小委員会による校長の任命（8·10）と，その他の教職員に関しては，LEAのアドバイスのもとで，学校評議会と校長が行うこととされた（8·12，8·13）．また免職・解雇に関しては，当事者による不服申し立てなどを含め，従来の方法が踏襲された（8·15〜8·18）．

第五に，その他の権能として，入学規定に関しては従来のLEAによる決定で問題がないとされ（9·5），停学・退学に関する手続き規定の制定の勧告（9·18），学校設備の監督とLEAへの補修依頼（9·21），休日・休暇の制定（9·40）などがあげられている．

総じて，テーラー・レポートの勧告内容は，親，生徒，地域代表などを学校管理・経営の新たなパートナーとして学校評議会に参画させ，同団体の活性化とそれによる「教師の教育の自由」の制限を通じて，教育改革を行おうとするものであった．しかしながら，学校評議会の活性化の具体的な内容は，『ニュー・パートナーシップ』というタイトルからも伺えるように，あくまでも「パートナーシップ」を根幹とする教育科学省，LEAと学校という従来の枠組みを保持したうえでの「新たな協力関係」を基本とするものであった．

労働党による教育改革は，このテーラー・レポートの内容に即して行われるはずであった．しかしながらそれは，1979年の総選挙による労働党の敗北で，頓挫するのである．

## 3　職業訓練政策

キャラハンのもう一つの主張は，学校教育が反産業文化をもち，離学者に職業生活で必要なスキルも社会における位置付けも明確にしてこなかったということであった．そこで新たに教育の目的を，「子ども達に，社会の中で生きていく建設的な地位を得るための力を与え，仕事にふさわしい能力を与えることである」と規定し直している．

ところで離学者（義務教育修了者）は当時どのようなプロセスを経て職業生活を始めていただろうか．一般的に男子に対しては，主要産業に就職する場合，徒弟制がとられていた．この徒弟制は，しかしながら，クラフトマン養成として位置付けられ，労働者の中のエリート層を作り上げるもので，全国的な制度というよりは，職場での訓練であった．そのため職業に固有のスキルの開発が主たる目的であった．もともと職業訓練という分野は制度化されてきたわけではないが，それでもハクスビィによると1964年に産業訓練法が成立し，企業の自主性に任せていては不十分であると認識され，25分野で法定の訓練委員会（Training Board）が設立された（20分野は主要製造業であった．その他農業が1つ，残りはサービス産業部門であった）[11]．もちろんこの委員会によってすべての産業がカバーできたわけではなかったし，とくに主要国有産業や公共サービス部門で設置されなかったことは問題を残すものであった．（ただし，地方公務員は独自に同様の委員会を設置している[12]．）

この委員会は雇用者，労組，教育分野からの代表三者から構成され，その費用は雇用者側への課税で賄われた．さらには1972年の協議文書を経て，1973年に中央にマンパワーサービスコミッション（Manpower Services Commission：MSC）が設置され，そのもとに地方に訓練サービス局（Training Services Agency：TSA）が設立された[13]．これ以降，TSA が中心的エージェントとなるが，エージェンシー方式を取り入れたのは，これが初めてではないかと推察する．これによって，通常の教育科学省から LEA という教育行政機関のルートとはまったく異なるシステムができ上がった．これを足場として，青少年就業機会計画（Youth Opportunity Programme：YOP）などいくつものイニシアチブが導入された．また地域には民間企業と商工会議所を基礎に，訓練と企業協議会（Training and Enterprise Councils：TECs）が設置された．これに対しては1973年の雇用と訓練法によって補助金援助が政府によって為されている．基本的にこの時期の職業訓練は，熟練工を養成する徒弟制を補完するための職場での訓練であった．そしてこの徒弟制の衰退が続き，若年層の失業率は上昇し続けるのである．たとえばトムリンソンは，若年失業者数が1974年では1万人であったのに，1977年にはそれが24万人になったと指摘している[14]．

## 4 1979年の総選挙と選挙綱領

1979年総選挙にあたって，労働党政府は次のような選挙綱領を1979

年5月3日に発表した[15]．「未来への強力な志向」という序文をもつ綱領は以下のように要約できる5つの課題を掲げている．それは（1）インフレーションの抑制と価格の安定化，（2）労使関係の新しい枠組みの実践，（3）完全雇用の復活，（4）官僚制を打破し，個人や近隣社会の自由の拡大，（5）世界平和への貢献と貧困との戦いである．具体的な教育政策としては，教育の機会均等の実現ということでコンプリヘンシブスクールへの完全な移行，私立学校での授業料徴収の廃止と私立学校への公的補助金の廃止，就学前教育の充実，16歳から19歳を対象とする普通教育と訓練の提供，高等教育を含む継続教育の拡大，継続教育に進学する労働者階級出身者の増加，補助金の増額などが謳われていた．

この時点では，テーラー・レポートの勧告にはいっさいふれられていないし，親の存在にはなんら言及されていなかった．つまり，他方で官僚制を批判するスタンスをとりながら，教育については従来とあまり変わらないものが出されていたことがわかる．

他方，保守党党首となったサッチャーにとっての初の総選挙は，労働組合と労働党政府の対立が深刻となった1978年から79年の冬の大規模ストライキのあとに行われるという保守党にとっては好機となった．労働党政権批判の格好の素材をえた保守党選挙綱領もまた5月3日に公表されたが[16]，そこでは，国家の役割を減じ，個人の自由を拡大することを明言している．保守党は，（1）インフレーションを統制し，労働組合運動の権利と義務のバランスをとることによって，経済と社会生活の健全化を復活させる．（2）勤勉や成功への報酬，経済の拡大にともなう新しい職の創出のためのインセンティブを復活させる．（3）国会と法の支配の擁護．（4）持ち家政策を促進し，子どもの教育水準を上げ，老人，疾病，障害者など真に支援が必要なものに福祉サービスを集中させることなどにより，家族生活を支援すること．（5）増大する世界的危機に対して，利害を守るために国防と同盟関係を強める，という5つの課題をあげた．5つの課題のうち，「復活させる」という用語が，労使関係と経済活動についてそれぞれ使われていることに注目する必要があるだろう．

これらは福祉国家のもとでの国有化産業および公務員を中心とする労働組合の力の増加に対する牽制と，計画経済への批判を意味していると考えられる．5つの課題それぞれの具体策としては，まず，バランスを復活させるとして，権利だけでなくそれにともなう義務を強調することにより，労働組合運動を制限すること，その結果賃上げから引き起こされたとするインフレーションを統制することが見込まれるとした．より豊かな国にするためには，無駄と浪費を省く行政改革，所得税の減税，財産の所有を基礎とする民主主義の奨励，民営化，統制経済の廃止，中小企業の促進などがあげられている．法の支配については，犯罪に対する厳罰主義，犯罪予防，移民管理など．また行政の肥大化や国会外の組織による重要な政策の実施（ストライキなど）によって国会の権威が落ちていることを懸念し，労働党による貴族院の廃止に反対を明確にしている．家族支援の中では，公営住宅の販売と持ち家制度の促進，環境保護，教育水準と親の権利と責任，芸術，健康と福祉があげられている．

ここでは本論に関連する教育水準，親の権利と責任の箇所を訳出する．

教育の水準

労働党は，学校制度の構造の問題を依然として取り上げ，教育の質の問題にはほとんど注意を払っていない．その結果，多くの親や教師の観点からすれば，年間80億ポンド以上もかけて，コミュニケーションや理解のための力を子ども達に付けることに失敗し続けている制度を保持しているのだ．私達は，子ども達の社会的背景に関係なく，子ども達の能力が許す限り発達する機会をすべての子どもに与えるべきなのだ．

私達は，よい学校を破壊する労働党政権の政策に待ったをかける．よい学校の価値を維持し，コンプリヘンシブスクールへの改組を地方教育当局に強制し，私立学校への奨学金を与える自由を制限する1976年教育法を廃止する．

私達は基礎的なスキルの水準を上げる．政府の業績評価担当部署が読み書き算についての全国的基準を設定し，LEA によって実施され，教師などによって作り出されるテストによって結果をモニターする．視学官制度が強化される．教員養成では実践的スキルと規律の維持が強調される．

高等教育はこれまで，その質については世界的に評価が高い．この高い質を維持すること．工学系の専門家を養成するために，質の高い進学者を獲得して行く必要があり，それに付随する問題がある．既存の資源をいかに有効利用できるのか確認するために学校，継続教育機関と訓練の関係を検討する．

親の権利と責任

選択の権利を含めて，親の権利と責任を拡大することはまた，教育に対する親の影響力をより大きくすることによって水準を上げることを助長する．私達の「親憲章」は，進学する学校を決める際，親の希望を考慮することは政府と地方当局の義務であることを明確にする．それと同時に，不満を感じた親に対しては異議申し立ての制度を確立する．学校は，試験やその他の情報を盛り込んだ学校案内を発行するよう要求される．

労働党によって廃止された直轄国庫学校は，中位の階層の優秀な子どものためのより広い機会を与えてきた．この直轄国庫補助の原則は，それゆえ，援助席計画（Assisted Places Scheme：APS）[17] によって復活させられる．あまり豊かではない親は，政府特別補助金から，ある特定の学校の授業料を支払うことを要求することができるようになる[18]．

この綱領は全体で18頁で，教育関連は1頁にも満たないものの分量では労働党の綱領よりも多い．内容は，前述の通り，基礎学力の向上，規律の復活，エリートへの奨学金の復活，親の意志の尊重といったものではあるが，機会均等のシンボルであるコンプリヘンシブスクールへの攻撃と，APS などエリート重視の片鱗をみせるだけで，従来の保守党の主張とさほど変わったものではなかった．

この総選挙では実際には保守党が圧倒的多数で勝利するのだけれども，教育を争点として二大政党が戦ったという選挙であったとはいえない．しかしながら，労働党のみならず，保守党内部での「福祉国家」路線をめぐる闘いであり，この闘いに勝利したのはサッチャーであったことがその後のイギリスの，否，世界史においての大きな転機をもたらすのである．

# 2章
# サッチャー政権の教育政策

## 1 政権誕生の背景――イギリス社会の変貌

サッチャー率いる保守党が長期にわたって政権を維持できた背景には，労働党が代替案を提出できずにいたこと，あるいは既存の社会主義国家が崩壊したことが大きく影響しているが，それに加えて自由党・社民党の台頭や，保守党を支持した労働者の存在がある[1)]．ポール・ウィリスの研究[2)]の真の功績は，労働者階級のもっとも基本的な部分，肉体労働者の文化の中にサッチャリズムと共通する文化を発見したことである．彼らにみられるマッチョの強調，父親あるいは成年男子の圧倒的優位，家を支える母親像などは，サッチャーが主張した家族像でもあった．法と秩序に従属する性格は，こういった家族，すなわち父親の発言力が絶対であり，台所には母親が頑張っているような家族でのみ養うことができるからである．

■日本でもイギリスでも，アメリカでもこういった（肉体）労働者階級出身のラッズ（少年達）に学校変革さらには社会改革の期待をかける研究者が存在する．たとえば以前のジルーもそうであった．しかし，肉体労働者が革命主体になったことは一度としてない．こういった立場はいたずらに男子肉体労働者の文化を美化し，社会の底辺層の男子のマッチョ意識を美化するものである．こういった傾向に対してフェミニズムから批判が寄せられたことは無理もない．ジルーはこういった批判に答えるべく自らの主張を変えていっている（ジルー：1996）．

しかしながらサッチャーが理想とする家族像は1970年代後半から急激に壊れていった．離婚率の上昇，母子家庭の増加，同棲の増加といったほかに，性的マイノリティの人々による差別反対の主張は，人種的マイノリティ及び宗教的マイノリティやジェンダーの問題と同様に，典型的な家族を維持しているごく普通の人々にとって，価値観の180度の転回を迫るものであり，こうした事態に戸惑いを隠せないものも多くいたのである．また福祉政策は，「正直者が馬鹿をみる」状況を結果としてもたらした．かつてはマルクス主義者であったシャーマンが，サッチャー政権の重要人物であるキース・ジョーセフに接近し，彼の懐刀として社会改革に乗り出すのは，こうした社会状況を背景としてのことであった[3)]．労働の価値を高く評価するマルクス主義者にとっても，自由主義的政治思想研究者グレイが問題とする「依存文化」が国民に蔓延しつつあるとみえたのである[4)]．「福祉国家」は人間の倫理観を形成するという目的からしても失敗したのだ．また，所得政策をめぐっての大規模労働組合と労働党の決裂，また長期にわたるストライキは，一般の労働者階級においてもそれ以外の一般市民にとっても，労働党政権への失望をもたらし，保守党を支持する基盤を提供したのである．労働党政権が1979年の総選挙で大敗を喫するのは，78年から79年にかけての大規模なストライキ，および労働組合との協調路線の破綻にその直接の原因があったといわれている．

この間，移民人口の増大，離婚率の上昇，多文化社会化，人種的マイノリティおよび女性にならんで，性的マイノリティ（ゲイやレズビアンなど）の受容をもとめる人権派の主張の増大など，それまで相対的に安定していた社会は一挙に流動化し，急激な既存価値の崩壊があった．さらに「イギリス病」と呼ばれた状態は，従来の基幹産業の衰退と同時に，義務教育修了者の労働市場を崩壊させた．たとえば義務教育修了後の英国全体の16歳から18歳の人口のうち，1975／1976年では在学者27%（中等教育機関在学者16%，継続教育機関８%，大学３%），就職が65%，失業率８%であったが，1981／1982年では在学者28%（中等教育機関在学者16%，継続教育機関９%，大学３%），就職53%，失業13%となっていた[5)]．また，義務教育修了前に離学するものも依然として多く，そういったものは，16歳時で受験する修了資格試験を受けなかったので，いわゆる無資格者となっていった．従来は無資格でも職があったわけであるが，徐々に学歴社会に移行しつつあったイギリスでは，なんの資格ももたないものはそのまま失業者となるのである．彼らの存在はまた，一方では社会不安を引き起こし，他方では「依存文化」の象徴ともみられた．失業者には働いた経験がなくても失業手当が交付され，親元から独立すれば家賃まで提供されたからである．一生懸命働いても生活が苦しい人々がいる一方，昼間からパブで時間を潰す若者がいたのは事実であったし，若者の不満もまた鬱積していたのも事実であった．パンク・ロックなどはその象徴としてみられていた．もちろん若年層の失業に対して，労働党政府は何もしなかったわけではない．しかしながら，労働組合中心主義の労働党および大規模労働組合は，人々の支持を失いつつあったのである．

これに対して，サッチャーらが主張する「小さな（強い）政府」論は，民間資本を公共サービスに導入することによって，行革を進め，効率と活力，流動性を一気に高めようとするものであった．これはまた民間企業の側からいえば，新しいビジネスチャンスが広がることになったのである．

## 2　1980年教育法の成立

1979年の総選挙で，キャラハンに代わって政権についたサッチャー保守党のもとで進められた教育改革は，超緊縮財政の中で行われることになった[6]．

サッチャー時代の教育改革は，教育政策を担当する教育科学大臣の任期にあわせて，おおむね，以下の三つの時期を画して展開された．

第一期はカーライルが教育科学大臣を担当する1979年から1981年９月までである．カーライルは穏健派に属し，これは前任の党首であったヒースおよびその陣営に対する政治的配慮を重んじた組閣であった[7]．まず，労働党前政権のもとで成立したコンプリヘンシブスクール（総合制中等教育学校）の法制化を規定した1976年教育法を廃止する1979年教育法が成立した[8]．

また，新政権は前政権の積み残した勧告に対応する法律を整備するとの慣行に従い，1978年のテーラー・レポートにもとづいて各学校ごとに設置される学校評議会に関する1980年教育法を準備したが，サッチャー政権は同法案に，勧告にはなかったが保守党の公約であった援助席計画（Assisted Places Scheme：APS）の規定を付け加えた．

APSは，貧しいがために，インディペンデント・スクール（私立学校）に進学できないような優秀な子ども達に対して，授業料などを国家が肩代りする内容のもので，そのような私立学校に対する無条件の補助金支出を許すものであった．初年度の予算として600万ポンドが計上された．この計画は，将来十万人ぐらいまで対象を拡大することが予定されていた[9]．このAPSは，後にみる教育ヴァウチャー制度導入の重要な布石となるものであった[10]．

■教育ヴァウチャーのアイデアは，フリードマンが提唱した理論をハイエクが取り上げ，高く評価したところからサッチャーらを魅了したものであるが，大本はE・G・ウエストの示唆によるものである（Seldon：1986）．E・G・ウエストは米国の義務教育成立以前において，ほとんどのものが学校に在学していたという事実を統計から導き出し，義務教育制度は必要がなかったという論を展開した．その後1870年基礎教育法前夜のイングランドの統計を使い，同様の研究を発表している．ウエストは元々アダム・スミスの研究者であり，『教育と国家』（1965）『教育と産業革命』（1970）などをすでに発表していた．サッチャー政権下で学校選択および教育バウチャー制度を支持したことで，教育学全体を敵に回した感のあるジェームズ・トゥーリーが勤務先のニューカッスル大学にE・G・ウエスト・センターを設立している．

1980年教育法にはサッチャー政権のもとでの教育政策の基本的な考え方が現れている．第一に，親の意志の尊重であり，第二に，コンプリヘンシブスクールへの不信と，これまでの公立学校制度の下での最大の犠牲者は，平等の名によって十全に能力を発揮できない「（経済的に恵まれない）優秀な子ども達」であるという認識である．APSは，こういった子ども達に財政的援助を与えることで，富裕な階層のみ許されている私立学校での最善の教育を受けるチャンスを与えることを目的としており，これを「教育の機会均等」原則の実現であると主張した．1980年教育法にカーライルがどの程度まで関わったのか明らかではないが，このAPSの導入は，サッチャーにとって重要な政策であったといえる．

同法に関する日本の研究は，これまでは主にその対象を学校評議会について限定したものであり，専らテーラー・レポートとの連続性・非連続性が問題とされていた．つまり，1980年教育法をテーラー・レポートの実現とみるか否かということに関心が集中されたのであるが，同法の学校評議会に関する規定をみれば，テーラー・レポートの勧告内容は，そこではきわめて軽視されていることがわかる．

たとえば同法では，まずそれまで小学校にあった学校管理委員会（school managing body）および管理委員（maneger）を中等教育学校と同じく学校評議会および評議員に名称を統一することが規定され，そのうえで，学校評議会の構成員に地方教育当局（LEA）の代表の他，親代表（少なくとも２名），教職員代表として教師（１～２名），校長，LEA 立以外の学校の場合，学校設立団体の理事会メンバー（コントロールドスクールの場合は５分の１，特別協定学校の場合には多数派となり，うち１人は親であること）を含むこと（第２条）がわずかに規定されているが，学校評議会の具体的権限についての言及は，学校管理規則の制定以外まったくないのである．

一方，入学する学校の決定における親の意志の尊重（第６条）や親の希望とは異なる学校に決まってしまった場合の不服申し立ての手続き（第７条）といった事柄が新たに規定されている．同法の完全実施は，1985年９月が想定されていた．

つまり，この時期の保守党の教育改革の狙いは，学校評議会の活性化にあったというよりは，教育ヴァウチャー制度の導入のための布石を打つことにあったのである．したがって，同法における学校評議会の規定には，テーラー・レポートの勧告を受けて，何らかの対応をしなければならないという政府の慣例的対応以上に，積極的な意義を有しているとはいえない[11]．

## 3　キース・ジョーセフ教育科学大臣時代の教育改革

サッチャーの政治上の師と目されているキース・ジョーセフが，自ら希望して教育科学相に着任した第二期（1980年から86年６月まで）になると，水面下で本格的な教育改革への動きが出てくる．なぜならば1983年の総選挙綱領では，まだ具体的な提案はみられないからである．それは，親の意志の尊重，試験結果が書いてある学校案内の発行を強制し，学校評議会への親の参加を権利であると明言し，APS の導入が行われた1980年教育法を高く評価するものであった．この時点でも親に選択を与えるのはたんに教育水準の上昇を達成するための手段として書かれているだけであり，宗教系学校と私立学校の擁護，教員養成制度の改善，勅任視学官（Her Majesty's Inspectorate：HMI）報告の公開，高等教育の拡充が提案されていたのにとどまっている[12]．

サッチャーの自伝によると，少なくとも1980年から1986年までの間，彼らを魅了していた政策は教育ヴァウチャー制度であった．

キースは教員養成を変えようとした．彼は学校のカリキュラムの新しいガイドラインを発表しようとしていた．キースと私はヴァウチャー制度か，あるいは少なくとも「オープン・エンロールメント（通学校指定制度の撤廃）」[13]と「頭割補助金」[14]とを組み合わせること――これは公立学校に適用される一種のヴァウチャー制度である――の可能性を真剣に検討することによって，もっと親の選択権を強める方法の探求に腐心していた[15]．

ここでいわれている教員養成制度の改革は，教員養成に関して出された白書にもとづき，1984年に教員養成評価委員会（Council for Accreditation of Teacher Education：CATE）の設置をもたらした．同委員会は教員養成機関に基準を設け，各教員養成機関がこの基準に合致しているかどうか勅任視学官（HMIs）による視察を行うものとし，同委員会によってコース認定がされない限り，各養成機関（主には大学）は有資格教師を養成できなくなった．これが最終的に後出の教員養成局（Teacher Training Agency：TTA）に帰着する．

次に言及されているカリキュラムの新しいガイドラインとは，16歳時で任意に受験して取得する中等教育修了一般証書（General Certificate of Secondary Education：GCSE）の導入とそのシラバス[16]をさしている．GCSEは保守党の政策というよりもイギリス教育制度上の長年の懸案であった．これまでは16歳で受験する試験としては，大学進学を前提とする学術的科目を中心とし，成績の上位20％のものが受験するとされていた教育修了一般証書（General Certificate of Education：GCE）と，実践的科目を中心とし，次に位置する40％が受験するとされていた中等教育修了証書（Certificate of Secondary Education：CSE）とがあり，エリートとそうでないものを分断する制度として問題視されてきたのである．

1982年，ジョーセフが着任した時，彼は，新しいGCSE制度の実現の可否は試験の内容いかんにあると言明し，1983年，新たに設立された学校試験委員会（School Examination Committee）にそのカリキュラム内容の検討を諮問した．1984年から1986年にかけてシラバスが公表され，一回めの試験が1988年から実行される運びとなった．新試験制度のシラバスの作成においては，16歳児の８割から９割が合格することが目標とされ，多種多様なシラバスが準備されることが予定された[17]．

サッチャー政権の２代目の教育科学大臣であるキース・ジョーセフをその強力なメンバーの一人とする新自由主義者達は，経済問題研究所（Institute of Economic Affairs：IEA）を中心に，すでに1960年代から教育ヴァウチャー制度の導入による「市場原理」によって組織される教育改革の構想を練っていた．というのも彼らによれば，公教育制度批判の主たる対象となるべきものは，教員組合，専門官僚制と学術的な教育に傾倒している教育内容であったからである．そして教育ヴァウチャー制度およびこれと一体のオープン・エンロールメントは，「消費者の権利」を実現することによって，これらの問題点のすべてを一挙に解決する最善の策であると，彼らによって見なされていたのである．

また，ジョーセフの時代には，教育ヴァウチャー制度と並んで，若年層の失業率の増加を防止するために，学校で「勤労意欲」や「企業家精神」を養成し，即戦力となる職業・技能訓練を中心とすることで，これまでの学術的な教育を重視する教育観に対抗し，労働を重視する教育観に変更させるカリキュラムとして「技術的職業的教育イニシアティヴ（Technical and Vocational Education Initiative：TVEI）」が導入されている．

第一の課題であった教育ヴァウチャー制度の導入は，次のような経過をたどることになった．まずジョーセフは，就任後すぐの1981年の保守党大会で教育ヴァウチャー制度の導入を表明し[18]，「実験的教育ヴァウチャー制度を支持する友の会（Friends of the Education Voucher Experiment in Representative Regions）」と「全国教育水準協会（National Committee for Educational Standards）」に対して，ケント県での教訓をいかし，教育バウチャー制度導入にあたっての困難性とそれへの対応策を示唆するように依頼した[19]．

ジョーセフは，1980年教育法でのAPSの導入の際に使われた論理を援用して，教育ヴァウチャー制度は「教育の機会均等」原則にふさわしい内容であると主張する．つまり，ジョーセフによれば，同制度は貧しいものでもインディペンデント・スクールにおいてよい教育サーヴィスが受けられるように，初等教育と中等教育にかかる平均的公教育費を教育ヴァウチャーとして，資産調査を用いながら親に与えるというものであり，それはAPSを国民全体に拡大することに過ぎないものであった．親はこの教育ヴァウチャーに自己資金を追加して，インディペンデント・スクールに子どもを送ることも可能であるし，そのまま公教育制度の枠内にとどまることも自由であるとされた．したがって，この制度は，現在，金持ちと少数の優秀な生徒にのみ特権として許されているインディペンデント・スクールにおける良質の教育の機会を貧しいものにも開放するという意味で，「教育の機会均等」原則を一歩進めるものとなるのであり，その意味では1980年教育法の APS 規定の「単なる」発展なのであると，教育ヴァウチャー制度について説明している[20]．

1982年10月，その年の保守党大会で，教育ヴァウチャー制度と学生に対する奨学金をこれまでの譲与からローンに変更すること，この二つが，反対意見が飛び交う中で最終的に認められ，正式な政策となった[21]．しかしながら，その後も教育バウチャー制度に対しては，APS 自体への批判とともに，教員組合や労働党はもとより保守党内部，特にヒース前党首からの強力な反対が執拗によせられていった[22]．

1983年４月には党内政策グループが，経費が莫大となるという見込みとインディペンデント・スクールに対する潜在的不人気を理由に，導入案を拒否する結論を下した[23]．結局，同年10月の党大会で，ジョーセフは「教育ヴァウチャー制度案は死んだ」と告げるのであった[24]．ちなみに，学生に対するローンも貸与と譲与の混合案に替えられた．こういった理由から，1983年の保守党選挙綱領には何ら新しいものは謳われなかったのではないかと考えられる[25]．

こうして，新自由主義者の中心的主張であった教育ヴァウチャー制度は，政治的判断により断念せざるをえなくなった．そのため，ジョーセフら新自由主義者は，教育ヴァウチャーに代わる，しかし本質的には教育ヴァウチャー制度と同じ働きをする代替案を摸索していくのである[26]．さらに，長期化した教師の賃上要求ストライキは，保守党内外に組織化された教師に対する不満や反感を強めさせ，再び教育ヴァウチャー制度のようなアイデアの追及を可能とさせたのであった[27]．

キース・ジョーセフは，新しい教育法を準備するまでに，『親の学校に対する影響』*Parental Influence at School : A new framework for school government in England and Wales*（Cmnd 9242, 1984年），『よりよき学校』*Better Schools*（Cmnd 9469, 1985年）という二つの政策文書を公刊し，学校評議会の責任・

任務を新たな観点から明確にしていった．またこの間，1984年にはそれまで中央に設置されてあったスクール・カウンシル（Schools Council）を廃止している．スクール・カウンシルはこれまでカリキュラム統制が明確な形ではなかった時代に，専門家代表や，LEA 代表で構成されるモデルカリキュラムを提案する協議会であり，これまでの公教育を作り上げ，支援してきた組織で，サッチャーらからみれば諸悪の根源の一つであった．

まず『親の学校に対する影響』では，親を学校評議会に参加させ，学校評議会の役割をきちんと定義付けることが提案されている（但し，ボランタリーエイデドスクールはすべての勧告から対象除外とされている）〔以下（　）内の数値は文書中の項目番号を示す〕．しかしそれは「テーラー・レポートの多岐にわたる提案を検討した後で考え出された枠組みに従うもの」(3)であった．同書では学校の規模に応じた学校評議会のメンバー構成が提案されているほか，カリキュラムに関しては，まず教育科学大臣に各LEAから当該地域のカリキュラム計画報告書が提出され，学校評議会が学校のカリキュラムの目的と目標を決定し，それを文章化する．学校評議会はカリキュラムに関して校長から報告を受ける．校長は実際のカリキュラムの組織と実践に責任を負うとされた（40·47）．また，学校における規律と懲戒については，校長がまず責任をもち，懲戒権を行使した場合には学校評議会とLEAに報告することとされた．問題がさらに深刻化した場合にはLEAが責任を負うこととされた（51·54）．さらに，校長の採用に関しては，学校評議会とLEA 推薦人が同数で委員会を構成し，選考を行うこと．一般の教職員の場合は学校評議会からの推薦，副校長の採用については，校長と同じ方法をとるか，一般の場合と同じ方法をとるかについては，LEAの自由裁量とすること（62）などが提案されている．しかしながら，この段階では，基本的にLEAの従来の役割を大幅に変えるところまでは踏み込んだ提案はなされていなかった[28]．

翌年出された『よりよき学校』では，教育水準の上昇を目的として，(ア)カリキュラムの目標と内容を明確にすること，(イ）試験制度と査定制度の改革，(ウ）教師の力量の向上と，人事管理，(エ）学校管理の改善と親，雇用主など外部からの学校への貢献度を高めること，以上４点を獲得目標とした（29頁）．そのためには，(1）学校教育の目的，主要科目の寄与すること，カリキュラムの構成と内容，到達度のレベルなどについての全国レベルでの合意を形成すること，(2) 試験と査定制度の改革としては，中等教育段階での試験がカリキュラムに影響を及ぼすことが大であるとの認識のもと，これまでのGCEのO（普通）レベル試験とCSE試験を統合して，GCSEという新しい試験制度を導入すること，16歳未満を対象として，既に行われてきたシティ・ギルドやBTECなどによる職業教育準備試験の継続，GCEのAレベルにおけるASレベルの導入，新しい職業教育資格として職業教育準備課程資格（Certification of Pre-Vocational Education：CPVE）の導入，到達記録（Records of achievement）の導入が提案されている．また (3) として5歳未満の就学の奨励，(4) 教師の質の改善，(5) 規律などについても提案がなされている．さらに，学校評議会の構成について新たなる提案があり，その権限について改めて言及されている．それによれば，学校評議会には，保護者に対する年次報告書の作成と年一度の保護者大会の開催，学校管理規則の制定が義務付けられ，学校評議会自体も年4回会合をもつこと，交通費がLEAから支給されることなどが提案されている．またLEAの果たす役割として，LEAアドバイザーの重要性が強調された．そして，LEAは勅任視学官（HMI）報告書を公刊すること，改善策を教育科学相に提出すること，最低限度数とされた1学年30人以下の小学校，150人以下の中等教育学校の閉鎖統合を行うことなどが述べられていた[29]．

ジョーセフの第二の課題であったTVEIは，実践的なカリキュラムの導入，または若者に労働に対する興味，勤労精神や意欲というものをもたらすことを目的として，ジョーセフが力をいれたものであった．

ジョーセフは，「底辺の40%」という言葉をよく使う．これは，中等教育終了資格試験としてのGCEまたはCSEのどちらも受けずに，あるいは何らかのグレード評価（マーク）を貰うのに失敗して，なんの資格もなく離学し，労働者あるいは失業者になっていく子ども達のグループをさしている．この子ども達は，ジョーセフによれば，学術的な教科中心の学校で「退屈し」きっているのである[30]．したがって，彼が提唱する非学術的なカリキュラムが，そのような子ども達を対象としていることは明らかであった．

ジョーセフはすでに産業相時代に，従来中央の独立組織であるマンパワー・サーヴィス・コミッション（Manpower Services Commission：MSC）の任務と組織の再編成を行っている．このコミッションは1970年にヒース保守党政権の時に設立され，失業者対策を行っていたものである．TVEIの導入に伴い，地方 MSC を中心に，地域の産業と学校教育との結び付きが強められたが，これは，従来の教育行政における官僚機構とは別のルートによる政策の実現過程であった[31]．また失業対策として導入された青少年訓練計画（Youth Training Scheme：YTS）における擬似教育ヴァウチャー制度の成功が，新自由主義者達の間で評価され，学校制度における同制度の導入のモデルともなっている[32]．

1983年の YTS が導入された背景として，ハックスビー（Haxby）は，若年層の失業率の上昇，徐々に衰退しつつあった徒弟制への代案，ハイテク産業の進展に伴う一般的・基礎的なスキルおよび知識の学校での習得の必要性などを指摘している．YTS は 1 年間の期間（うち13週は学校での教育），失業者の参加者に対しては週25ポンドが支給されるものであったが，修了後の正式採用を保証するものではなかった[33]．そのため安い労賃で労働力を企業に保証する政策であると一部には批判もあった．

増加する若年層の失業に対して，この MSC を通じて補助金が交付されるようになったことから，国家としての職業訓練は新たな段階に入った．大企業および大組合が存在している業界では徒弟制が主流であったが，この徒弟制が業界とともに衰退してくる．そのため，職業訓練としては，特殊なスキルを与えるというよりも，ハイテク産業が要請するように高度な一般的スキルを学校で学ぶことを要請するようになる．こうした流れの中で導入された TVEI は，14歳以上を対象とする学校でのプログラムであった．

TVEI に対して，当初，学術的な教育と職業訓練とを分化し，固定するものであるとして学校側の反発は強かったが，これに伴う資金・人件費に魅了され，導入した LEA は多かった．その結果は，しかしながら思わぬ効果を生み出しつつあった．というのは，これまでの学術的な分野のみを教育の内容としてとらえがちであった学校と，「底辺40%」にいた生徒との間に新しい関係が生まれたからであり，技術教育や生活スキルといった新たなカリキュラム開発が進められたからである．ボールはこれを新たな「職業教育的プログレッシビズム」と呼んでいる[34]．さらに技術教育や科学教育，家庭科などという従来軽視されてきた科目が注目され，子ども達の生活文化と学校文化の問題がそこで問題とされ，いくつか新たなかつ生産的な研究も蓄積されていった[35]．このような影響に対し，「サッチャリズム」の側からは，逆に，TVEI は地元の左派教師に「囚われてしまった」という指摘がなされるようになる[36]．

もちろんこのTVEIは，基本的には，「底辺40％」の子ども達に対する労働能力あるいは雇用される能力を高めることを意図とした，サッチャリズムの経済復興戦略の中に明確に位置付くものであった．また，同時に，このTVEIの存在は，教育ヴァウチャー制度導入推進派の新自由主義者にとっては，学校と地域の産業が共同で開発する自由なカリキュラムの実現を意味した．これが全面的に発展すれば，学校の特色はさらに発展させられるという期待が，そこにはあったのである．

こうして，この時期の教育改革は，教育ヴァウチャー制度断念という挫折を経たうえで，同制度の代替案としての学校評議会制度の整備化と，TVEIに代表される新たなカリキュラムの開発というきわめて新自由主義的な教育改革が追及されたということができよう[37]．その一方で，長期化していた教員賃金をめぐる紛争が，ジョーセフを退任へと追いやることとなった．

## 4 ケネス・ベーカー教育科学大臣と1988年教育改革法

### 1　1986年教育（第二）法

ジョーセフは1986年６月に教育法案の審議中に，サッチャーの自伝によれば，18ヶ月も続いて泥沼化した教員の賃上げ闘争の責任をとって，突然その職を解任された．後任にはケネス・ベーカーが着任し，無事1986年教育（第二）法を成立させた[38]．着任する直前の５月に，ベーカーはすでにサッチャーから学校について何かしなければならないという指示を受けていたようである．

成立した1986教育（第二）法は，基本的には前出の『よりよき学校』の内容を法制化したものである．その特徴は，まず学校評議会の構成メンバーとして，親代表，LEA代表，教師代表，校長，その他の推薦メンバーを指定し，その比率に格差をつけることによって，学校評議会における教師・学校関係者を少数派にとどめ，彼らの声を弱めようとするところにあった．

また，学校は，LEAの命令により，それぞれ学校評議会の構成メンバーの規定と学校管理規則を有する（第１条）こととなり，学校管理規則には，LEAの決定する世俗教育に関する大枠の中で（第17条）のカリキュラムの決定（第18条），生活指導（第22条），停学・退学手続き（第23条），親に対する年次報告書の提出（第30条）と親の会合の開催（第31条）などの規定が盛り込まれるものとされた．また，入学者数（定員）に関してはLEAとの協議を規定している（第33条）．さらに教職員のLEAによる任命に対して，校長，副校長の場合は，学校評議会とLEAとで特別小委員会を設置し，そこでの決定を重視する（第37，39条）ようになった．さらに，性教育の規定（第46条）や体罰の禁止（第47条），教師の勤務評定（第49条）などの規定も重要である．

1986年（第二）法の内容は，一見すると，学校評議会の位置付けが，学校評議会の構成比が異なる点を除いて，テーラー・レポートで勧告されたものと酷似していた．しかしながら，これまで述べてきたように，キース・ジョーセフによる教育改革がテーラー・レポートをそのまま実現しようとしたものではなく，学校評議会の活性化は，あくまでも教育ヴァウチャー制度の断念の後で，これと同じ機能を果たすことを期待して採用された代替案であったことを示している．そして，この教育ヴァウチャー制度の代替案としての学校評議会の活性化は，最終的には1988年教育法によって，完成されるのである．

## 2 1987年選挙綱領

サッチャー政権になってから３回めの総選挙が1987年６月に行われた．この選挙綱領では全体が39頁にもなって厚くなったうえ，教育問題に４頁弱，福祉政策も同程度の分量が割かれるといった特徴があった．つまり，この総選挙は，すでに労使関係や経済政策で勝利を押さえていたサッチャー政権が福祉国家の牙城である教育と社会福祉の分野に乗り込んできたことを示すものであった．

選挙綱領では，「教育水準の上昇」が大項目になり，かなり詳しい政策が盛り込まれている．以下はその要約である．

まず大項目の前書き的な部分では，「親達は学校に対して，子ども達の未来にふさわしい知識，訓練，性格を与えてほしいのだ．基礎的なスキル，道徳的価値観，正直，勤勉，責任を奨励するような学校をほしがっている．そして親は自分の子どもにふさわしい学校を選ぶ権利をもつべきである」と述べている．

「私達の学校の教育水準の上昇」と題された小見出しでは，資源は重要であるとし，これまで以上にさらなる資源を導入するとして，(1) インフレーションを見込んで小学校で17%，中等学校で20%予算の増額を行う，(2) 教師の増員，(3) コンピュータの活用を世界に先駆けること，の３点をあげる.「しかしながら，金銭だけが問題ではない．資源の増加は統一的な教育水準の上昇をもたらしはしない．親と雇用主は，子ども達が基礎的スキルを十分学んでいないし，教えられている事柄のいくつかはよい教育とはいえないように思えること，規律もよくないし，期待度はあまりにも低いということに正しくも気付いている．いくつかの事例は政治的教化，性に関するプロパガンダに利用されている．学校改革の時がやってきたのである」と革新的な教育理論を批判している.

さらに「４つの主要な改革」の小見出しのもとで，具体的な改革案が提案されている.

第一，ナショナル・コア・カリキュラムの制定．５歳から16歳を対象とし，数学，英語，科学を含む教科．７歳，11歳，14歳でのナショナルテスト．そして16歳ではGCSEの準備が行われる．これによって子ども達の到達度がわかる．カリキュラムを作成する際には協議を行う.

第二，５年以内に，すべての中等学校と多くの小学校の学校評議会と校長に対して，予算を委譲する．これにより自分達の学校を管理し，自分達で優先順位を決定することができる．この予算は，図書費，備品，維持運営費，人件費を含むものである．ケンブリッジやソリハルで行われた予算委譲の実験事例は，その価値を十分実証している.

第三，親の選択の拡充．この部分は訳出する.

「教育水準を上昇させる最も継続的な圧力は親から生じる．親は，子どもがよい教育を受けていることを確実にするための強力な牽引力をもっている．私達はすでに1980年教育法，1986年教育（第二）法によってすでに多くをなしたので，親達は自分達の声を聞いてもらえるようになった．しかし，親は自分の選択した学校に子どもを通わせる機会をもっと増やす必要がある．これこそが高い教育水準を保証する最善のものだ．これを達成するために，地方教育当局（LEA）が学校予算を学校に在学する生徒数に合致した形で配分することを保証する．学校は，今日起こっているように，生徒数を人為的に制限されるのではなく，物理的条件が許すまで自由に生徒を入学させることが求められるだろう．人気のある学校，それはよい教育を提供することによって親の支援を得るのであるが，そのような学校は，現在の定数を超えて生徒をとることができるようになる．

これらのステップは，学校に対して親の意見に応答するよう強制するだろう．しかし，また，教育制度の多様性が存在しなければならない．そうすれば，親は学校を比較することができる．私達は，それゆえ，学校の多様性の共存を支持する．すなわち，コンプリヘンシブスクール，グラマースクール，セカンダリーモダンスクール，ボランタリーコントロールド，ボランタリーエイデド，インディペンデントスクール（私立学校），学校が自校のシックスズフォームを維持する権利があるのと同時に，シックスズフォーム・カレッジとターシャリーカレッジなど．これらすべてが親に対する選択の幅を広げることになり，教育水準の上昇をもたらすだろう．シティテクノロジーカレッジ（CTC）の実験ネットワークを立ち上げる．すでに2校が告示され，さらにいくつかのCTCに対する産業界の資金援助が約束されている．援助席計画（APS）は3万5千人分まで増大する．このかなり成功している計画では，すでに2万5千人もの比較的貧しい家庭出身の成績優秀なものが，230校の私立学校での教育を受けている．私達は自由社会の一部としての私立学校教育を受ける権利を守り続ける．これは他の政党すべてから攻撃されている．」

第四，公立学校のLEAの管轄からの独立．もし，ある学校で，親と学校評議会がLEAから独立したいと望むなら，そうする選択を与えられるべきだろう．LEAから独立した学校は，教育科学省から直接補助金を受け取る．それらは独立公益法人となる．内ロンドン教育当局（ILEA）の管轄地域において，区議会が独立した地方教育当局となることを希望する場合には，その地域の教育制度を管轄する許可を教育科学相に対して申請することができる．

その他にこの綱領には，「ビレッジスクール」「就学前教育」「教師に対するよりよいキャリア」「高等教育と継続教育」という小見出しがある．「就学前教育」では多様性を重視し，私立部門への支援を提案し，「教師に対するよりよいキャリア」では，教員の賃金モデルを作成するために中央に設置されていたバーナム委員会の廃止と新たな賃金決定機構を創出するための緑書を準備することが記されている．また「高等教育と継続教育」の項では，大学補助金委員会の廃止と，新たに大学関係者と部外者同数から構成され，部外者が議長となる大学基金協議会（University Funding Council：UFC）の設立が提案されている．この協議会の主要な責任は，新しい契約的事項にもとづいて補助金の配分を決めることであるとされた．また，ポリテクニクについては，地方教育当局（LEA）の管轄から独立させ，大学に準じる独立性を与えるべきだとし，権限と責任を委譲するとした．そして，大学へのアクセスを改革するために，利子付きローンの導入などを検討していることを明らかにしている．このように高等教育改革が予定されていることに対して，「新しい提案においては，私達は現行制度の最善の部分は維持していくことを保証する」としている[39]．

以上の内容は，来る教育改革の内容を十分予想させるものであるが，総選挙の結果は，この教育改革を遂行することを保守党に許したのである．この公約の内容もベーカーの意図がかなり反映されたものである．しかしその際，ベーカーはGCEのAレベル試験の改革とナショナルカリキュラムの導入の２点を提案したが，サッチャーはどちらか一つを選択せよといったといわれている[40]．

### 3　1988年教育改革法

次にケネス・ベーカーが行ったことは，1987年３月の「教師の給与と労働条件に関する法」と，1988年７月の教育改革法の成立である．

前者は，長期化した教員賃上げ要求とそれに伴うストライキなどによって，それまで中央にあって，教員の賃金の全国モデルを提出していたバーナム委員会が政府によって廃止されたことに伴う処置である．同法において，バーナム委員会に代わる諮問委員会の設置，労働協約における個々の教師の勤務内容の確定，などが規定されている[41]．

1999年のインタビューに答えてベーカーは，18ヶ月も続いた賃上げ要求と頻発したストライキを組織した教員組合との交渉に怒りを覚え，組合に対して徹底抗戦を決意したという．この1987年法によってそれは達成されたわけであるが，ベーカーの次の狙いは労働党によって支配されている地方教育当局（LEA），とくに内ロンドン教育当局（ILEA）であった．その理由は，自分の選挙区であるメリルボーンのグラマースクールをILEAが廃止したことにあった．さらに訪問したいくつかの小学校で「上司と労働者」というゲームが教えられていたことに戦慄を覚えたと述べている．対地方教育当局としての戦略は，後に述べる学校の自律的経営（Local Management of Schools：LMS），学校選択，国庫維持学校（Grant Maintained Schools：GMS）およびシティテクノロジーカレッジ（City Technology College：CTC）という新しいタイプの学校の導入であった[42]．なお，このインタビューによれば，ベーカーももともとは教育ヴァウチャー制度に魅了されていたと明言している．教育バウチャー制度が前述の通り保守党によって否定された後，彼は学校選択と補助金支出方法を連動させることで，実質同じ制度を導入することに成功するのである．

1988年，ベーカーはいよいよ教育改革に着手する．ベーカーによれば，1988年教育改革法案は，着任の際彼がサッチャーに対して主張した教育改革の内容を盛り込むものであった．サッチャーは自伝の中で，教育水準の低下という問題を取り上げ，これを争点として選挙戦を戦おうと決心していたと述べている．そこではサッチャーはベーカーのナショナルカリキュラムの提案に合意している．

> （教育水準低下の）解決法の一つは，理論的にいえば，より中央集権的な方法に進むことだった．この頃になると事実私は，少なくともコアとなる科目については何らかの一貫性があるべきだと思うようになっていた．国家は，子ども達が何を学んでいるのかということに対して無知でいるわけにはいかない．それ以上に，もし子ども達が転校する場合，自分達が学んできたものとまったく異なる勉強を強いられるのは破滅的なことだ．ナショナルカリキュラムは全国的に認められ，いくつかの時期をおいてテストすることでモニターされるべきだろう．そしてそれは親，教師，LEA，政府に対して（学校が）うまくいっているかいないか判断させ，必要とあれば救済措置をとることを可能とするだろう[43]．

従来保守党は，親の意志を尊重することを主眼においてきた．しかしながらそれと並行して1980年代には徐々に教育水準の上昇を約束してきたが，この時点で，明確にナショナルカリキュラムが登場してきたことは重要である．

1988年教育改革法案は，きわめて短期間に，それも夏季休暇にかかる時期に関係者に対してコンサルテーションをしただけで法案として議会に提出されたこと，またナショナルカリキュラムの導入により，これまでの「パートナーシップ」原理の慣例を破るものとして教育関係者からの大反対を巻き起こしたが，1988年教育改革法として成立した．途中，貴族院での修正を受けて，宗教教育が必修科目にされている．この1988年教育改革法は，全文238条及び別表13からなる長文の教育法[44]であるが，特徴を要約すると，以下のようになる．

第一に，すでに1986年教育（第二）法によって制度化された公立学校の学校評議会に，予算，人事，運営に関わるほとんどの権限を地方教育当局から委譲し（学校の自律的経営：LMS：第33～36条），生徒数に応じた予算配分を行うことによって，学校評議会の自律性を実質的に高めることを目的としている．さらに各学校には生徒数がピークであった1979年のレベル，つまり最大許容収容者数まで生徒を募集することが許され，LEA による通学校指定制度は廃止された（「オープン・エンロールメント」：第２章）．これは，就学人口の減少が進んでいた事実と合わせると，学校間で生徒獲得のための競争を生じさせ，親には学校選択が保障されることになり，公立学校制度内部での教育ヴァウチャー制度そのものであった．

第二に，保護者の単純多数の同意によって，LEA から独立（オプトアウト）させ，新たに教育科学大臣の管轄下に設置される国庫維持学校（Grant Maintained Schools：GMS）への移管を認めた（第４章）．その際，LEA 所有であった土地建物が GMS の学校評議会へ委譲され，税制上の優遇措置を受けるなど，準私立学校化が促進された．また GMS 政策を促進するために，特別補助金が交付された．

第三に，企業が中心となって設立することが予定されたシティテクノロジーカレッジ（City Technology College：CTC）という新しいタイプの技術教育を中心とする中等教育学校が導入されたが，株式会社に何ら条件も付けずに参入を認めた日本とは異なり，以下のような制限を明確に加えるものであった．すなわち，(1) 都市部に設置すること，(2) その地域に居住する11歳以上19歳未満の生徒を対象とすること，(3) CTC の場合には科学とテクノロジー，シティ・カレッジ・フォア・テクニカル・オブ・アートの場合には芸術，演劇などを重視する幅広いカリキュラムを提供すること，(4) 授業料無償，(5) ７年以上の存続などを条件に，契約に従って，国庫から補助金が支出されることとなった（第105条）．

第四に，ナショナルカリキュラムとアチーブメント・テストの導入が含まれていた．

このうち，CTC とナショナルカリキュラムの提案は，これまでの教育政策にはないものであった．その一方で，LEA の権限を弱め，LEA をこれまでの学校経営の実践的なパートナーの位置から，全般的な監督という位置にまで後退させるものであった．このような学校評議会の権限の強化と LEA の権限の弱体化は，初等・中等教育のみならず，高等教育の分野（第２部）にまで及んでいる．

また，労働党主導の LEA に対するサッチャリズムの嫌悪は，同法における内ロンドン LEA（ILEA）の廃止（第３部）に，端的に現れている．ILEA は伝統的に労働党が強く，指導的役割を果たしていたからである．

次に，カリキュラムに関していえば，イングランドの公立学校を対象とするナショナルカリキュラムの制定とアチーブメント・テストの実施（第２～４条），成績評価に関する中央の委員会の設置（第14条）などが規定され，カリキュラムの全国的基準が法律によって制定され，試験制度による徹底が図られた．さらに，宗教教育に関する地方諮問委員会の設置（第12～13条）が規定され，公教育制度における宗教教育の重要性が確認されている．

それと同時に，中央の権限が強化されている．たとえば，直轄補助金学校の設置の他，財政委譲に関する LEA の計画に対する教育科学大臣の認可制度の強化（第33条）などのように，様々な計画案が大臣の認可を必要とするようになった．さらにナショナルカリキュラムにおける基礎科目のターゲット（獲得目標）の制定や，教育内容，評価方法の権限もまた，大臣に帰属することになった（第４条）．

また，試験成績の結果の公表を含む情報の公開が進められ，アカウンタヴィリィティが強調されている．

それでは，同法はキース・ジョセフの時代の教育改革と比べるとどのようなものとなるであろうか．

まず，学校評議会の自律性は，財政委譲やオプトアウトとオープン・エンロールメントによって実質化され，この点では「サッチャリズム」が主張する「市場原理」による公教育制度の組織化が完成されたといえる．学校評議会の活性化は，こうして，テーラー・レポートのもっていた旧来の「パートナーシップ」という枠組みをこえる，新たな意味をもつものとなったのである．したがって，先の労働党の政策との継続性をみるキャラハンやテーラーの1988年教育改革法に対する評価は，学校評議会制度の活性化の試みという点に教育改革の連続性をみようとするものであろうが，教育ヴァウチャー制度の断念を経てその代替案として新たな任務をもつものとして学校評議会制度が採用されたというこのプロセスを無視した，単純化しすぎた評価であるといえよう[45]．少なくとも，テーラー・レポートにもとづいて行われる予定であった労働党の幻の教育改革と1988年教育改革法とは，たとえ政策文書にはあたかもテーラー・レポートで勧告された内容を実現したかのように語られたり，表面上の類似性はあっても，やはり異なるものであったと考えるべきであろう．

しかしながら，ナショナルカリキュラムの設定は学校評議会によるオプトアウトやローカル・マネージメントを，真の意味で「市場原理」の適用とすることを困難とする[46]．さらにこのナショナルカリキュラムにおいては，伝統的な基礎的教科が中心となり，TVEIのもとに発展しつつあった実学的カリキュラムは，まったく無視されている．これらは，それまで新自由主義者達が主張してきた教育改革の内容と矛盾するものである[47]．

また，このナショナルカリキュラムの設定と評価のために教育科学省は新たな専門家集団に依存せざるをえなくなり，それは地方レベルにおいても同様であった．その結果，専門家批判を掲げてきた「サッチャリズム」は，皮肉なことに，新たな専門家集団を作ることになってしまったのである．

加えて，このナショナルカリキュラムの導入は，現実には，内容的に曖昧なものとならざるをえないものであった．また，多民族・多文化社会となりつつあるイギリス社会における「ナショナル」の強調は，人種間の様々な軋轢を公教育制度の内部においてもたらしかねない．これは，貴族院の段階で修正として盛りこまれたキリスト教精神にもとづく宗教教育の強調についても，同様であった．このように問題を含んだ1988年教育改革法が具体化されていく過程については後で述べることにする．

## 5 左派教育学者達による公教育制度批判と理論的混迷

サッチャリズムが，政治や教育の場でヘゲモニーを握りつつあった時に，左派の教育学者達は理論的に混乱状況にあった．

1977年，M・F・D・ヤングは，G・ウィッティとともに，70年代のイギリス教育学を概観して，「10年前と比べて，もっとも著しい特徴は，学校教育は『善きもの（ought to be good)』であるという絶対的仮説が，突然消え去ったことにある」[48] と述べている．

彼らのこの結論は，第二次世界大戦後のイギリス教育（社会）学の発展の概観から導き出されている．つまり，戦後労働党の教育政策の中心であったコンプリヘンシブスクール運動と，現代社会において新たに登場してきた地域的，人種的，文化的貧困地域などに対する特別な教育優遇政策など，公教育制度による社会の平等化という目的と，その目的を実現すると考えられた政策に対する批判から導き出されているのである．もちろん，この理論的背景に，アメリカにおけるボールズとギンティスによるコレスポンデンス（対応原理）理論の研究やアップルの研究，フランスのブルデューによる再生産理論の研究があることは明らかである．

さらに1981年には，バーミンガム大学の現代文化研究所（CCCS）のリチャード・ジョンソンらが『不人気な民衆教育』*Unpopular Education* を公刊し，コンプリヘンシブスクール運動もまた，「上からの」政策であって，大衆を巻き込むことに失敗してきたことを明らかにした[49]．さらに同研究所のフィン達は戦後の労働党の教育政策そのものに，伝統的な教育学者や保守党台頭の基盤をみている．彼らは労働党が，一方では労働者階級の政党として漸進的社会主義をめざし，他方では国民政党として福祉国家型資本主義を維持することで，選挙での勝利をえようとすることに「思想の二重性」を見出し，経済成長のみがこの矛盾の顕在化を先送りにしてきたとする．しかし，1970年代の景気後退は否応なくこの矛盾を顕在化させたのである．

> 一般的な意味で，社会権とより多大な「平等」の拡大への圧力は，国家機構の長期的成長の原動力となってきた．しかし，実践においては，このプロセスは教育の領域における国家のある種の特質によって屈折させられ，内容が規定される．その特質とは，学校をその他の教育機関から分離させ，教育の概念すべてを学校に独占させてしまうという傾向であり，教職の専門化と教師のセクト的利害を追求すること，そしてとりわけ，資本の利益を教育政策立案者や行政官に重視させるような構造的必要性である．だから，生産においてと同様に学校においても，強制を

> 本質とする学習の必要性はきわめて疎外されたものとして経験される．学校はさらなる階級闘争の場となった．互いに拮抗する様相を呈する親，教師，子どもの分断は，この制度に本質的に備わっているものである．教師と協調する労働党の政策の一般的傾向は，さらに，普通の親の上に「専門家」の領域を位置付け，親のもつ文化が体現するコモンセンスの価値を低めた．労働党のイデオロギーにおける社会改良的傾向は，もっとも侮辱的な方法でこれを達成した．……同時に，進歩主義は学校をより密教的にしてしまった．こうして，労働党の教育上の立場は，討論の指導権を敵に明けわたしたばかりでなく，実際には新しい抑圧の形態を提供したために，扇動的で，反官僚主義的反国家主義的トーリー主義に猛攻撃のチャンスを与えてしまったのである[50]．

彼らは戦後の労働党政権下の教育政策を「社会民主主義」的教育政策としておさえたうえで，これらの政策の結果，民衆教育（popular education）は，民衆に支持されない教育（unpopular education）に転化したと，その全面的批判を展開しているのである．

いわゆる「社会民主主義的」教育政策の限界の指摘の主なものとしては，以下の諸点をあげることができよう．

第一に，全国的にコンプリヘンシブスクール制度が実現し，一般化しても，労働者階級やマイノリティの子ども達の中で大学に進学するものはこれに比例しては増大しなかった．第二に，社会的不平等は大方の予想を裏切り，公教育制度の発達に伴って減少するどころかむしろ拡大した．第三に，コンプリヘンシブスクールからドロップアウトする子どもの数や学校での暴力事件，放火事件数が増大した[51]．第四に，大規模校に対する親の不人気[52] などである．

さらに，公教育制度における「能力による」平等主義は，学校での失敗を個人の責任（能力）に帰することによって，社会的不平等を正当化する機能を果たしていることや，学校全体が既存の社会規範に向けて子ども達を教育していることなども，理論的に明らかにされた．

つまり，キャラハン労働党政権下の時期，「教師の教育の自由」の主張と，コンプリヘンシブスクールさえ成立させれば，ある程度は「自動的に」社会がよくなるといったような信念や，「学校教育は『善きもの』である」という信念が，左派の学者の間で揺らぎ始めたのであった．このような深刻な状況に対する左派の教育学者の対応は複雑であり，様々な研究が現れたが，重要な研究として，まず第一に，これまでの「教育の機会均等」原則理解の批判があげられる．ヤングらによってなされたこの批判は，「教育の機会均等」原則理解に関わる重要な問題提起であるが，この批判は，最終的に『中等教育をすべての者に』を執筆したといわれているＲ・Ｈ・トーニー批判にまで遡ることになる[53]．

ヤングらによれば，トーニーやハルゼー[54]の「教育の機会均等」原則の理解は，結局のところ，グラマースクール・タイプの中等教育の開放であり，これは大学進学問題に深く関わっていた．つまり，この時に主張された「教育の機会均等」原則は，ヤングらによって批判されるように，大学進学につながる中等教育の「量的拡大」をめざすものであった．この発想は学校制度（学歴）を社会上昇移動手段としてとらえるものであり，そこでは「財産」ではなく「能力（学力）」がパスポートであると考えられたのである．そしてこの「能力（学力）」をパスポートとする発想は，「財産」をパスポートと見なすより公正であり，社会正義にかなうものであった．さらに特権としてあった中等教育の開放もまた公正であり，社会正義であると考えられたのである．結局，この「教育の機会均等」原則は，グラマースクール・タイプの中等教育学校へのアクセス権の平等化を要求したものにすぎなかったのだ，とヤングは批判している[55]．

しかしながら，この問題は，ヤングらがいうようにトーニーを批判して事足りるというわけではない．というのは，このトーニー流の理解の背景にある教育制度理解，即ち，社会そのものは所与のものとして，そこに「人的資本」である人間を「学力」によって配置し，社会上昇移動手段として教育制度をみるという発想は，すでにサイモン[56]が批判したように，1902年教育改革の時点でのシドニー・ウェッブの思想に表れているからであり，このウェッブの思想が，労働党の教育政策の中に深く浸透したものであったからである．この問題に対しては，1990年代になってから，ヤングは，学術的カリキュラムと実践的カリキュラム双方をバランスよく教える普遍的な中等教育カリキュラムを提案するに至っているものの，エリートと高等教育の問題，換言すればメリトクラシーの問題は依然として未解決のままである．この問題は「能力主義」とその尺度をめぐる近代公教育制度そのものの脱構築と深く関わる大きなテーマである[57].

左派による公教育制度批判は，もう一つの新たな展開をみせた．それは，労働者階級がなぜ学校で失敗するのかという理由を究明するために，学校文化に注目した研究が増大したことである．

バーンシュタインの精密コードと制限コードの研究も有名であるし[58]，学校文化の階級性の指摘も重要であろう．しかし，なかでも，特に重要と思われる研究は，コンプリヘンシブスクールにおける「底辺40％」や若者文化に焦点をあてた研究である．これは，「民主的」に変わったはずの学校そのものが，労働者階級の生活習慣や労働規律の中産階級のそれへの変更を求めているがゆえに，学校がこの「底辺40％」の若者達に拒否されているということを明らかにするものであった．

この種の研究ではポール・ウィリスの研究が知られているが，コリガンも，労働者階級の少年達とのインタヴューにおいて，少年達（ラッズ）が一日も早く離学して働きたい（自分の自由となる金を稼ぎたい）と願っていることを鮮やかに描き出している．コリガンはまた同時に，労働者階級の中に強く根付いている仲間意識，放課後，街に繰り出し，道端で時間を潰したり，悪ふざけでガラスを割ったりする習慣，「一生懸命勉強すること」や「真面目」さを茶化す傾向なども指摘している[59]．

しかしながら，このような階級文化研究は今現象としてある労働者階級の文化を階級にとって本質的なものとみるのか，疎外されたものとみるのかということによって，導かれる結論，とくに学校制度に関する展望は大きく異なるものとなるという解き明かしがたい問題をかかえることになる[60]．さらに，こういった「ラッズ」の存在は労働者階級一般を表象するものではない．「ラッズ」が忌み嫌う良い子の「イヤオール（earhole)」達もまた労働者階級の一員であるからだ．また，これら「ラッズ」が有するマッチョリズムや女性蔑視の文化はフェミニズムから厳しい批判を受けることになる．結果として，こういった「ラッズ」達は学校文化への抵抗を通じて，19世紀ヴィクトリア時代からみられる労働者階級の一部の文化を再生産するのであるが，1970年代以降，若年労働市場の崩壊によって最終的には社会の底辺層に自ら組み込まれていくことになるのである．そして20世紀末頃には，白人男子生徒の成績不振という形で問題視されるようになる．

以上概観してきた70年代の左派教育学をめぐる状況を一言でいえば，「コンプリヘンシブスクールの神話」の崩壊ということができよう.「コンプリヘンシブスクールの神話」とは，教育機会の開放と大学進学率の上昇による社会的不平等の除去といったものであった．しかしこの神話が崩壊したことによって，これまでの左派の教育学者達を支えてきた「学校は『善きもの』である」という信念が，労働者階級のすべてには通用するものではないということが明らかになったのである．と同時に，このことが，これまであたかも労働者階級の代弁者として「民主的」という名のもとで理論活動をしてきた左派教育学者達に対して，結局，自分達は多くの労働者の代弁をすることに失敗してきたという痛烈な批判ともなった．また，これまで予定調和的に考えられてきた親と学校の関係や，大学とそれ以下の学校における「教育の自由」の対立なども明らかになり,「教師の教育の自由」という古いイデオロギーに対する彼らの信念をも揺るがすことになった.

左派の教育学者のこれまでの理論的欠陥は，それまでのイギリス教育行政制度を,「教師の教育の自由」を根幹とした「民主的」なものであったという発想に囚われてきたこと，そして平等の帰結するところは，高等教育の機会の解放にあると想定したところにある．前者の教師こそが公教育制度の中心であるとする発想は，実は1902年の教育改革で，これまでの公選制教育委員会であった学務委員会が廃止されて，LEA が成立して以降のものである．もし，1902年教育法，1904年教育法によって成立したLEA と教育改革に関する筆者の理解が正しいならば，イギリスの教育行政制度は，この時点から，親や地域住民を教育行政の場から排除し，教育専門家・専門官僚による教育政策と教育行政の独占を進めたものとなったからである[61)]．したがって，親の教育要求と教師の教育の自由が激しい緊張関係にあり，専門性が疑問に付される場合には，この制度は脆く，決して安定したものではないということが暴露されたのである.

しかしながら，ヤングやCCCSらの学校批判，専門職批判は，これまでの教育政策理論を構築してきたサイモン，シルバー，ハルゼーといった著名な左派教育学者からの激しい批判を受けることになったし，教員組合を大きな支持母体の一つとする労働党は，ブレアが登場してこの問題を取り上げるまで，ほとんど影響を受けなかったといってよいだろう．この問題は現在の日本にも十分共通するものである．専門職・官僚と一般大衆の間のバランスは，依然として専門職の方に偏っていた.

またヤングらが指摘しているように，後者の問題点は，これもまた日本にも共通するものであるが，教育における平等の概念の内容の再検討を迫る問題である．確かに，特権であった高等教育の機会を解放するということが，ハルゼーらが追求した理念であるが，その結果は，選抜校への反感とコンプリヘンシブスクールの擁護であった．そして中にはこのコンプリヘンシブスクールから，オックスブリッジに進学するものも増えたことも事実である．とくに女性にとってみれば，これは重要な前進であった．しかしながら，他方における選抜校の廃止は，本当に教育の機会均等原則にかなうものであったのか，これが今問われているのである．もちろんその前にこの選抜が10歳児の時点[62]で行われていたというイギリスの学校制度上の問題があることは事実であるとして，学校制度が社会的分業への人員配置を行う機能を有している現代社会においては，中等教育段階のどこかで多様化することは必然であるからである．

とくにイギリスでは大学が専門職養成機関として一般に考えられていることを考慮に入れれば，大学進学だけが平等を実現する道ではなかったはずであり，逆をいえば，大学は専門職につきたいものだけが進学すればいいのであって，進学を予定するカリキュラムを全員に強制する必要はまったくなかったのである．むしろ，やるべきことは，ヤングも指摘しているように，すべてのものを対象とするバランスのとれた中等教育カリキュラムを創出することであった．率直にいえば，GCE の O レベルと A レベルの改革であり，外部試験制度の見直しであったはずである．しかしこれについては一切手が付けられなかった．GCE と CSE の統一は，保守党政府のもと，1988年まで待たなければならなかったし，ナショナルカリキュラムの制定は1988年教育改革法によって，やはり保守党の手によって導入されたのである．結局，教師の教育の自由に囚われて，また労働運動の仲間である教員組合の存在に阻まれて，左派は，子どもにとって，必要な教育とは何かということを検討してこなかったといえるのではないだろうか[63]．

ここで簡単に保守派の教育学者の理論的動向も押さえておこう．戦後を通じて，平等を原理とする民主派の教育学が主流であった間でも，伝統的権威的教授学を支持する研究者や教師はもちろん存在していた．しかしながら，彼らは平等主義の台頭の中，影響力をそがれたままであった．そんな彼らが集まって一つの運動になった．その出発点は1971年に出された『黒書』

*Black Paper* である.

『黒書』は，1968年の5月革命以降，世界に広がった学生運動を直接的契機として，大学を中心とする教育関係者の手によって，国会議員らを対象に書かれたパンフレットである．編者はオックスフォード大学英文学教授のブライアン・コックスともと高校教師であったボイソンである．論文の執筆者は，おもにロンドン・スクール・オブ・エコノミクスの教授など学生運動によって糾弾された人々であった.

彼らの主張は，前書きの「国会議員諸氏への手紙」に端的に表れている．前書きは「戦後以来，革命的な変化がイギリスの教育において起こってきている．つまり，初等学校における自由遊戯教授方法（児童中心主義の教育のこと—引用者），（中等教育における）コンプリヘンシブ（総合制）教育，高等教育の拡大，新設大学における実験講座，こういったものの導入である」[64]という文章で始まる．そこでは，教師と学生との関係に根本的な変化が不可避であるとする論調が強まり，教師はもはや学問の伝達者ではなくなりつつあること，コンプリヘンシブスクールの普及とグラマースクールの廃止を強く支持する動きがあること，大学生達はカリキュラムや教師の人事に対して参加する権利があると主張するまでになっていることなどが指摘され，その結果，全体として，多額の税金を投入しているにもかかわらず，イギリスの教育水準の低下が見込まれると危機感を募らせているのであった．彼らの解決法は至極単純であり，伝統的な権威主義的教育の復権であった.

この『黒書』の第一号は，批判の対象が実際には大学教育にあてられており，学園紛争に対する一部大学人が感じた脅威と反発で満ちあふれている．彼らはあたかもアカデミズムの守護者として世論に訴えたのであった．なかにはボイソンの様に，以前は労働党支持者もいた．グラマースクールの廃止とコンプリヘンシブスクール政策の導入をめぐって，ボイソンは労働党と袂を分かつ，コックスは正しい英語の重要性を主張して，伝統的な教育制度を支持していた．彼らは学園紛争を批判することでその足場を確固としたのである．なお，コックスもボイソンもその後，保守党政権の教育政策に関わって活躍する人々である[65]．しかしながら，学園紛争の当事者である学生達は，『黒書』の執筆者達が批判する「プログレッシブな教育」の直接的な影響を受けたとはいいがたい年代であった．それにもかかわらず，『黒書』のアピールは世論形成に大きな影響力を与えたことは間違いない.

同年齢の若者がバリケードを前にして，一方では労働から遊離した特権的な学生として，他方では法と秩序の番人として学生を取り締まる警察官として対峙する．また，ベトナム戦争の存在も見逃せないし，伝統的な学問の在り方に対する異議申し立てのインパクト，そして急激な大学生数の増加による学習条件の急激な水準低下という理由をあげるものもいる．日本でも安全保障条約の延長問題を巻き込み，同様のことが起こったが，大学教育が少数者を対象とする特権的なものであったことは変わりなかった．『黒書』はその後第5号まで発行される．

## 6 ナショナルカリキュラムと新自由主義的教育政策

以上みてきたように，ナショナルカリキュラムの導入は，ベーカーによって立案され，具体化が図られたのである．ベーカーが登場するまで，サッチャーの教育政策の中には強制的ナショナルカリキュラムを導入するといった意向はみられなかった．それはなぜであろうか．

ジョンソンは，サッチャー等が主張する分権主義的教育政策，たとえば教育ヴァウチャー制度などの実現には，まさに強力な政治的リーダーシップが必要であり，国家介入によって実現せざるをえず，このことは，ジョーセフやサッチャーにとって大きな矛盾であり，ナショナルカリキュラムへの反発もこの反中央集権主義者としての反応であると指摘する[66]．しかし，労使関係法のように，国会で重要な法を次々成立させ，政策を実現させていったのがサッチャー政権の特色でもあったわけであり[67]，サッチャーがこういったことに悩んだ様子はない．

ジョンソンのあげる理由は不十分である．もともとサッチャーあるいはジョーセフには，援助席計画（APS）においてみられたように，教育水準の低下を解消することをエリート教育の再建という枠組みで捉えていたと考えられる節がある．グラマースクールと大学さえしっかりしていれば問題がないと考える伝統的態度が，サッチャーやジョーセフにみられるのである．さらにサッチャーとジョーセフは，「イギリス病」脱却の処方箋として，労働者階級全体の教育に投資するという考えをもってはいなかった．生産性を上げる手段は，専ら，労働組合といったような既成の利害団体を潰し，自由な労働力を創出することであると信じきっていたとハットンは批判している．

そうすれば，「経済人」としての労働者は高い給料をえるために，よく働くようになる[68] と．

しかしながら，時代は確実に変わっていた．離学年齢を越えても在学するものの数が増え，学校資格を就職の採用条件とする雇用主がますます増大した．またポスト・フォーディズムの社会は，これまでとは異なる労働力を必要とする．以前ならば景気回復とともに解消していたはずの成人男子にみられる失業の長期化は，再雇用が再教育の必要を伴っているという困難のために生じて来ているのである．こうして，教育はたんに個人の問題として考えられるような次元を越えて，社会全体に与える影響を真剣に考慮すべき時が，イギリス社会にもようやく到来していたといえるのである．

自由な労働力の創出でこと足れりとしていたサッチャーとは対照的に，ベーカーは，イギリスの労働力の全体としての水準の向上が，イギリス社会の必須の課題となっていることに強い自覚をもっていた．ベーカーはすでに産業省担当時代，情報技術（IT）の振興に努め，21世紀社会を見通した労働力形成を学校の役割に入れようとした．ベーカーからみれば，CTC とナショナルカリキュラムは全体の教育水準を上げるためには不可欠の政策であったのである．

ベーカーによれば，コンプリヘンシブスクールは明らかに質の高い教育を供給することに失敗しており，労働者階級の大学進学率は1940年代よりも低く，イギリス全体では18歳人口のわずか12%しか高等教育機関へ進学していないという問題をイギリス教育制度は抱えていた[69]．彼は着任の際，「教育水準の向上と選択」を自らの政策モットーとした．「この二つのテーマは，テストを伴うナショナルカリキュラムと，CTC と GMS の導入に具体化されるが，それは（教育科学大臣としての）私の目的を達成するための方法であった．これはこの国のどこに住んでいようとすべての子ども達の教育の質をよくするためのものであった」[70]（傍点―引用者）．

ベーカーは，ナショナルカリキュラム導入を認めるようサッチャーを説得にかかる．とくに英語教育が問題の始まりであった．「自国語に関する文法や歴史，構造を教えない国は英国だけだ．英語教育は，自国語は階級支配の道具であると論じる馬鹿げた政治的ファッションの犠牲となっている」[71]．英語教育に続いて歴史，地理，さらには数学，音楽までもがカリキュラム論争に発展していったことはボール[72] がすでに指摘している．

またベーカーは，教育水準を上げるにはGCSEでは不十分だとみていた[73)]．さらに彼の腹心にあたるボイソンが，GCSEの目的が８割から９割の子ども達に何らかのグレードを与えるようにすることにあるということから，GCSEは教育水準を上げることには貢献しないと主張していた[74)]ことも重要である．

こうしてナショナルカリキュラムは，ベーカーのイニシアティブによって法案に盛り込まれたのである．そしてベーカーにおいては，一方におけるLMSと他方におけるナショナルカリキュラムの導入は，何ら矛盾するものではなく，むしろ必要不可欠のものとして構想されたのである．このベーカーの構想においてこそ，「福祉国家」ののちの「品質保証国家」が登場してくるのであり，ここにおいてサッチャリズムが体制として完成したものとなったのである[75)]．

こうして，1988年教育法によって作り上げられた骨格は，学校が，中央が決定するナショナルカリキュラムを確実に供給したかどうか，テストにおいて確認するというものである．その際，学校が競争関係におかれることによって，効率的にかつ迅速に達成されることが期待されたのであり，この供給に失敗した学校は，親に選択されないことによって予算の削減を招来し，自然に閉鎖に追いやられることが期待されていた．そこには就学人口の減少によって確実に行われる学校の閉鎖統合が必然的に政治問題となることを避ける戦略も隠されていたし，従来は，LEAの庇護のもとで，社会のニーズを考慮することなく「独善的な」教育を供給し続けてきた公立学校を，市場原理を利用することによって改革しようとする保守党政権の意図があったことは明らかであった．

ここでのテストの結果の公表は，親が学校選択を行う際の重要な情報として位置付けられていたことに留意しておく必要がある．

# 3章
# サッチャー改革，その後の変遷

保守党政権は，サッチャーからメージャーに党首が代わったものの，1997年の総選挙でブレア率いる労働党に破れるまで，戦後政権維持最長記録を更新し続けた．それと並んで，「品質保証国家」の教育政策も，つづめていえば，ひとたび保証するべき教育の内容がナショナルカリキュラムという形で決定されてからは，基本的には1988年教育改革法で誕生した大枠を維持しつつ，いかに国民全体の教育水準を上げていくかという方向をもって進むだけであった．それゆえ，その領域を拡大していくと同時に，現実化のプロセスを通してより安定した枠組みへと変えていくのである．本章ではその変容の過程を，カリキュラムと教員養成，評価制度と評価者，LEAの弱体化など，いくつかの局面を取り上げてみていくことにする．

## 1 カリキュラムと教員養成政策

保守党政府は1988年教育改革法を成立させたが，その際，戦後の伝統を破って国家によるカリキュラム統制を復活させたため，国民の教育水準を規定するナショナルカリキュラムに盛り込まれる内容などをめぐって激しい論争を経験していくことになる．

1988年教育改革法成立後，準政府機関のナショナルカリキュラム協議会（National Curriculum Council：NCC）と試験と評価協議会（School Examination and Assessment Council：SEAC）が設置され，NCCのもとに教科ごとにワーキンググループが設置された．歴史，英語・英文学，数学，さらには音楽まで，あらゆる教科で子ども達に何を教えるべきか激しい論争が様々な立場の研究者から繰り広げられた．たとえば，大英帝国の歴史や偉大なる英文学作品や，スタンダードイングリッシュを強制しようとする人々と革新的な多文化主義者との間の論争，西洋の偉大な音楽家（男性）ばかり取り上げようとする人々に対するフェミニストからの批判などなど．そしてワーキング・グループがナショナルカリキュラムの内容を選定する作業に入ると，サッチャーとベーカーは対立することになる．サッチャーはナショナルカリキュラムの内容としては，本当にシンプルなものを予想していたからである．またベーカー自身も，その後，ナショナルカリキュラムの開発を担当した協議会メンバーと対立することになる．

ベーカーの後任，マクレガーは勧告内容の変更を要求し，さらにその後任ケネス・クラークは，それ以前のナショナルカリキュラム開発作業に対する批判の急先鋒に立ち，メンバーの総入替えなどをした．そうなってくると，サッチャーも積極的にナショナルカリキュラム編成作業に介入し，本音を語るようになる．

> ナショナルカリキュラムの提案とそれに伴うテストなど必要なかったのだ．ケン・ベーカーは当初，ナショナルカリキュラムを検討するための担当者の任命や決定に関して，教育科学省と視学官，それと進歩的教育学者にあまりにも遠慮しすぎた．一度官僚の力が働いてしまえば，止めることは困難だった．ジョン・マクレガーは，私からの圧力を受けて，できる限りのことをした．……しかし（でき上がったナショナルカリキュラムは）全体的にみれば私が当初思っていたようなものとまったく異なるものだった．首相を辞めるころには，このナショナルカリキュラムとテストはもっと簡略化されるべくもう一度検討される必要があると確信していた[1]．

ナショナルカリキュラムをめぐるサッチャー自身のこういった言明は，当初，「国家は，子どもが何を学んでいるのかということに対して無知でいるわけにはいかない」と国家のモニター的役割に言及したことからみれば，明らかに後退している．いずれにせよ，ナショナルカリキュラムとそのテストの導入は，ベーカー，マクレガー，クラークと三代を通じての紆余曲折した作業を経て，最初のガイドラインが1990年に発表された（この間，英語等では古典の復活等に対する教師の反発が高まりつつあった）．それによると，まず５歳から16歳を４段階〔キイステージ（KS）１：５歳をレセプションとして，６歳から７歳（Y〈イヤーグループ〉１－Ｙ２），キイステージ２：８歳から11歳（Ｙ３－Ｙ６），キイステージ３：12歳から14歳（Ｙ７－Ｙ９），キイステージ４：15歳から16歳（Y10－Y11）〕に分ける．アテインメント・ターゲット（到達目標）は３領域想定されており，全体で10レベルに分けられていた．そして，それぞれのKS修了時にナショナルテストが行われることが想定されたのである．

日本でも学習指導要領をめぐって，それは最低基準なのかどうかということが論議されていたが，このナショナルカリキュラムは日本の学習指導要領と比べると多少異なる．たとえば，導入当初のキイステージ１は，年齢５歳から７歳（Ｙ１－Ｙ２）を対象とするものであるが，キイステージ１の最後，７歳での到達目標は２とされている．この２というのは，５歳から16歳のカリキュラム全体を10として，そのうちの２を意味している．そして，当初はこの２が７歳児の80％が到達するべきレベルであるとされた．キイステージ１の到達目標は１から３まで想定されており，３まで到達せよと命令しているわけではないことに注目する必要がある．同様に次のキイステージ２もターゲットは２から５であり，11歳児の80％が到達するべきレベルは４，キイステージ３のターゲットも３から５となっている．またナショナルカリキュラムの最終ステージであるキイステージ４は，1988年から導入が決まっていたGCSEとの関係が取りざたされたが，最終的にはGCSEの試験内容がナショナルカリキュラムと整合性をもつこととなったことで，実際にはGCSEが行われることとなった．しかしながら，このGCSEの受験は任意である．

このように，イギリスのナショナルカリキュラムは，日本の感覚からすれば，やはりモデルの枠を超えていないようにも思える．これはナショナルカリキュラムの導入に伴う財政措置が何らなされていないということにも現れている．もともと標準定数法などないイギリスでは，教師の数も学校によってばらつきがあり，すべての学校がナショナルカリキュラムを完全に教えることができたわけではなかった．大幅な教育予算カットのもとでの導入は，たとえ学校評議会に予算が委譲されたにせよ，必要な教師の手当がスムーズに行われたわけでもなかった．それを理由に私立学校はナショナルカリキュラムの適用が免除されているが，公立学校でも状況は同じであった．多くの学校で専門以外の教科を教師が教えるというケースがみられた．

また，このガイドラインによれば，評価は外部試験のみで行われ，カリキュラムの内容もこと細かく規定されており，教師の自由裁量権がほとんど認められていなかった．このナショナルカリキュラムは，これまでの統制のなかった時代を当然としてきた教師達にとっては非常に細かく規定がしてあり，自分達の自由を著しく制限するものであるとして反発を引き起こした．

1991年になってメージャーがこのナショナルカリキュラムでは教師の裁量が認められる課題作業の占める割合が大きすぎると批判し，２割程度をカットすべきだと発言した．そのため教師側の反発が一層高まっていく．1990年度版のナショナルカリキュラムはその年の入学生から適用され，1991年にはキイステージ１（７歳時）の試験が行われることを宣言した．しかしながら，教師達はこれを専門性への侵害であるとみなした．

さらにこれに先立って行われたGCSEの成績結果が公表されるに及んで，学校ごとの実績を数量化して示すリーグテーブル導入への懸念から，教師の側，とくに英語の教師の反対はし烈なものとなり，英語のナショナルテストのボイコットが全国的に行われた[2)]．またカリキュラムの内容に関しても批判が集中した．さらにこのナショナルカリキュラムとGCSEとの関連も不明確のままであったため，教師間に不安と混乱が生じる．事態は硬直化したかのようにみえた．

ナショナルカリキュラム問題を実際に沈静化させ，制度化したのはクラークの後任者マクレガーでもパッテン教育科学大臣でもなかった．それは1993年に設立された「学校カリキュラムと評価当局（School Curriculum and Assessment Authority：SCAA)」とその議長のデアリングであった．教師との対話を復活させつつ，調停者に徹したデアリングが発表した1994年の最終報告書では，ナショナルカリキュラムはあくまでも教師の自由裁量の余地を残したガイドラインであることが強調され，内容もスリム化された．評価方法にも教師の主張が受け入れられたため，教師からの反発は静まっていった．ナショナルカリキュラムは完成したのである．しかしこの段階でも，ナショナルカリキュラムは強制ではないということが念を押されている[3)]．加えてこの勧告では，2000年まではナショナルカリキュラムの改正は行われないこととされた．

このSCAAの設置は，1992年総選挙用の選挙綱領には含まれていないものであったところから判断すると，ナショナルカリキュラムをめぐる教育界の反発に対して，保守党政府が急遽対応したものであったことがわかる．この背景には教育相，とくにパッテン教育科学大臣と教育省，そして教育関係者との間の軋轢があったといわれている[4)]．デアリングは郵政事業の民営化でその交渉力の手腕を発揮したとして，保守党政権から高く評価された人物であった．そのデアリングの登用は，膠着化した状況を打破するために保守党政権によって選択されたものであった．そして期待通り，デアリングはその仲介役を果たし，事態は沈静化に向かった．

またデアリングとSCAAは，ナショナルカリキュラムの改訂作業を行った後，その後の教育政策の重要な提言をまとめている．1996年に刊行されたのは，16歳から19歳を対象とする教育の在り方をめぐって職業教育と普通教育の制度改革を提案するもの（1996年）であった．同報告書の目的は，GCSEとGCE“A”“AS”レベル試験の評価と一般全国職業資格（General National Vocational Qualification：GNVQ）あるいは全国職業資格（National Vocational Qualification：NVQ）の評価をリンクさせ，職業資格とアカデミックな教科双方を16歳から19歳の間にバランスよく取得させることにある．

同等とされた評価のガイドラインは以下の通りである．まずGNVQを上級（A），中級（I），初級（F）にランク分けする．上級は２年間のコースで，入学資格としてはGCSEのグレード$A^+$～Cを４科目あるいは中級GNVQの１つが必要とされ，取得できればGCE“A” ２科目分に相当する．中級は１年間のコースで，入学資格としてはGCSEのグレード$A^+$～Dを４科目あるいは初級GNVQの１つが必要とされ，取得すればGCSEの$A^+$～Cの４から５科目分に相当する．初級は１年間で，誰もが参加できるが，ナショナルカリキュラムのレベル３，２，１に応じて３段階のグレードが付けられる，これが取得できればGCSEのグレードD～G４科目分に相当する．さらに，モダン・アパレンティスシップ／雇用計画のもとで取得できるNVQとは，レベル３がGCE“A”“AS”，上級GNVQと，レベル２がGCSEのグレード$A^+$～Cと中級GNVQと，レベル１がGCSEグレードD～Gと初級GNVQと同等に並ぶものとされた．

さらに同報告書によれば，2000年までのターゲット（白書『競争力』より）として，21歳までの60％のものが２つの“A”レベル，１つの上級GNVQ

か1つのNVQ レベル3の取得を，また19歳までの85％のものが5つのGCSE グレード C 以上か1つの中級GNVQ か NVQ レベル2の取得を目的とする．また19歳までの75％が，コミュニュケーション，数学，情報技術のレベル2を，21歳までには35％がこれらのレベル3を取得することが目標とされた[5]．実際，職業教育と普通教育の改編を受けて，1997年教育法ではSCAA と職業教育関係の統括機関であった1986年設立の全国職業資格協議会（National Council for Vocational Qualifications：NCVQ）とを統合し，新たに資格とカリキュラム協議会（Qualifications and Curriculum Authority：QCA）に改組されている．

また1997年には高等教育改革に関する報告書も SCAA から出されている．このように，義務教育のみならず，教育政策全般の立案におけるリーダーシップは，教育科学省（教育省，のち教育雇用省）といった中央担当官庁でも，担当大臣でもなく，準国家機関である SCAA とその長，デアリングによって発揮されていったのである．この役割分担はギリアン・シェパードがパッテンの後を継いで教育担当大臣になり，ジョン・メージャー首相の希望を受けて教育界との関係が修復された後においても変更されることはなかった[6]．

このようにナショナルカリキュラムが制定され，定着化がはかられることは，他方で，再びそれを供給する教師の問題へと戻っていく．専門家批判で始まったはずの教育改革は，ナショナルカリキュラムを編成する作業においても専門家を必要としたが，供給するのにも専門家を必要としたのである．しかし，ナショナルカリキュラムの編成と同様に，ここでも新しい教師がその担い手として想定され，緊急に要請されることが必要とされた．これは簡単にいえば，教員養成制度と資格制度の改定であった．

これまでの教員養成は当初は教員養成カレッジで行われていたが，徐々に大学で4年間教育学を修めた者がなる場合と，教育以外の専門課程を修了した者が1年間 PGCE（Post Graduate Certificates in Education）コースを受けることによって教師となるのが一般的となっていた．しかし1980年代になると，ショーンが提唱する「反省的実践家（reflective practitioner）」が受け入れられていき，現場での研修が重視されるようになる．

保守党政権は，キース・ジョーセフのところでも言及したが，1984年にすでに教員養成改革に着手していた．「教員養成評価委員会（Council for Accreditation of Teacher Education：CATE)」の設置である．オルドリッチによれば，大学の教員養成コースのカリキュラムはCATEによって認定されることが必要となったうえ，地域にはLEA，学校その他の関係者を含む教員養成のための協議会が設置され，学校現場はどの学生を教育実習生として受け入れるかといいう選択権を獲得したのである[7]．そして年間36週のコースの内，最低24週を学校現場での研修にあてるという制度改革が行われたのである．現場研修期間は学校に対して大学から補助金が支出され，それによって多くの大学がPGCEコースの提供を断念するといった騒ぎにもなった[8]．また教員の研修についても，従来はLEAが経費を負担するなどして大学での研修が可能であったが，ベーカーは年に２日間の研修日を設け，学校で行う形に誘導した．そういった研修費用も学校予算から支出されることになったのと相まって，結局は学校で研修を行う形が定着する．ここでも，大学との関係が疎遠になるようにさせようとする政府の意図が見受けられるのである．ただこのことが逆に，教師に新たなビジネスチャンスを与えたことも付け加えておかねばならない．ロンドンのワンズワース区ロビンソン教育局局長の話しによれば，有名校の校長や副校長，指導力で有名な教師は，退職してコンサルタントとなり，このような学内研修を組織するのを請け負ったり，講演会を行ったりするビジネスを始めた．その他教職員版人材派遣会社もいくつかできたといわれている．

こうして，学校現場での養成を重視するという政策の結果，1990年には２年間の教員養成コースが大学レベルで開設され，コース期間中８割を学校で過ごすこととされた．この間受講生には奨学金が提供されたが，経費が高くついたり，PGCE修了生と比べて教材研究などが不十分であったり，学校側の協力体制が不備であるという問題点が教育水準局（Ofsted）から指摘され，この試みは廃止される．またそれと平行して，1990年から年齢が26歳以上，２年以上高等教育に在学していたもので，英語と数学の基本的学力を有しているものに対して，２年間の教員資格を認める制度が始まった．オルドリッチによれば，この制度は教員不足を海外の有資格教員で補うための方策であったが，教員不足は解消されたが，同制度の下で認められた教員の質の低下という問題から，徐々に採用が減少していったという[9]．最終的に1995年からこれらの新しい資格の教師達は，1994年教育法で設立された準国家機関の教員養成局（Teacher Training Agency：TTA）によって監督されることとなった．さらに大学での教員養成コースはTTAによる課程認定と，認定された課程に対する補助金を，HEFCに配分されていた部分から天引きし，TTAを通じて交付することとした．と同時に，同法によって学校の研修だけで教師になる道が開かれた．ここでもまた，教師を供給するルートの多様化が図られると同時に，評価と監督というシステムが築き上げられたのである．

## 2 評価制度と評価者

「品質保証国家」では，供給されるサービスの質の規定も重要であるが，それよりも重要なのは供給されたサービスをモニターし，結果を公表することであった．当時，その方法には，二つの制度が予定されていた．一つはナショナルカリキュラムに準拠したナショナルテストの結果の公表であり，もう一つは視学官による査察とその結果の公表である．

まず第一のナショナルテストの結果は，1993年から，毎年，順位を付けることなく教育科学省から公表されることになった．しかしながら，これをリーグテーブルと呼ばれる順位表にして公表するのは，ご多分にもれずマスコミである．当初は，たんに試験結果だけであったため，学校からの反発は強かった．英語を母語としない生徒にとって英語で質問が記されてあり，かつ英語で答えることが基本とされているテストは不利であり，親の学校選択を考慮すれば，成績の悪さは人気を失う原因となると考えられたからである．そこで学校側は，ドロップアウトの比率，貧困度を示す無償給食受給対象者の比率などのほか，学校に入学した時点と卒業した時点での生徒の成長度を測る付加価値を示すことを要望したが，こうした提案による新しい制度は保守党政権のもとでは導入されなかった（この点については５章を参照のこと）．

第二の視学官による査察と結果の公表については，以下の経緯を辿っている．従来イギリスには国王（女王）直属という勅任視学官制度（HMI）があり，これが教育科学省の相対的に独立した一部門を形成していた．彼らは学校を視察し，報告書を作成したり，カリキュラムに関しての試案書を提出したりする専門家集団であった．保守党政権は1992年教育法によりこのHMIを縮小し，イングランドとウェールズそれぞれに任期５年未満とする勅任主席視学官（Her Majesty's Chief Inspector）を長とする第三セクター的な教育水準局（Office for Standard in Education：Ofsted）を発足させた．各学校は4年に一度視察を受けることになっていたが，イングランドにある2,400校に対してOfstedに留まった視学官は250人に過ぎなかった．多くの視学官が保守党政権のこの改組を嫌って職を離れたからである．そのため保守党政権は，登録視学官（registered inspector）によるチーム制度を導入させた．当初は辞めていったHMIの一部が登録視学官になっていった経緯があったが，法律上は2週間の簡単な訓練を受けて登録される登録視学官をチームリーダーとし，まったくの素人（lay：これに対しては1週間の訓練が必要とされた）一人を含む視学官チームを結成させて視察を行うシステムとなった．これは評価に素人の感覚をいれるためであった。また視察も有料化され，チームメンバーには給料が支払われることになった．

視察の主な内容は，(1) 学校における教育の質，(2) 教育の水準，(3) 予算運営，(4) 生徒の精神的，道徳的，社会的，文化的発達である．学校によっては宗教教育に関しても視察を行う．視察報告書を受け取ったLEA立学校，GMSなどの学校評議会は，「行動計画（Action Plan）」を立て，一部を勅任首席視学官に送るほか，上位の管理責任者，文部大臣に送ることとされた．とくに「危機にある学校」と視学官によって報告された学校については，文書化された行動計画の提出が求められている．もちろん学校側から視学官報告の内容を不服とする場合の異議申し立ての手続きも規定された[10)]．

その後教員の勤務評定やLEA視察（1997年教育法）もOfstedの管轄とされた．また1993年教育法では「危機にある学校」に対して，改善が認められない場合には，まず学校評議会に追加メンバーを加えることが可能とされ，それでも駄目な場合には教育アソシエーションという特別な組織が大臣によって設立され，それまでの学校評議会の活動を停止し，教育アソシエーションが実態をよく調査し，学校の存続を決定することとされた[11)]．

視学官報告書は視察校，当該地域のLEA，文部大臣に報告され，一般にインターネット上で公表されている．もちろんOfstedをめぐる問題点も指摘されている．とくに勅任首席視学官およびOfsted自体，自らの予算に対する説明責任が明確でないこと，任免権の不明瞭さなどがその後新聞をにぎわせることになる[12)]．

評価制度は，義務教育の段階を超えて，全般的に拡大していった．たとえば1994年教育法では教員養成の改革と新たな教員養成局（Teacher Training Agency：TTA）が設置されているが，TTAは教員養成コースの認定を行う機関である．これによって各大学は教員養成コースのデザインを勝手に立案できなくなったうえ，さらにOfstedの査察を受けることになった（高等教育に関しては以下を参照のこと）．

これらに加えて，1982年に基本的には地方自治体の会計監査を行う独立機関，会計監査院（Audit Commission）が設置されており，「投資した金額に見合う価値（Value for Money）」の原則に従い，独自に監査を行い，結果を公表していた．さらにこの会計監査院を監査するために下院所属の役人で統制と監査長（Comptroller and Auditor General）のもとに組織される全国監査局（UK National Audit Office：NAO）が設置された．NAO自体はクラーク・ホワイトヒル会計事務所によって監査されることになっている[13]．

またこの間の特徴として，目標が数値化されて公表されるということがあらゆる公共サービス領域全般に導入されている．教育も例外ではない．前述のデアリング・レポートなどはその好例であるといえよう．これも「品質保証国家」の政策の一つの特徴である[14]．こういったところにも，プロセスやエージエンシーは問わず（すなわち公的なものに独占させない，できる限り民間を活用するということを含意する），結果のみを問題とするという「品質保証国家」の性格が全面的に表れてくるようになったといえよう．

しかしながら，目標が数値化され，公表されるということは，逆に，目標およびその数値そのものが批判の対象となり，常に変更が加えられることになった．たとえばLEAの連合体はナショナルテストの結果について，専門家に依頼し，詳しい分析を行い，LEAの公式な解釈として公表していった．つまり，国家には基準を設定する権限が留保されたが，その基準は多様に解釈され，基準そのものに修正が加えられていくなどのダイナミズムが生じたのである．

## 3 LEAの弱体化政策

LEAと公立学校の独占を排除するという保守党政権の目的は，具体的には学校評議会に人事，予算，カリキュラム編成などの権限を委譲し，LEAの予算の85%を学校に配分させる学校の自律的経営（Local Management of Schools：LMS）と，LEA のサービス供給者としての権限を当該地域の特別教育ニーズの供給に限定すること，そして学校教育の LEA 以外の供給者を増やす，多様化するという政策として実現された．しかしその背景にはたんに教育サービスの供給者の多様化という問題ではすまない意図があった．

1988年教育改革法では，CTC と GMS という新しいタイプの学校の導入として現れた．CTC は思いのほか人気がなく，失敗した形になり，後には LEA 立の CTC が導入された．他方，GMS は，特別補助金など優遇措置もあって徐々に数を増やしていった．しかしその理由は，4章でみるように，保守党政府が考えたほど単純ではなかった．保守党政府は，エリート校であるグラマースクールの復活を期待していたのであるが，学校の統廃合を回避するために GMS になったケースや，アメリカのマグネットスクールを導入しようとした LEA から独立して，コンプリヘンシブスクールを維持するために GMS になったところもあったからである．

1992年に公刊された政策文書『選択と多様性』*Choice and Diversity* では，さらに LEA 立学校の数を減らし，GMS への移管あるいは新設をしやすくする方向性が提言され，これをもとに1993年教育法が成立する．同法によって，新たに GMS に対する国庫補助金を配分する為の学校基金局（Funding Agency for Schools：FAS）が教育政策の中心地ロンドンではなくヨーク郊外に設置された．この所在地の選択も象徴的である．そして新たに GMS を設置する場合，FAS が土地建物の資金に対して85％まで公費補助できるようになった．さらに，当該地域の就学人口のうち，75％以上が GMS に在学するようになった地域では LEA の活動を停止できることが規定された．LEA を弱体化し，GMS を作りやすくする条件整備はさらに進められた．さらに1996年には，ボランタリースクールを新設する場合には，土地建物の資金に対して LEA が85％までの公費援助をすることが規定されたうえ，GMS もボランタリースクールと同様に，グループ管理が許可されることになった．

以上のように，学校の設置主体を多様化する政策が規制緩和という形で追求されたが，実際に申請が認められるかどうかは，最終的に中央政府によって決定された．

1993年教育法と1996年教育法にもとづいて，GMS の地位を要求した私立学校の中に，ローマン・カソリック教会，英国教会と並んでいくつかイスラム教徒の学校があった．有名英国教会系私立学校のセント・エドワード校はすぐGMSになることが認められたが，他のいくつかの申請は却下された．たとえば，イスラム教徒のイスラミア小学校は，以前からボランタリースクールの地位を要求していたが大臣によって拒否されており，高裁はこれを不当と裁定していた．同校は新たにGMSへの申請も出したのであるが，これも拒否され続けてきた．それに対して，1997年の総選挙で勝利した労働党は，同様に申請を拒否されていたセント・ポール・コミュニティスクール他３校とともに認可している[15]．この点については再び５章で取り上げる．

他方，学校の供給主体としては弱体化が目されたLEAには何が期待されていただろうか．1988年教育改革法では，特別教育ニーズに対するLEAの責務と，学校評議会が財務上問題を起こした場合に限り，学校評議会への予算権限の委譲をLEAが停止できることが規定されていた．しかしながら，その後の動きは，前述の通り，GMSと公立の有志立学校の設置条件の緩和が促進され，LEAの活動領域は特別教育ニーズに限定されていく．また，1993年教育法では，未就学の生徒の親に対して学校へ通学させる命令を発する権限がLEAに与えらる一方，他方，視学官報告書において教育水準が低いと指摘され，改善のための行動計画やLEAからの支援があってもなかなか改善がみられない学校に対し，教育大臣が，最終的に学校評議会を解散させ，新たに人選をした教育アソシエーション（Education Association）を配置することができる権限が付与された．さらに，義務制でも退学処分を可能とした1997年教育法によって新たにそういった子ども達や病気で通学ができなくなった子ども達を収容する機関として生徒委託ユニット（Pupil Referral Unit：PRU）を設置する権限がLEAに付与された．

こうやってみてくると，サービスの供給主体の多様化が促進される一方で，LEAはマーケットが成立しにくい特別教育ニーズなど，学校のメインストリームからこぼれた生徒達を対象とする場合においてのみ責任を追うものに縮小されたことがわかる．さらに同法において，新しい中央当局として資格とカリキュラム協議会（Qualifications and Curriculum Authority：QCA）が設立され，LEAはOfstedの査察の対象となり，Ofstedの視察報告を受けてLEAは何らかの対応をする旨公表することが義務付けられることになった．

## 4 その他の分野

「品質保証国家」の基本的な枠組みは，すべての公共サービスに適用できるものである．教育改革も義務制にとどまらず，高等教育，職業教育，幼児教育，障害児教育，生涯教育等全面的に拡がっていった．これらの領域について詳しくはそれぞれの専門家の研究に委ねたいが，高等教育に関してはオランダ，ドイツ，フランスといったヨーロッパの教育改革の発端となった分野でもあり，ニーブの「評価国家」という用語が話題となった分野でもあるため，多少詳しく論じることにしたい．

ニーブはすでに1988年の論文でヨーロッパ諸国における高等教育制度改革をさして「評価国家」の登場と称しているが，当時ヨーロッパでは，高額の公費支出を受ける高等教育は大衆化を前に，質の維持とアカンタビリィティをめぐって，また景気後退からの復活を高等教育の拡大に求めて，改革が行われていた．他方，それまでイギリスの大学は勅許状によって守られていた[16]．そこでサッチャー政権は大学補助金委員会（UGC）経由で交付されていた補助金の削減を打ち出す．とくに社会科学と人文科学は，猛攻撃を受けていた[17]．ダイヤーによれば，すでに1986年から大学補助金委員会が，全体の資金が保守党の攻撃にあって削減されたことに対する対策として補助金の配分方法を検討していた．まず資金を教育と研究にわけ，資金の約60％を教育に，約40％を研究に配分した（これはあくまでも配分基準であったが当時の水準であった）．

> 研究分野に対しては第一級のリサーチを行っている大学に傾斜配分されるようにした．これには業績評価が重要な基準となった．第一に，リサーチ用の財源をそれぞれの研究領域に分配した．そして領域毎にパネル（ピア・グループ）を設定し，業績の評価を行った．それに加えて，スペシャル・ファクター・アジャストメントという項目を準備していた．たとえばロンドン大学の教師に対する特別住居手当というようなものや，人気はなくても重要だと思われる科目（トルコ語など）に対する助成である．第二に，評価に関して．まず領域ごとに詳細な質問を行ったが，あまりうまくいかなかった．そこで最後に過去５年間において，その学科の業績として５本（論文・文献など）をリスト・アップし，提

出してもらった．５本に限定したのは，アメリカで起こったような論文発表の洪水という状況を避けるためである．また内容をＡ４版４枚以下に要約して提出してもらうようにした．そして，領域ごとに，第一級の６人前後の大学教授から構成されるパネルを設定した．このパネルに情報をすべて与え，業績審査をしてもらった．……この評価は３年ごとに見直しされる[18]．

こうして，年々学生数は増大するにもかかわらず，一般的な補助金は削減されるという状況が続いた（但しその一方で，日本の科学研究費にあたる調査と開発に関わる補助金の予算は全体としては増加している．さらにこれは実学方面に傾斜配分されたのである）[19]．

サッチャーにとっては伝統的な人文科学の学問は「贅沢品」[20] にすぎず，サッチャー政権の政策に対して真正面から批判を展開した社会科学，教育学は敵であったし，先にも述べたがジョーセフにとっての懸案は教員養成制度であった．

まず1988年教育改革法は，実質高等教育機関となっていたLEA立のポリテクニクと継続教育カレッジをLEAから独立させ，これらに対する国庫補助金支出を監督するために新たにポリテクニクとカレッジ基金協議会（PCFC）を設置した．また大学への補助金配分を行っていた独立性の高い大学補助金委員会（University Grant Committee：UGC）を廃止し，新たに大臣の任命による15人のメンバーから構成される大学基金協議会（University Funding Council：UFC）を設置し，自主的な国庫補助金制度配分方法を変更したうえ，大学の教員の終身雇用権（テニュア）を制限した．さらに1992年教育法では，ポリテクニクを大学に昇格させ，新たに高等教育基金協議会（Higher Education Funding Council：HEFC）をイングランドとウェールズにそれぞれ設置した．大臣はこの協議会の人事や責務を通じて大学に対して一段の管理を強めた．国庫補助金の配分方法は，大学の評価を教育面と調査・研究面に二分し，教育については学生一人当りの均等割で，そして調査・研究に対しては，協議会に依託された同じ領域の専門家集団による査定にもとづいて，ランクに応じて行われた．さらに，1997年には，この教育部門に対する査定に関して新たに品質保証当局（QAA）が設置され，協議会による調査・研究に関する査定と区別されるようになった[21]．

第二の教員養成に関してはすでに指摘したので省略する．

また，ここでは取り上げないが，この枠組みは職業教育の分野においても広げられていった．中央の教育行政機関もたびたび改組された．教育科学省は，その後教育省になり，また教育雇用省に改組された．それはサービスの領域の線引きが変わったことを反映している．それにもかかわらず，顧客の選択，全国的基準の設定，査定，結果の公表といった「品質保証国家」的政策は国家を最終的判断者とするという強力な役割を与えたのである[22]．

## 5 保守党政権の教育政策の評価

以上みてきたような保守党政権の教育政策への批判は，時代によって，その力点が多少異なるように思われる．それはとくに学校選択のインパクトに関する調査結果が集積され始めた頃からみられる変化といってよいだろう．ここでこれら全体を概観することは不可能であるが，誤解を恐れずに大胆にまとめてみたい．

イギリスでも，日本と同様，1988年教育改革法に対する最大の批判は，学校選択と学校間への競争の導入，オプトアウトに集約される．イギリスでもコンプリヘンシブスクールを通じて，地域密着型の非選抜の中等教育学校が組織されていたところに，学校選択が導入されたのであるから，必然的にその批判は，弱者と強者を生み出す市場原理にもとづく競争の導入に向けられた．そしてこれらの批判はそのまま日本でも翻訳され，日本の教育改革を批判する時に援用された．

また親の学校選択行動に関する調査によれば，親が学校を選択するのは，子どもの幸せや安全という要素と学校の水準という要素とが拮抗していることが確認されているが，学校の教育水準を気にする親は，批判者側が懸念したほどには多くなかったことがわかる．

しかしながら，多くの学校が自らの教育水準を気にして対応を図ったということが同じ調査で明らかにされている．また，実際には多くの学校で親代表のなり手を捜すことに苦労していたというぐらい，親の経営参加もそれほどうまく進んでいったわけではなかった．また学校が評判がよい場合，実際には親は選ばれる立場に逆転することを批判するものも現れた．人気のある学校への入学手続において親に対する面接などが行われたが，その際，親の経済資本のみならず，文化資本や社会関係資本が大きく物をいうことが指摘され，結果的に階級的優位性が崩れないことも問題視された．しかしこれは，学校選択の直接の結果というよりは，専門職が優位に立った時には，いかに親を選抜するのかという研究として読み替えられるべきであろう．また学校が競争関係におかれると自らに有利なように，有利な，換言すれば成績のよいミドルクラスの子どもをとりたがるということも問題視された[23)]．

しかしながら，調査が進むにつれて，学校選択の政策の結果，不平等が拡大するという批判は一般的にはあてはまらないことがわかってきた．ここではそれについて詳しくみていきたい．なぜならば，こういった研究は日本では紹介されてこなかったからである．筆者は意識的にこういった論文を取り上げて紹介してきたが，ほとんど問題にされなかった．日本の批判がいかに偏向していたかがわかる．そしてまた，そういう研究を指摘しても，それは特殊イギリス的なものとして扱われた．

その代表的なものは，1996年の『予想に反した成功』*Success Against the Odds* であろう．これは，独立組織の全国教育委員会（the National Commission on Education）の第二報告書であり，ピーター・モティモア（Peter Mortimore）を代表格とする学校の効果を測る運動（School Effectiveness Movement）を基礎にした，困難な地域で成功した学校の分析である．学校の効果を測る運動は1970年代から始まったものであるが，保守党政権下以降，教育学研究においてはとくに教育社会学や学校経営学の中で大きな位置を占めるようになった．これは，簡単にいえば，生徒の成績を改善した学校の特徴を分析し，改善をもたらしたと思われる要素をリストにし，一般化することによって，他の学校に対しても利用可能とすることを追求するような研究である．現在では学校改善運動（School Improvement Movement）とも呼ばれている．もちろんこの研究動向についても批判はあるが，ここではそれらについては省略する．ただ，無視できない成果として貧困地域でも成績を著しく改善した学校があることが指摘されるようになったことがあげられる．また５年後に，同じ学校を対象とした追跡調査も行われている[24)]．

このことは確かにすばらしい．困難の中でも頑張った学校であるからだ．しかしながらこのような研究成果は思いもしない効果ももたらした．それはこれまで成績格差の最大の理由であるとされてきた貧困が成績不振の理由にはならない，学校の努力いかんでどうにかなる，ということを政府の側が主張し出したことである．労働党政権誕生の頃には，そのような改善のみられない学校名を大々的に公表することで恥をかかせるといった「名指しして辱める（Named and Shamed）」政策に帰着する．またよい学校の特徴が一般化されたところから，強力な校長のリーダーシップがまず筆頭にあげられ，これもまた労働党政権になってから，校長のための養成カレッジおよび校長資格制度の導入に結実する．

二つめの動向は，具体的に学校間格差が広がったかどうかという研究である．これについてもいくつもの研究成果が報告されている．しかしここではジョン・フィッツとスティーブン・ゴラードによる無償給食給付資格者に注目したものをやや詳しく取り上げる．なお，これら以外に，学校選択擁護者で新自由主義者であるトゥーリー（James Tooley：現ニューカッスル大学教授）による主張があるが，E・G・ウエストに根拠をもつ彼の主張については，すでに別稿でウエスト批判を行っているのでそちらを参照されたい[25]．

ゴラードとフィッツは，ウェールズの６つのLEAとそこに存在する中等教育学校計81校（生徒数７万７千人）を対象として，1988年から1996年まで，貧困を表す無償給食対象者の比率を調べた[26]．そして当該地域の無償給食対象者（実数）との比較で，各学校の不利益度を測る．具体的にいえば，ある学校に千人生徒がいて，うち100人が無償給食受給対象者だったとする．当該LEAには全体で１万人生徒がいて，実際500人が無償給食対象者だとすると，この学校は普通より50人多く無償給食対象者がいることになる．これを＋50と表し，不利益度は２：１となる．このように処理したあとのカーディフの中等教育学校18校のデータによると，７年後に無償給食に関して不利益度が増した学校は８校で，改善した学校が９校，７年前と変わらなかった学校が１校あった．不利益度も0.57ポイントから0.01ポイントまで，また改善度も0.63ポイントから0.03ポイントまで幅があったことがわかる．しかも，これらの不利益度の変移は決定的な二極分化を示しているのではない．

以上の分析から，彼らは以下のように結論する．政策導入の当初は，確かに不平等が拡大したが，現在では落ち着いて，むしろ縮小したり，成績が上昇した地域が貧しい地域であったりして，一概にはいえない．これはこれまでの批判を覆す根拠として非常に重要な調査報告であった．

しかしながらこういった彼らの研究は，ウェールズ特有の事例ということで多くの研究者によって切り捨てられた．そして批判においては，以下にあげるマックロードの言説が一般的であった.

> イングランドで機能しているようなやり方での不公平な結果は，明らかに，無償給食を受け取るほど貧しいと見なされている子どもの数を比較することによって，より明確になる．公費援助を受けている学校全体で，20％近くもの生徒が無償給食の対象となっていることは周知の事実である．これは，GMSに在籍しているものの場合はわずか２％であり，他方，選抜を行っているグラマースクールでは，千人に一人という割合であった[27]．

しかしこの指摘は，一般化できない．ゴラードとフィッツは改めて反論を加えている．彼らが行った調査結果と同様な結果がイングランドにおいても認められると．そしてその例とされたのがワンズワースであった．そしてワンズワースの場合，成功した学校でさえも無償給食の比率は全国平均を上回る30％以上であった．また『予想に反した成功』に取り上げられている学校のうちの一つ，バーントウッド女子校もワンズワースにある学校であるが，同校の無償給食受給者率も約30％であった．これらはともにGMSである．つまり具体的にデータを集めてみると，マックロードに代表される批判は，大きな例外をもつということは明らかであろう．

こういった調査報告は，教育社会学者を中心にいくつも集められてきた．規模も様々であり，地域も様々である．その結果も一様ではなかった．したがって，学校選択の導入が不平等の拡大に結び付くという断定はできないことがわかる．

このような結果が蓄積されてくるにつれて，導入直後の熱かった批判は鳴りをひそめ，冷静に政策批判を行うものたちも出てくる．なかには，通学校指定の学校制度が，実際には，不動産購入能力に依存する不平等な制度であったことを認める研究者も出てきた．またボールらは保守党政権に対するイデオロギー批判から，むしろ保守党政権が約束した成果が実際にはみられないといったように批判の方向性を変えていった．またこういった一連の教育改革を反動とみるのではなく，「保守的現代化」として捉える研究者も登場してくるようになった[28]．

今から振り返って考えてみると，保守党政権の教育政策の失敗は，概ね以下の三点があげられる．一つは，ナショナルカリキュラムとテストの導入が当初上手くいかなかったことである．ナショナルカリキュラムの必要性は，すでに視学官や教育研究者からも指摘されていた．したがって，ここでの反対はむしろ，その内容とテストの短期間での実施にあった．そして最初のナショナルテストは親と教師の運動によってボイコットされた[29]．保守党は，通常，専門職である教師と親とは基本的に対立しているという立場を保持し，親の教育権を復権させることで教師の教育の自由を制限することを意図し続けてきた．この1988年教育改革法における学校選択の導入もそういった一連の流れにあることは間違いない．

しかしながら，皮肉なことに，ナショナルテストの実施をめぐって親と教師の間に連帯感が生まれ，全国的な反対運動へと展開し，実際，ボイコットを組織できたということは教師と親にとって非常に自信をつけさせる結果となったし，逆に保守党政府はナショナルカリキュラム編成から手を引くことを余儀なくされた[30]．この状況を打開するために成立した1993年教育法では，SEAC と NCC を統合して，カリキュラムと評価に責任をもつ準国家機関（学校カリキュラムと評価当局：SCAA）が新たに誕生した．「偉大な調停者」と呼ばれたロン・デアリング卿を長として，SCAA がナショナルカリキュラム改訂を進め，2000年までは改定しないという約束の下，内容のスリム化や，教師の裁量の余地を拡大していくことによって，徐々に一般的に受け入れられていく．

失敗の二つめは，学校サービスの供給者の多様化である．これは1988年教育改革法では，企業立中等教育学校であるシティテクノロジーカレッジ（City Technology College：CTC）と国庫から直接補助金を得て準私立学校となった国庫維持学校（Grant Maintained School：GMS）という新しいタイプの学校が，1944年教育法の時に整理された有志立公立学校（ボランタリーエイデドスクール，ボランタリーコントロールドスクールとスペシャルアグリーメントスクール）の他に，加えられた．実際には CTC は思いのほか企業に人気がなく，最終的には15校しか設立されず失敗したといえよう[31]．他方，GMS は，特別補助金など優遇措置もあって徐々に数を増やしていった．しかしその理由は，保守党政府が考えたほど単純ではなかった．保守党政府は，エリート校であるグラマースクールの復活を期待していたのであるが，学校の統廃合を回避するために GMS になったケースや，筆者が調査したロンドン市ワンズワース区のように，保守党地方議会がアメリカのマグネットスクールを導入しようとしたため，当該LEAから独立して，コンプリヘンシブスクールを維持するためにGMSになったところもあった（詳しくは4章参照）．

GMSへの移行をさらにスムーズにしたいというのが，パッテン教育科学大臣と保守党の願いであった．1992年に公刊された政策文書『選択と多様性』*Choice and Diversity* では，さらにLEAの権限とLEA立学校の数を減らし，GMSへの移管あるいは新設をしやすくする方向性が提言され，これにもとづいて1993年教育法が成立する．同法によって，新たにGMSを新設するために学校基金局（Funding Agency for Schools：FAS）がイングランドとウェールズにそれぞれ設置されることになった．イングランドの場合，FASのメンバーは10名以上15名以下（うち1名が議長，全員有給）とされ，教育科学大臣が任命することとされた．メンバーには，初等教育または中等教育関係者，有志立公立学校（ボランタリースクール）あるいはGMSの関係者，財界，障害児教育関係者を含むことが望ましいとされ，任命に関しては，英国教会，ローマ・カソリック教会と協議することとされた（1993年教育法第3条）．ウェールズのFASに関しては，委員は8名以上12名以下と規模は小さいが，初等教育または中等教育関係者，財界，障害児教育関係者を含むことが望ましいことが規定されている（同第4条）．また事務官が大臣によって任命され，そのもとに事務体制が作られることとなった．こうして，教育科学大臣が強力な権限をFASに対してもっていることが確認できる．

さらに新たにGMSを設置したいと望む人々（出資者：promoter）の申請が担当大臣によって認められた場合には，FASが土地建物の資金に対して最高85％まで公費補助できるようになった（1993年教育法第52条第4項）．但し，GMS新設の申請は公表されなければならず，公表してから2ヶ月の間に，継続教育基金協議会または10人以上の選挙民，または新設によって影響を受ける学校評議会，あるいは関係するLEAは反対意見をFASに対して表明することができる．FASは反対意見が出た場合，担当大臣にすべての反対意見をコピーして提出する．申請の最終判断は大臣が行うことになっていた（1993年教育法別表3第10項）．またFASは，公費支出を受けたGMSがそれに相応しい教育効果をあげているかどうか，査定もすることとされた．

それは，一般には「投資した金額に見合う価値（Value for Money：VFM）」研究と呼ばれるものである．これは明確に「FASが交付した公費の学校評議会による使われ方に対して，節約，効率性，有効性を吟味すること」（第8条第3項）とされ，報告書は，学校経営改善のために使われることが規定されている．ここに，保守党政府は，視学官による視察とは別個に，新たにまた評価機能をも手に入れたわけである．

しかしながら，何をもって「効率性，有効性」を図るかは明確ではなく，こういった判断もまたFASと教育大臣の裁量に含まれていることは間違いない．さらに，当該地域の就学人口のうち，75％以上の生徒がGMSや有志立公立学校（ボランタリースクール）に在学するようになった地域ではFASが，10％から75％まではLEAとFASが協力して中等教育の供給を行うことが規定された（第12条）．つまりGMSや有志立公立学校が多数存在している地域では，LEAの活動領域がさらに狭められることになる．またGMSの学校評議会の構成に，新たに地域ビジネス関係者を含むこと，中等教育学校にはスポンサー・ガバナー（資金・備品等援助者）が4名以下学校評議会によって任命されることになった．これら委員の任命に関しては，教育大臣の承認が必要とされ，教育大臣は彼らを罷免することもできた．

LEAを弱体化し，GMSや有志立公立学校を作りやすくする条件整備はさらに進められ，1996年には，有志立公立学校（ボランタリーエイデドスクール）を新設する場合には，土地建物の資金に対してLEAが85％までの公費援助をすることが規定された．さらにGMSも，一つの学校評議会による複数の校管理が許可されることになった．

しかしながら，新たに設立が認められたGMSあるいは有志立学校は，総申請件数20のうちFASが認めた3校（Blenheim High School, Surrey, Brinkley Grove Primary School, Essex, Barnhill School, Hillingdon）[32]と，出資者による申請のうちの4校だけであった．後者は既存のローマ・カソリック私立学校が3校と，ユダヤ教私立学校が1校であった[33]．保守党政権が学校サービスの供給者の多様化をめざした割りには，申請そのものも少ないが，申請の段階で拒否された件数が多い．これについては後述する．

他方LEAは，機能停止に陥る可能性は高かった．実際に停止した地域も出たと聞いてはいるが確認はできていない．但し，保守党支配の地方議会であるワンズワース区の場合でもLEAは存続しており，教員給与関係と給食関係は第三セクターとして独立したことはあっても，LEA 自体の必要性は，LEA 立公立学校が存続する限りあったと考えられるし，教育科学省（のちには教育省，さらには教育雇用省）への様々な申請手続きも LEA が窓口になっていたことは確認している．

失敗の三つめは，子ども達の道徳心の低下である．この問題は，実は単純ではない．その背景には，離婚問題，シングルマザー問題，貧困問題，社会不安，子どもへの暴力的虐待，性的虐待，薬物中毒，犯罪件数の増大などといった複雑な問題が絡んでいる．さらに，たとえばザイールからの難民の子ども達は，日常的に暴力をみなれているため，教師にたんに「けりをいれた」というような政治的経験から生じる軋轢などの問題も絡む[34]．イギリスでは義務教育でも退学・停学処分が行われる．ナショナルカリキュラムとテストを導入しても，子どもの怠業は依然として問題であったし，とくに15歳からの怠業は顕在化していた．離学年齢（義務教育修了年齢）は16歳であったが，それ以前に登校しなくなっても何ら罰せられることはなかったからである．また，教師や他の生徒に対する暴力行為に及ぶ子どもはすぐ退学となるのだった．これに対して保守党政府は，1993年教育法で生徒委託ユニット（Pupil Referral Unit：PRU）を設置する責任を LEA に課し，退学になったり病気で通学ができなくなった子ども達，また他の理由から学校にいっていない子ども達の教育を保障することを決めたのである．場合によっては寄宿制も許された．

しかし，たとえば1996年，ある学校を退学となった10歳の子どもが次に通うはずであった学校のある教員組合（NASUWT）所属教師達が，その子の教育を拒否してストライキを打ち，ピケをはると脅したことが，右派のタブロイド紙『デイリィー・メール』に大きく取り上げられた[35]．学校で問題を起こす子ども達の事件は次々と取り上げられ，問題児は「yob 」という言葉で括られるようになった．こういった問題児は，ナショナルカリキュラム導入以降，教師の関心が専ら成績をあげることにあるようになり，切り捨てられため登場したのだ，とシールは批判している[36]．1997年３月に成立した1997年教育法は，LEA や学校評議会にはしつけを重視させると同時に停学などの処分を細かく規定し，学校を退学になった子どもが，２校以上受け入れを拒否される場合には学校に就学させなくてもよいこと，また親に対しては学校の政策を受け入れさせるために，入学の時点で宣誓書に署名させることなどが盛り込まれた[37]．

教育改革の最大の目標であった教育水準が果たして向上したかどうかについては，GCSEのテスト結果という数値上，一般的に上昇したということはできる．そしてこの間，数値化されたデータの存在によって，成績不振の学校の存在が明白になったことも事実である．それは確かに都市部の貧困地域にみられるものが多かったにもかかわらず，そこでもまた大幅に改善した学校とそうでない学校と明暗を分ける結果となった．つまり，教育水準と貧困の問題は一般的にいえば正の相関関係をもつものの，厳密にいえばそうではないケースも実際にはあったのである．そこにはやはり，貧困だけには解消されえない様々な要因があった．

しかしながら，保守党政権下の教育政策のうち，いくつかのものは教育学関係者から肯定的に受け入れられるようになるものも出てくる．これが，のちのブレア新労働党政権の教育政策が保守党政権下の教育政策との連続性を可能とした，政治的ではない教育的な理由の一つである．

その第一は，教育水準を向上させるための「品質保証国家」体制である．基準を設定し，供給者を多様化し，その間に競争を導入し，親には学校選択を認める．試験結果は公表され，親の学校選択の際の基本的情報とされた．この体制は，労働党政権のもとでさらに洗練されていく．1988年教育改革法制定時においては，実際，教育水準が改善しない学校は競争によって自然淘汰されることが期待されていた．しかしながら，そのような学校を選択する親を批判することは誰もできなかったし，政治家としては避けるのが通常である[38]．また実際学校が閉鎖されるとなると，依然として地方議員を巻き込んだ政治問題と化した．そのため，保守党政府は，徐々に，Ofstedの改善命令を活用し，できる限り学校の自助努力を奨励し，さらにはLEAにその責任を与えるように変化していくのである．

また1993年教育法に至っては，教育アソシエーションという別組織を設置して，学校経営の体質改善を行うまでにいたっている．このアイデアはのちに労働党政権によってフレッシュ・スタートという政策に結実する．また学校の教育水準の指標としてのテスト結果の公表についても，たんにテストの点数だけでなく，ドロップアウト率などいくつかの要素を取り入れざるをえなくなっていった．このように，粗野な市場原理と自然淘汰というもともとのイデオロギーは，教育水準の向上という目的の前に，変質せざるをえなくなっていったのである.

第二は，勤労体験や職業教育を通じた子どもの学習意欲に関するものである．とくにキース・ジョーセフについては，労働党メンバーでもあるNUTの教育担当者，マイケル・バーバーが高い評価を，またジョーセフが導入したTVEIについては，行動を通じての学習を提唱するもの達から再評価されている（4章を参照のこと).

もちろん，TVEIについては，エリート選別のためのAレベルを温存しての職業教育の導入は，14歳からの分離を固定するものとして批判があったことは事実である．しかしながら，前述の通り，このプログラムを使って新しいカリキュラムの可能性が開かれたのも事実である．結局，高い評価を受け始めていたTVEIはのちのナショナルカリキュラムには反映されなかった．CTCもその代替物としては認められなかった[39]．そのため職業教育と普通教育のバランスのとれた統一カリキュラムの実現は，ここではできなかった．それでもナショナルカリキュラムの制定は，国家による教育内容のコントロールを可能とするものであり，教育の成果を測る明確な一元的基準を与えるものであった．一元的基準が成立してからは，教育目標がきわめて単純な形で明確になったため，ここにメリトクラティックな教育制度が誕生する契機があった．もちろん以前の教育制度がメリトクラティックでなかったという意味ではない．一部エリートだけがメリトクラティックな社会に生きていたイギリス社会が，今や，大衆的な意味での，あるいは本来的な意味においてのメリトクラティックな社会へと，学校制度における教育水準の一元化を通じて変貌することになったのである.

第三は，教育が国内政策の中で重視され，閣僚大臣によって担われる行政であるということが定着したことである．保守党政権のもとでは，一時期パッテンの時代に，大臣のイメージが悪くなったといわれているが，それ以外の歴代の大臣は一流と呼べる政治家であり，その後大蔵大臣などを歴任しているような大物が就任していったのである.

こういった問題は次の労働党政権の教育政策に影響を与えている．それについては，5章でさらに詳しく論じることにする.

そしてこれは直接教育に関係するわけではないが，国家の最前線が後退したことによって，市民社会の活動領域と資金が増大したことがあげられる．もちろん，公共サービスの品質保証がどの程度なされたか，あるいはセーフティーネットがどの程度，そしてどのように機能したのかについての検証をしない前にこのように論じることは批判されることかも知れないが，現実に様々な市民社会レベルでの試みが行われるようになったのは，高く評価できる．たとえば，マイケル・ヤングが死の直前に開校した社会貢献型企業のための学校の試みなどもその一端を示している[40]．

# 4章 保守党政権下の教育の実態

保守党政権下の教育の実態はどんなものであったのか．ここではロンドンの二つの地方教育当局（LEA）での実践を取り上げる．ロンドンを事例研究として取り上げることに関しては，イギリスでも異論がある．大都市ロンドンの教育状況は，むしろ例外的だと見なされることが多い．確かに，ロンドンと地方都市を比較するよりも，ロンドンと東京を比較する方が類似点が多いといえるかもしれない．しかしながら，教育改革は常に都市問題の一部であったことを考えると，ロンドンあるいは都市部を取り上げる必要性は十分あると思われる．ここで取り上げるのは，ワンズワースとハックニーである．詳しい紹介は各節に譲るが，それぞれこの時期の教育政策論議では欠かせない場所であると思われる．

## 1 ロンドン市ワンズワース区の実践

### 1 ワンズワース区について

ワンズワース区を有名にしたのは，保守党支配のLEAで，1988年教育改革法で国庫維持学校（Grant Maintained Schools：GMS）が導入されてすぐに名乗りを上げた地域であったことや，ネイスミス教育局局長の存在など，サッチャー政権の優等生と見なされたからである．筆者とワンズワース区の関係は，1992年，ブリティッシュ・カウンシルの補助金をえて，ロンドンでの学校選択の調査を行った際にこの区のGMS第一号とされたグレイブニー校を訪問したのが最初である．その後，1993年，1994年（春と秋），1996年とロンドンを訪問するたびにグレイブニー校を訪れた．さらには1996年から

図1　内ロンドン教育当局（ILEA）管轄区

3年間のブリティッシュ・カウンシルの補助金により，ロンドン大学キングス・カレッジのスティーブン・ボール教授他2名と日本側3名からなるロンドンと東京の学校選択に関する調査を行い，視察校の一つとして，グレイブニー校の隣接校チェスナッツ・グローブ校も訪問するようになった．その後，1999年から1年間の在外研究の際に，この区のその他の小学校，中等教育学校，LEAへの調査を行った1)．ちなみにこの地区は，ボールらの行ったフィールド調査の対象でもある．

なお1999年という年は，1997年5月に成立した新労働党政権がようやく自分達が望む予算編成ができるようになった段階で，しかも1998年教育法が成立し，その一部が実施に移される時期でもあった．しかしながら新労働党の教育政策が実際どのようになるのかは不明な時点であったといえる．そのため，本書では基本的にサッチャー政権下でのワンズワースの教育政策について述べることにする．したがって本章では，ワンズワース区で実際に何が起こったのか，当時の地元新聞や担当者へのインタビュー，LEAの記録，学校での主には校長，バーサーへのインタビューなどを中心に述べることにしたい．もちろんこういった個人の調査のため，不十分さは否めないが，ある程度の感触は理解されるであろう．

ワンズワースは，以前は内ロンドン教育当局（ILEA）の管轄の第10管区にあった．そして，ILEAはロンドン市の中心部の13行政区全体を統括する地方教育当局であった（図1）．ILEAは労働党主導の機会が多いLEAで，多くの革新的教育実践が行われた地域であり，長期にわたって全国のLEAの指導的立場にあった．多文化教育，性教育ばかりではなく，教職員の研修も充実していたし，早くから学校内に生徒の精神的避難場所として「サンクチュアリ」と銘打ったカウンセリング付きの部屋も導入していたという2)．ILEAはもともと大ロンドン行政府（Greater London Council）の議員と下位の各行政区から１名ずつ推薦されたものによって構成されていた．サッチャー政権は首都ロンドンにおける労働党勢力の抑制と下位行政区への権限委譲を意図して，大ロンドン行政府の廃止を1983年の選挙綱領に盛り込んで二期めの総選挙に臨んだ．その結果，1983年の白書で明確に大ロンドンの廃止が打ち出され，最終的に1986年５月をもって廃止されることになった．これに伴い，ILEA は下位の行政区から２名選出するという直接公選制によって新メンバーが決定されることになった．その一回めの選挙の結果は，58人のメンバーの内45人が労働党員となっている[3]．

1987年の第三期めの総選挙でサッチャーの攻撃の的となったのは，今度はILEA それ自体であった．保守党は選挙綱領で教育水準の上昇を前面に掲げ，ナショナルカリキュラムの導入，学校評議会と学校長への予算の委譲，生徒数に応じた予算配分，LEA からの独立（オプトアウト）４点を打ち出したが，その最後の部分で，内ロンドンの場合は，もしLEA になりたいと思う行政区があれば教育科学大臣に許可を求めることができるとした[4]．実際には1988年教育改革法にILEA の廃止が盛り込まれることになったのであるが，これは，法案準備の間に地方税制度の改革が政策として論議されたのを受けて，一部の比較的裕福な地域，たとえばウエストミンスターやワンズワースなどが旧ILEA の管轄地域から独立する運動を始めたからであった[5]．保守党政府は，ヘーゼルタインやティベットのILEA 解体の提案を受け入れ，結局，ILEA の管轄地域は12の区とシティ・オブ・ロンドン・コーポレーションに分けられ，それぞれが1990年４月からLEA となることになったのである．

1960年代のワンズワースはテームズ側に近接していた地域に内ロンドン当局が供給した高層の公共住宅が立ち並び，貧しい白人労働者達が住んだ地域であった．現在は，こういった高層住宅がスラム化し，シングルマザー，ドラッグディーラーらが住む荒れた地域となっている．住民は，アジア，アフリカ，カリブ系ブラック，白人との混合地域で，典型的なロンドン市内の一地域といえる（学校では53％が非白人）．ワンズワースには，ロンドン発の南西部方面への鉄道が交差するクラッパムジャンクションという主要な駅があるため，鉄道が３本走っている他，バス路線も非常に発達している．そのため，ロンドン中心部への交通の便もよい．とくに1970年代以降，土地の価格が急上昇したロンドン中心部を避けて，ヤッピィーやディンクス（共働き，子どもなし）らが住み始めるにつれ，豊かな層と貧困層が混じり合う地域となった．一時逃げ出していた白人英国人の居住者が戻ってきたのである．しかしながら，ディンクスは子どもが生まれればより広い緑の多い地域に引っ越していく傾向が強く，残った白人家族も，小学校までは地元に通わせるにしても，中等教育学校の段階で，ワンズワース区以外の学校や私立学校に進学してしまうことが多かった．依然として公立中等教育学校は，貧しくて多民族・多文化の場として認識されているからである．

たとえば貧困の状態を表すものとして見なされている無償給食の比率はワンズワース区平均で小学校31.4％，中等学校26.8％となっており，これらの数値は全国平均より高い．現在は，人口増加が南部トゥーティング方面で生じ，逆に北部バタシー地区では人口，とくに就学人口の減少が目立ってきている（これらの数値は1999年のもの）．

### 2　ワンズワース区の実態

1999年の段階で，ワンズワース区には，公立幼稚園３校，公立小学校63校（もとGMSは６），公立中等学校９校（グレイブニィ，バーントウッド，サレジオ，サウスフィールド，ジョン・ポール２世，エリオット――これらはもとGMSで現在はファンデーションスクールと呼ばれる．チェスナッツ・グローブ，アーネストベバン――これらはずっとLEA立で現在はコミュニティ・スクールと呼ばれている．バタシーテクノロジーカレッジ――これもLEA立であるが実学中心とするもの），養護学校 ９校，継続教育カレッジ２校，企業立科学技術専門中等教育学校であるシティテクノロジーカレッジ（ADTカレッジ）１校，私立中等教育学校２校（エマニュエルとプットニーハイスクール），その他に公立学校を退学となり受け入れる学校がみつからない生徒や登校拒否の生徒のための生徒委託ユニット（PRU）がそれぞれ一つの小学校と一つの中等教育学校に付設されている．またこれらに加えて，教員研修センターが一ケ所設けられている（図２）．

GMSというのは直訳すると国庫維持学校で，1988年教育改革法によって保護者の大多数が賛成することを条件に，地方教育当局の監督下から独立して，直接国庫から補助金を得て準私立学校的経営が認められた学校である．サッチャーらの思惑は，総合制学校が主流の公立学校内にエリート校を復活させることであったが，思い通りにすべてが進んだわけではない．シティテ

図2　ワンズワース区中等教育学校配置図

出典：*Your School in Wansworth 1998/99*, Wandsworth City Council, 1998.

クノロジーカレッジ（CTC）も1988年教育改革法によって新たに導入された企業立技術教育中心の中等教育学校のことである．他の地域ではほとんど企業を誘致できず，結局地方自治体が出資したものがいくつか設立されたが，ワンズワースではADTという企業が早い時期に設立し，人気を博している．

小学校の規模は様々で，3歳から11歳の大規模校で最大525名，最小は71名であり，100名から200名が5校，201名から300名が31校，301名から400名が13校，401名から500名が9校となっている．中等教育学校は普通11歳から16歳までのものと，さらに16歳から18歳までのシックスズフォームをもっているところと2つのタイプに分れる．11歳から18歳を対象とするのはADTカレッジ（総数950人），バタシーテクノロジー（510人），バーントウッド

(1,500人)，チェスナッツ・グローブ（748人)，エリオット（1,290人)，アーネストベバン（1,100人)，グレイブニィ（1,568人)，サウスフィールド（1,316人）であり，11歳から16歳までを対象とするのは，ジョンポール２世（534人)，サレジオ（622人）である（私立は略)．図２をみればわかるように，かなり互いに近接しているものもある．ワンズワース区は主要な鉄道が３本通っているうえ，バスも発達している．そのため移動はかなり容易であるし，隣の区からの進学希望も多いが（とくにランベス)，比較的豊かな層は私立や他区の有名公立学校へ進学することもある．これに関するデータはあとで紹介する。

### ３　ワンズワース区の改革における位置付け

ワンズワースでは，1988年教育改革法成立後数年間で６校がGMSになるなど率先して保守党の教育改革を実践した地域として有名である．当時は保守党政府のペットであるといわれたほど保守党色が強く，議会は長期にわたって保守党支配の地域である（1999年当時では一部関係者の間で労働党政府のペットと呼ばれていた)．ワンズワースの当事者にいわせれば，ワンズワースLEAの実践のうち，保守党政府が真似たもの，さらには新労働党政府が真似たものもたくさんあるらしい．

1988年教育改革法は，内ロンドン教育当局（ILEA）の廃止を決定した．そのためILEAに代わって，直接公選制の地方教育当局が復活することが予定された．しかしながら，1988年教育改革法案準備が行われた1987年の段階で，保守党政府から地方税制度の改革案が公表されたため，内ロンドン地区の13ある行政区のうち，ワンズワースと並んで，ウエストミンスター，ケンジントン＆チェルシーといった比較的裕福な区が内ロンドンからの独立を表明した．タイムズ紙教育版は解説で，３区の独立の表明はコミュニティ・チャージ（人頭税）と一律ビジネス税導入論に関係があることを指摘している．これまではILEAのもとで豊かな区が貧しい区を助けていたが，新しい税制の下では，コミュニティー・チャージが区の裁量に，これまで区の裁量であったビジネス税が一律になるため，国庫補助金が新たに貧しい地区には交付される．それにより地方税の高かった地域は，効率的な行政サービスの追求とともに地方税を下げる方向に動くだろうという，保守党の希望的観測にも解説はふれている[6]．

いずれにせよ，ワンズワースは独立し，自らの教育行政に乗り出すことを決定したのである．（そのため結局，内ロンドン教育当局は廃止となり，1990年４月から各区が地方教育当局となったのである．）しかしその背景にはたんに地方税の問題だけではなく，ワンズワース区の教育問題があった．

## 4　1988年教育改革法導入までの経緯

### ❶　ILEA 時代のワンズワースの教育（Division 10）

ILEA は，理論上，一つの学区であった．そのため，管区には分かれているものの，管区を越えての進学は可能であった．さらにローマン・カソリック教会の場合は，行政単位とは異なる教区をもち，その中で学校を選択していた．

1970年代にコンプリヘンシブスクール（総合制中等教育学校）政策が導入されてからは，混合能力主義を実現するために，ロンドン・リーディング・テスト（London Reading Test）が導入された．このテストは，10〜11歳時に全員が受けるテストである．児童は成績結果によって３つのバンドに分けられる．１と３がそれぞれ25%で，２が50%となる．テストの内容は適性検査であった（日本でいう知能検査に近い．多くの場合それに作文などが加えられる）．

具体的にどうなるかというと，まず児童の成績結果が小学校長に知らされる．この場合個々の児童の成績結果というよりも，この小学校にはそれぞれのバンドに何人という形で知らされるのである．校長は親と面談をしてどの中等教育学校に進学するか決定する．実際には，そこには抜け穴があった．たとえばグレイブニースクールのように，今はコンプリヘンシブスクールであるがもともと大学進学準備機関であったグラマースクールで地元のエリート校であり，いつも人気があるような学校に進学を希望する場合，バンド１として希望を出すよりは，バンド２で出した方が有利になる．なぜならば受け入れ校もまた混合能力制を維持するために各バンドに応じて入学者を決定するからである．したがってどうしてもグレイブニースクールに行かせたいと親と校長が決めたら，優秀な生徒であっても校長はその児童をバンド２として申請するのである．こういう操作は公然の秘密であった[7]．また，この進学の選択の過程で小学校の校長の果たす役割が大きいことがわかる．もちろんワンズワース区の公立小学校の校長の中には，私立学校への進学をかなり強力に勧め，その名前を上げていったものもいる．たとえば，ハニウェル小学校は進学校として有名である．

小学校は希望者と希望校をリストにして管区の事務所に提出する．先にも述べたように，管区を越える進学も可能なので，これからは管区内部および管区間の調整となる．

図２をみればわかるように，中等教育学校は交通機関の発達したワンズワースでは近接しているともいえる．各学校は，通学距離，兄弟・姉妹がすでに在籍しているかどうか，医学上の特別な理由（医者の診断書が必要で，長距離の通学に耐えられない場合など）という順番でその入学条件を設定していたから，これと合わせて進学する学校がILEAによって決定される．つまり学校による選抜は制度的には行われず，ILEAが決定権をもっていた．最終的にどこかの学校には進学できるわけだが，基本的には，ローマン・カソリック教という宗教上の理由を除外すれば，学校と家庭との距離が重視されていた．

つまり，内ロンドンには日本にあるような通学区域制がもともとあったわけではなく，中等学校に関しては教育改革以前においても，ある程度学校選択が行われていたことになる．しかもこれは小学校校長と親との「密約」のようなものであった．学校選択が不平等を拡大させるという批判があるが，改革以前の状態も日本の感覚からすれば不平等の温床であったことがわかる．また，基本的には学校からの距離が考慮されるので，豊かな家庭は転居といった手段によってより有利に動くことができたことは改革後でも変わらない．さらに学校選択は，結局，学校が親を選択するのだという批判があるが，この点についても1988年前後で変わったとは考えずらい．以前の制度でも親は客体であることは変わっていないからである．

### ❷ 中等教育再編計画

問題は，就学人口の減少から始まったといえる．

ワンズワースも御多分にもれず就学人口の減少をかなり急激に経験している（1951年330,883人，1961年335,451人，1971年302,258人，1999年261,600人）．サウス・ロンドン・プレス（*South London Press*：*SLP*, 88/9/23.『学校戦争――幽霊学校の創出』）は表１の数値をあげている．

当時ILEAは，16歳から19歳の学校としてターシャリーカレッジの設置を政策としていたため[8]，ワンズワースに対してもカレッジの設置を提案する（*Wandsworth Borough News*：*WBN*, 83/12/2.）．これに議会が反発し，独自の計画案を立案した．新聞報道によると，それまで14校ある中等学校を9校に閉鎖統合するということになった．これはすぐに実行される．

表1

| | 1979年 | 1983年 | 1987年 | 低下率 |
|---|---|---|---|---|
| primary | （人） | （人） | （人） | （%） |
| Southwark | 3,216 | 2,262 | 1,749 | 45.62 |
| Lambeth | 2,122 | 1,471 | 1,191 | 43.87 |
| Wandsworth | 3,472 | 2,535 | 1,604 | 53.80 |
| secondary | （人） | | （人） | （%） |
| Southwark | 19,692 | | 14,485 | 26.44 |
| Lambeth | 13,358 | | 7,476 | 44.03 |
| Wandsworth | 21,003 | | 10,806 | 48.55 |

1986年になると1988年秋からの入学定員数についてILEAの計画が発表されたが，これに対し保守党議員達が強く抗議する．内容は，グレイブニーを210人とし，残り8校をすべて180人とするというものであった．残りの8校のうち，3校は人気がありすでに200人以上を受け入れていた．グレイブニーでは241人を受け入れていたが，210人に制限された．他方，人気のなかった2校は，それぞれ96人，73人しか進学していなかった．それを180人まで募集するということになったのだ．地域的にいえば，この人気のない学校に近い生徒はむりやりこの学校に押し込まれるということになるのだった．また，ターシャリーカレッジも地元の反対を押し切って1990年開校をめざすこととされた．これに対してILEAのスポークスマンは「いくつかの学校の入学定員を減じたのは本当である．すべての学校がきちんと機能し，定員を分け合うことは必要である．すべての学校が生徒を得ることが重要である．もし学校が定員割れとなれば，学校はきちんと機能しない」（*WBN*, 83/12/2.）と述べている．

こういった事件や，ワンズワース地区の学校の教育水準を公表せよという圧力が加わって，「地元の問題は地元で」という思いが保守党リーダー，ベレスフォードやリスター（後出）の間に強まっていた．

### ❸ ワンズワース区の対応

1987年総選挙の際，保守党は教育改革と国民保健サービス改革を焦点として闘い，教育学関係者の期待に反して大勝する．1986年に文部大臣に就任したケネス・ベーカーは，この総選挙に臨むにあたって国民全体の教育水準を上げることを，サッチャーの主張する新自由主義に付け加えた．そのために1988年教育改革法は，戦後途絶えていたナショナルカリキュラムを導入するものとなったのである．サッチャリズムの教育改革と品質保証国家の誕生については先に述べたので，ここでは繰り返さない．

ILEA 廃止後独立を決定したワンズワース区の対応はすばやく，地方教育当局（LEA）となるための準備に取りかかっている．1987年秋には違法ながら区議会事務局内に文教委員会のようなものを設置し，1987年12月同委員会は，独立後初の教育局局長に当時50歳で，クロイドンの局長であったドナルド・ネイスミス氏を採用することを早々に決定している．ネイスミスは，リッチモンドとクロイドンで教育局局長を経験し，独自にターシャリーカレッジの導入や試験成績を公表したり，クロイドンでは当該地域のスタンダードカリキュラムを制定して，評価のためのテストを導入するといったように，サッチャー等教育改革推進派の注目をあびていた人物である[9]．

1988年２月に，ベレスフォードとリスターは地域教育計画に関するドキュメントを準備し，家庭，学校及び教育機関，地域の宗教関係者，キャリアサービス関係者，各地方議会事務局，区議会議員らに配布している[10]．７月にはネイスミス氏が Director of Education（教育局局長）としてクロイドンから引き抜かれ，秋に着任することが報道された[11]．さらに７月17日には1988年教育改革法が成立し，ILEA は解体され，1990年４月にワンズワースは独立した LEA となることが決定的となった．この間，ワンズワース区ではクーパー＆レンブラント社に地域の中等教育学校について調査を依頼．その結果，一つの学校の廃止と二つのカレッジの設置が提案されたが（*WBN,* 88/9/9.），この案は議会によって支持されず，着任予定のネイスミスが最初の仕事として独自の計画案を作成することになった．10月，ネイスミスが着任した．その際，ベレスフォードはネイスミスに同報告書を考慮するよう要請したが，ネイスミスは「人に指図されたくない」と拒否したと新聞報道されている（*WBN,* 88/9/16.）．

この二人の間の不協和音は，教育学にとってかなり重要な問題を意味している．これについてはさらに詳しく論じる．さらにベレスフォードやリスターは，アメリカ合衆国のオルタナティブスクール（あるいはマグネットスクールとも呼ばれ，特色ある学校のことを意味する）運動と学校選択のアイデアに魅了されていた．当時の教育科学大臣ケネス・ベーカーも同様であったらしく，彼自身もアメリカ合衆国に見学にいっている．

### ❹　マグネットスクールによる教育改革案

1988年10月25日，ワンズワース区議会文教委員会から計画実施案が公表された．ページを割いて，ベレスフォードの前書きが掲載されている．その中で，明確に教育制度の多様化とアクセスの開放を通じての機会の拡大と選択，能力に応じた教育という理念が打ち出されている[12]．さらに同じ文教委員会で，アメリカ合衆国へのマグネットスクール調査旅行の予算が認められた[13]．また同じ文教委員会で，90年４月１日に地方教育当局になることが宣言され，89年２月28日までに教育計画を文部省に提出することになったことが報告されている．

ちなみにこの計画実施案は，1988年11月に５千部が配付されている（未入手のため内容を確認できず）．

1989年１月には，ネイスミスによる生徒の評価および教授組織に関する政策に対するレポートが提出されている．これは計画案の一部として，「能力に応じる教育」を政府の政策よりも重視するワンズワース区の教育政策をナショナルカリキュラムの中で実現させるようなカリキュラム政策を考えることと，その際に，教育を語る時の用語の意味内容の統一を図ることを目的とするレポートであった．

このレポートで，カリキュラムに関しては，

(i) ナショナルカリキュラムの完全実施．

(ii) 基準を達成できなかった生徒数の減少と水準の向上を図る．

(iii) すべての子どもは16歳になるまでに，雇用あるいは継続教育を可能とするような成績を上げることを確実なものとする．さらには，ヨーロッパの水準のレベルにまで上げることを努力目標とする

また教授組織については，

(i) 混合能力制よりは能力別編成を可能な限り導入する．

評価に関しては，

(i) 総合的な評価と継続的評価．

(ii) TGAT[14] の提案する７歳時にステージ２のもの80%，11歳時にステージ４のもの33%という判断は，不十分であるため，より詳しい評価制度が必要であるし，生徒の一般的な能力については評価できていない．教

室での観察や日々の活動，生徒の所属する社会集団への配慮などが必要である．

といった内容を提言している[15]．

この間，ワンズワース議会は，様々な団体から，様々な意見（主に反対）を受けている．1989年２月には，教育科学省（DES）に提出する『教育計画』が公刊された．これは全体で330頁にも上るものであった．その主な内容は，（1）小学校での空き教室の解消（4歳児就学の奨励，定数の30％削減），（2）中等教育学校レベルでのマグネットスクールの導入であった．つまり，ワンズワースは依然としてマグネットスクール案に固執していたことがわかる[16]．

1989年２月に実際に敢行されたアメリカの視察旅行には，ネイスミスの他に，バーントウッド中等教育学校校長のビィーティなど校長が数名同行し，ニューヨーク市，ワシントン，ダラスを訪れ，マグネットスクールの実態を見学してきた．４月に議会に提出されたその報告書は，基本的に14歳以降のマグネットスクール案に反対するというものであった[17]．そのため，この視察団報告書は全般的にワンズワースの教育政策を実際に牛耳っていたベレスフォードらの思惑と対立することになった．学校関係者と労働党はこれ以降，マグネットスクール案廃止に向けて大々的なキャンペーンを張るのである．

### ❺　マグネットスクール政策の導入とその結果

マグネットスクールのアイデアは，保守党政府によってすでに取り上げられていたが，1987年10月には，労働党主導のILEAで政策の採用が検討され，導入が決定されていた[18]．これによれば，労働党内部のILEAリーダーがマグネットスクールを支持し，混合能力制に疑問を提示し，基礎学力の向上こそが労働者階級の子どもの利益となると表明している．つまりマグネットスクール導入をめぐって，労働党の統一された主張の枠組みは壊れたと考えられる．

ワンズワースでは，マグネットスクール推進のため，1,900万ポンドを特別に交付することを決定した（*WBN*, 89/4/21.）．これに対しては，成績優秀な子どもだけを集めるセンターとなるのではないか，学校格差をもたらすのではないか，という批判が出た．ワンズワース労働党は地方選の時期でもあり，マグネットスクール導入を全面的に阻止すると宣言した（*WBN,* 89/5/12.）．ワンズワースの『教育計画』はすでにベーカーの承認をえていたが，労働党は対案として，（1）教員協議会を設置し，ここで教育専門家の意見を取りまとめる．（2）学力的についていけない中等教育学校の生徒を対象とする「ヘッドスタート」．（3）16歳から18歳を対象とする普通共通教育論議の活発化．（4）5歳未満の児童のための幼児学級．（5）マグネットスクール案の撤回．その他，伝統的なテストの廃止と生徒の「プロファイル」（成長記録）方式導入．試験成績の公表結果を順位付けするリーグテーブルを廃止．教員協議会を通じて学校改革を促進，といったものを提案した（*WBN,* 89/5/12.）．ワンズワース労働党は，日本の民主的教育学者と同様，教師を中心とする教育改革を推進し，普通共通（コンプリヘンシブ）教育を守る態度を明確にしたのである．

1989年の総選挙で，ワンズワースの保守党リーダーであったベレスフォードは国会議員へと出世し，リスターがリーダーの席についた．6月に文教委員会は学校計画を公表した（実際，文教委員会でこの計画案が配布されたのは7月であった）．新聞報道によると，（1）すべての公立中等学校は維持されること，（2）今後5年間，現在の定員の50％増を認めること，（3）マグネットスクールへの追加的資金（1,000万ポンド）の交付．（4）すべての公立中等学校はシックスズフォーム（16歳－18歳）を維持する．（5）シックスズフォームの在籍率40％を目標とすること．（6）継続教育とのリンクを強めることによってシックスズフォームの機会を拡大することを奨励，というものであった（*WBN,* 89/6/16.）．マグネットスクールへの特別資金をみれば，いかにワンズワースがこの案を積極的に導入しようとしていたかがわかる．

なぜワンズワースは，マグネットスクール案にこれほど固執したのだろうか．これについては，保守党リーダーであるリスターが筆者のインタビューに答えて以下のように述べている．

「ワンズワースは比較的貧しく，五分の一の生徒は資格なく離学していたし，地区の子ども達は当時，あまり地元の中等学校に進学しなかった．子どもと親を引きつける必要があった.」「そのためには，学校の種類を増やし，学校を特化させること，親や子どもはそれを選択できることが必要であった.」「我々の信念は，そうすればすべての子どもの興味や能力に見合う学校ができ，少なくとも一つ資格を取ることが可能となるというものであった.」[19)]

また彼は著書においても，以下のように述べている.

> 1988／89年に内ロンドン地方教育当局は小学校生徒一人当り1,604ポンド，中学校で2,506ポンド支出していた．これは，国内一といっていいほどの支出であった．しかし，教師一人当りの生徒数は，17.9：1，14.4：1と最も多い．これ自体はまあ問題がないだろう．……新しいLEAもこの教育費水準を維持するつもりである．問題は，これらの支出が生徒の業績に反映していないということだ．お金は一体どこへいったのだろうか．納得いかない支出は，学校の空き定員，9つの中等学校における約4千人，73小学校の約8千人分であり，だいたいこのために800万ポンドが無駄に使われている．……1989／90年では，全国平均では8％のところ，ワンズワースでは19％以上の者が中等教育修了資格（GCSE）を獲得せず離学した．……シックスズフォームへの在籍率は32％，継続教育カレッジへの進学率は20％にすぎない．……1976年には3,520名が地元の中等学校に進学した．……1989年にはわずか1,345人となった．出生率の低下を考慮しても2校分の生徒がいなくなっている．40％もの子どもがワンズワース以外の学校または私立学校へ進学している．これは提供されている教育に対して多くの親が「信頼していない」ということを表明しているのである．これをなんとか覆さなければならない．我々は少なくとも30％もの人々を再び地元の学校へ戻ってこさせることを主要な目的とした[20)].

リスター氏は，古くからワンズワースに住み，自分の子ども達もここの公立学校で教育を受けさせている．彼は，すでに20年地方議員をつとめ，ワンズワース地区保守党リーダーであったベレスフォード議員とともにいわゆる文教族であった．のち1989年7月からは区議会内リーダーと文教委員会の議長となった．彼もまたサッチャーのブレーンの一人であったと述べている．

先に述べた労働党の対案とくらべれば，いかに労働党に集結したグループがリスターがもつこのような教育上の危機感を共有していなかったかは明らかである．つまり，彼らの対案は，これまでの教育制度そのものを守ることで現代の教育問題に答えようとしたのであり，その教育制度自体が抱えている問題については不問に付すものであった．労働党の対案は，ある意味で改革を希望する親や地域の要求には応えるものではなかった．たとえ保守党の政策に対する批判は鋭くても，現状を変える案は何も提出してこなかった．内ロンドン地方教育当局は遅ればせながらマグネットスクールや学校選択のさらなる拡充を最後のほうである意味トップダウン的に提案をしたが，その案も十分に練られたものとはいいがたいうえ，現場に近いところとの矛盾が明確になり，実際には解体されてしまったため，どれほどの有効性をもつものであったのかはわからぬままに終わってしまった．

他方，新任のダイレクター・オブ・エデュケーション（教育局局長）であるネイスミスは，マグネットスクールに対して当初高い評価は与えていなかったようにみえる．ネイスミスはリスターらが積極的にマグネットスクール案を提唱することに対して，「成否について判断を下すのは時期尚早であり，リスターが公言することは問題だ」と指摘している（*WBN,* 89/6/30.）．彼はむしろ基礎学力を向上させることや，生徒の評価および教授組織のほうに関心があり，ナショナルカリキュラムの枠内で「能力に応じる教育」を実現しようとする傾向がみられた．これは，自分こそがナショナルカリキュラムのモデルを実現させたという自負があるからであろう．

ドナルド・ネイスミスは1937年生まれ．北部工業都市であるブラッドフォードの労働者階級出身である．彼は戦後の三分岐型中等教育改革の恩恵を受け，奨学金制度を利用してグラマースクールから大学にまで進学し，歴史の教師となった．この経験から，ネイスミスはコンプリヘンシブスクールには反対であると明言している．なぜなら，コンプリヘンシブスクールは専門職への途といった社会上昇移動のチャンスを優秀な生徒から奪ったと考えられるからである．その後地方教育当局の分野に転職し，ロンドンのリッチモンド，クロイドン（ともにILEAの管轄ではなく，独自の地方教育当局である）で，教育局局長を歴任してきた．この間，教育行政担当者が教育内容に関与できないというイギリスのパートナーシップの伝統が，まったく法的根拠のないものであることを発見し，リッチモンドでは生徒の教育水準を明らかにするために試験成績を公表し始めた．次の職場であったクロイドンでは，当該地域だけではあるが共通のスタンダードカリキュラムを1984年に制定し，それをもとに7歳，9歳，11歳，14歳時にテストをすることにした．

ネイスミスによれば，「教師の教育の自由（教育内容）」に関与しないというイギリスのパートナーシップの伝統に挑戦することになるスタンダードカリキュラム導入を議論する教育委員会の会議は非公開とされ，真剣な議論が展開された結果，導入が決まったという．これに対して教師はどう対応したのかたずねたところ，最初はごたごたしたが，共通カリキュラムの必要性は長いこと教育学分野でも論議されてきたこともあり，また，ネイスミス自身も教師に信頼があったため，結構すんなりと進んだと答えている．このスタンダードカリキュラムの内容は，一般的に論議されていたものとほとんどかわりなく，これが1988年教育改革法に盛り込まれたナショナルカリキュラムの枠組みのモデルとなったことは間違いない．ネイスミス夫人が，非常に優秀な現職の小学校教師であったことも貢献しているかもしれない．ネイスミスもサッチャーのブレーンの一人であった[21)]．

1989年６月の新聞報道によれば，ワンズワース区にある12のすべての中等学校の校長，学校評議会代表はマグネットスクール案に反対を表明した．とくにグレイブニー校の学校評議会代表デビッド・ハートは，教育局年間予算にあたる1,000万ポンドもマグネットスクールに注ぎ込むよりも，(1) 評価と試験の新しい方法を作成すること，(2) 数学，科学，技術，語学といった分野の教員不足の解消，(3) 科学，技術教育施設の改善，(4) 16歳以上の生徒に対するカリキュラムの充実，(5) すべての生徒の学習への動機付け，(6) 1988年教育改革法による学校への財源委譲を受けて，さらなる責任の明確化，(7) 教員の勤務評価の導入，こういったことをすみやかにするべきだと発言している．また視察団に参加したメンバーも現段階はあくまでもコンサルテーションであるので，我々と話し合いを続けなければ法的手段にでも訴えると述べた（*WBN,* 89/6/23.)．いずれにせよ公聴会が10月６日に行われることになったが，これは反対派が区議会場をぐるりと取り囲み，多くのマスコミも駆けつけ，騒然とした雰囲気の中で行われた（リスター談)．

89年11月，ワンズワース当局は，マグネットスクールに対する反対を懐柔するために，教師を確保するための特別手当て支給と，採用パッケージとして住宅探しやあらゆる情報を与えることと，プロフェッショナル・センターを設置することを決定した．また 1990年１月には，ワンズワース区の教授スタンダードを設定し，独自の視学官を任命し，文教委員会内にモニター委員会を設置し，同委員会が生徒の成績などをモニターすることを決定した．１月16日に文教委員会では最終的な教育計画案『ワンズワースの中等教育と継続教育の将来計画』(No.6507) が，基本的には変更なく公表された．

1990年1月，教授スタンダード設定とLEA視学官の任命，LEA内部に議員から構成される「パフォーマンスとスタンダードのモニター委員会」設置が決定される．

1990年2月にはワンズワースは1億400万ポンドの教育予算を組むことを決定したが，リスターは次年度はさらに教育予算を倍にすることを確約していた．また1989年夏に行われた中等教育修了資格試験 (GCSE) の試験結果であるリーグテーブルが公表され，ロンドンではGCSEの成績が第3位となった．新聞報道によると，しかしながら，10人に1人は何の資格もなく離学しており，とくに成績の悪いバンド3の子どもの成績が基準まで上がらなかったインナーロンドン地区唯一の地区であると指摘された．また，ILEAの担当者は，1977年にくらべると教育水準が低下していること，それは社会の変化が原因だと指摘した (*WBN,* 90/2/23.)．

### ❻ LEAとしての出発

1990年4月からワンズワースは正式に地方教育当局となった．ワンズワースは5月に教育局職員の増員を図る．当時277人いた非教育職員としての視学官，心理学者，事務職員を将来的には371人までの増員を図ることを公表した．その理由は，「学校の自律的運営はさらにもっと教育局からの援助を必要とするから」というものであった (*WBN,* 90/5/18.)．

ワンズワース地方教育当局は，1990年7月に，突然中等教育学校4校の閉鎖を決定する．それはウォールシンガム女子校，クラッパム・コモン校，チェスナッツ・グローブ校，ジョン・アーチャー校で，全体で2,500席の整理が見込まれた (このうちジョン・アーチャー校は，定員1,066人のところ，わずか60人しか生徒がいなかったが，教師は50人いたというのが前出のリスターの証言である)．また不人気であったバタシー・パーク校は一度閉鎖され，改めてシティテクノロジーカレッジとして開校されることになった．これらの施設は古くなっており，その他の中等教育学校でもかなり定員に余裕があるための決定とされた．閉鎖の対象となった学校は，1988年教育改革法で認められるようになったオプトアウトも辞さず，学校の存続のために親と教師が共闘することを誓いあった (*WBN,* 90/7/13.)．学校統廃合の話は小学校も直撃した．ワンズワースは4歳児就学を奨励し，就学人口の減少にブレーキをかけたいと主張した．しかしそれ以上に，1960年代，70年代の「教育の爆発」時代に建てられた校舎の老朽化と建て直しの資金不足がここでも問題となっていた．結果的には２つの小学校が閉鎖された．これと並行してマグネットスクール政策の導入を積極的に推進しようとしていた地方教育当局に対して，グレイブニー，エリオット，バーントウッドとチェスナッツ・グローブ各校の学校評議会がオプトアウトを検討し始めた．なかでも学校評議会代表がワンズワースの教育政策に強く反対していたグレイブニーは，1990年１月に申請手続きを開始する．まず保護者の大多数の投票が二度行われた後，学校評議会がGMSになる申請をワンズワース地方教育当局を通して，中央政府（文部大臣）に出す．その結果，７月２日に大臣から認可され，９月１日からGMSになることが認められた22)．

グレイブニーのGMSへの転身は，ロンドンで最初に認可されたグループに入っていたため，全国の注目をあびた．もともとGMSはエリート校を公立学校の枠内に復活させたいと願う保守党政権の目玉商品であったからである．しかしワンズワースでのオプトアウトの歴史を詳しく検討してみれば，保守党政府の思惑通り運んだのではないことがわかる．教育政策とその実施過程のもつダイナミズムをよく表しているといえる23)．その後，バーントウッドが1992年１月１日からGMSになることが認可され，サウスフィールズ，ジョン・ポール２世，サレジオ，エリオットも続いてGMSになっていった．結局，公立中等教育学校のうち，６校がワンズワース地方教育当局から独立してしまったことになった．

1990年11月には企業であるADT経営のCTCに人気が沸騰し，募集人数をこえる応募があったという新聞報道がなされている（*WBN,* 90/11/23.）．

他方，ワンズワース地方教育当局もマグネットスクール政策をあきらめたわけではなかった．1992年にはワンズワースLEAは，アーネスト・ベヴァンとチェスナッツ・グローブをマグネットスクールにするべく計画を公表した．それらは語学と芸術に特化（specialized）することが決まった．1992年９月，さらに３校の中等学校がGMSになることを申請．のちさらに１校が申請．11月にうち２校がGMS認可を受ける．1993年７月，ワンズワースの教育計画案『多様性と選択』*Diversity and Choice* を発行．1993年10月，ベヴァンのマグネットスクール化は女子校で語学を特化する学校がないため不平等になるという理由から見合わせることを決定している（これはのちに，バーントウッドが語学重視コースをいれることで最後には実施される）.

最終的にマグネットスクール案を受け入れたのは，ベヴァンとチェスナッツ・グローブ，バタシーの３校で（うちバタシーはLEA立のCTCとなることになった），これら３校には，かなりの追加投資がワンズワースLEAからなされ，たとえば，チェスナッツ・グローブでは，新たに美術室が数室，別棟で新築された．残りの学校がGMSになって独立した分，ワンズワースLEAの経費が軽減したからであり，GMSには政府から特別補助金が交付されたため，それとのバランスをとるための措置であった[24)].

ワンズワースでは保守党支配の地域で，イングランド初のGMSが設立されたことから前述のように保守党のペットと目されていたのであるが，具体的にみてみると，これらは保守党LEAが推進しようとしたマグネットスクール政策を拒否するために，すなわちコンプリヘンシブスクールを維持するためにGMSになったことがわかる．この事例はLEAと学校の対立と，教育政策の実現過程におけるダイナミズムを示している．

結果的にワンズワースのマグネットスクール案は成功したとはいいがたい．スペシャリストスクールも日本の感覚からいえばあまり特化したイメージはもてない．特化したといわれる科目の授業は通常の授業に加えて週２時間だけ特別に行われるにすぎないからである．これに対するリスターらの評価は以下のようなものであった．

質問　「こうなった状況はワンズワースの意図通りだったとはいえないのではないか．」

リスター　「でも結局，我々はGMS，カウンティ（公立），CTCという違ったタイプの学校をもつことができた．」

ロビンソン教育局局長　「でもここには様々なタイプの学校ができ，選択ができる．」

ネイスミス　「でも結局，違ったタイプの学校を作り上げたことになったから．」

この発言はまったく別のところで別の時になされたものであるが，三人が三人とも同じような答えに行きついている．ナショナルカリキュラムが存在することを考えれば，タイプが異なるといっても教育内容はほとんどかわら

表2　中等教育学校進学状況

| | 1993年9月 | | | 1994年9月 | | | 1995年9月 | | |
|---|---|---|---|---|---|---|---|---|---|
| LEA 立 | 定数 | 希望者 | 差 | 定数 | 希望者 | 差 | 定数 | 希望者 | 差 |
| バタシー | 180 | 143 | −37 | 151 | 113 | −38 | 151 | 65 | −86 |
| チェスナッツ・グローブ | 180 | 160 | −20 | 156 | 150 | −6 | 156 | 175 | 19 |
| ベヴァン | 266 | 143 | −123 | 266 | 193 | −73 | 266 | 189 | −77 |
| 小計 | 626 | 446 | −180 | 573 | 456 | −117 | 573 | 429 | −144 |
| GMS | | | | | | | | | |
| バーントウッズ | 283 | 275 | −8 | 283 | 297 | 14 | 283 | 292 | 9 |
| エリオット | 255 | 206 | −49 | 255 | 252 | −3 | 255 | 250 | −5 |
| グレイブニー | 250 | 252 | 2 | 250 | 260 | 10 | 250 | 257 | 7 |
| ジョン・ポールⅡ | 120 | 116 | −4 | 120 | 104 | −16 | 120 | 111 | −9 |
| サレジオ | 150 | 136 | −14 | 139 | 136 | −3 | 139 | 122 | −17 |
| サウスフィールド | 249 | 238 | −11 | 249 | 256 | 7 | 249 | 242 | −7 |
| 小計 | 1307 | 1223 | −84 | 1296 | 1305 | 9 | 1296 | 1274 | −22 |
| CTC | | | | | | | | | |
| ADT | 150 | 158 | 8 | 150 | 155 | 5 | 150 | 168 | 18 |
| 総計 | 2083 | 1827 | −256 | 2019 | 1916 | −103 | 2019 | 1871 | −148 |

出典：*Wandsworth Education Planning Committee Paper*, 1993, 1994, 1995, 1996, 1997, 1998.

ない．それにもかかわらず，異なるタイプの学校が存在することによって学校選択が可能になったと彼らは指摘する．これはイギリスの研究者，教育関係者に共通している学校観をよく表している発言である．つまり重要なのは教育内容による差異化というよりは学校のタイプの違いである．労働党の教育政策に関する批判によく労働党の教育政策は構造を問題にし，教育内容を問題視してこなかったというのがあるが，まさにこういった感覚が労働党のみならず保守党の人々にもみられることが問題とされるのであろう（前章参照のこと）．またこの問題は次章でも再び取り上げることにする．

## 5　「沈下学校（sinking school）」対策

ワンズワースの中等教育学校は，1998年になるとバタシーを除いて，閉鎖が検討されていたチェスナッツ・グローブをはじめ，どれもが入学希望者の待機リストを手に入れるようになった（表2，表3）．実際には，地元の人気が回復したというよりも，他区からの流入の影響ということがいえるかもしれないし（表4），1993年の全体的な定員の見直しも功を奏しただろう．それでも全体的に親に選択される学校になったことがわかる．LEA の権限が

| 1996年９月 | | | 1997年９月 | | | 1998年９月 | | |
|---|---|---|---|---|---|---|---|---|
| 定数 | 希望者 | 差 | 定数 | 希望者 | 差 | 定数 | 希望者 | 差 |
| 151 | 69 | −82 | 151 | 88 | −63 | 151 | 105 | −46 |
| 156 | 180 | 24 | 156 | 156 | 0 | 156 | 156 | 0 |
| 180 | 209 | 29 | 180 | 184 | 4 | 180 | 180 | 0 |
| 487 | 458 | −29 | 487 | 428 | −59 | 487 | 441 | −46 |
| | | | | | | | | |
| 283 | 289 | 6 | 283 | 285 | 2 | 283 | 298 | 15 |
| 255 | 270 | 15 | 255 | 268 | 13 | 255 | 272 | 17 |
| 250 | 272 | 22 | 250 | 259 | 9 | 250 | 259 | 9 |
| 120 | 116 | −4 | 120 | 112 | −8 | 120 | 105 | −15 |
| 139 | 138 | −1 | 139 | 136 | −3 | 139 | 133 | −6 |
| 249 | 249 | 0 | 249 | 226 | −23 | 249 | 239 | −10 |
| 1296 | 1334 | 38 | 1296 | 1286 | −10 | 1296 | 1306 | 10 |
| | | | | | | | | |
| 168 | 168 | 0 | 168 | 168 | 0 | 168 | 168 | 0 |
| 1951 | 1960 | 9 | 1951 | 1882 | −69 | 1951 | 1915 | −36 |

1999から作成．1993年以前のデータはなし．

縮小され続けた保守党政権のもとでもワンズワースはLEAの役割を変えつつ，全体として活力ある学校制度を実現させたといえる．

ところで，ワンズワースで一番問題校と見なされ続けているのは，バタシー・テクノロジー・カレッジである．ここは人口動態的にいっても就学人口が急激に減少した地域でもあったし，ワンズワース一の，そしてロンドンでも有名な貧困地域でもあった．1993年の段階で失業率は全国平均よりも高く，生徒の無償給食給付率は47%であり，ワンズワースの中で最も高かった．同校は，当初は閉鎖の対象であったが，1993年にはCTCになることで一新された．しかしそれでも改善は目立つほどのものではなく，ワンズワースはさらに定員を減らす，建物の規模を小さくするなど新たな改善策を追求している[25]．つまり，バタシーのようないわゆる「沈下学校」に対して，ワンズワースはこれを閉鎖するのではなく，改善のための方策をさらに講ずることを追求しているのである．

1992年教育法の時点では，視察結果が思わしくない場合，当該学校は「改善活動計画」を提出することになっていた．たとえば，1993年12月に行われたOfstedの視察報告はテノクノジー・カレッジに改組された直後のバタシーについて，「1991年から在籍者数の回復がみられるようになった」ものの，依然として教育水準の到達度は低く，「特別対策を講じなければならない」とする最悪の評価を下した[26]．そのため法律に従って，「改善活動計画」作成がなされたのである．この時点では，政府は基本的にはなんら手立てを講じず，すべては当該学校と当該LEAに委ねられていた．この保守党

表３　不服申し立て件数

| | 1996年9月 | | 1997年9月 | | 1998年9月 | |
|---|---|---|---|---|---|---|
| LEA 立 | 不服申し立て件数 | 受理件数 | 不服申し立て件数 | 受理件数 | 不服申し立て件数 | 受理件数 |
| バタシー | 0 | 0 | 0 | 0 | 0 | 0 |
| チェスナッツ・グローブ | 26 | 11 | 13 | 13 | 20 | 4 |
| ベヴァン | 0 | 0 | 11 | 9 | 14 | 3 |
| 小計 | 26 | 11 | 24 | 22 | 34 | 7 |
| GMS | | | | | | |
| バーントウッズ | 65 | 5 | 40 | 5 | 83 | 4 |
| エリオット | 23 | 1 | 10 | 0 | 27 | 0 |
| グレイブニー | 163 | 9 | 108 | 7 | 113 | 6 |
| ジョン・ポールⅡ | 0 | 0 | 0 | 0 | 0 | 0 |
| サレジオ | 0 | 0 | 0 | 0 | 7 | 1 |
| サウスフィールド | 3 | 1 | 0 | 0 | 0 | 0 |
| 小計 | 254 | 16 | 158 | 12 | 230 | 11 |
| CTC | | | | | | |
| ADT | 0 | 0 | 0 | 0 | 0 | 0 |
| 総計 | 280 | 27 | 182 | 34 | 264 | 18 |

出典：*Wandsworth Education Planning Committee Paper*, 1997, 1998, 1999から作成.

表４　区内・区外からの進学（予定）者数

| 時期 | 進学予定者数 | 公立 | ADT | 区外進学（公立） | 私立学校 | その他 |
|---|---|---|---|---|---|---|
| Sep-94 | 区内　1,948 | 1,158 | 116 | 453 | 116 | 105 |
| | 区外から（実数） | 589 | 39 | | | |
| Sep-95 | 区内　1,937 | 1,165 | 109 | 422 | 120 | 121 |
| | 区外から（実数） | 539 | 59 | | | |
| Sep-96 | 区内　2,067 | 1,291 | 125 | 479 | 114 | 58 |
| | 区外から（合計） | 501 | | | | |
| Nov-97 | 区内　2,006 | 1,209 | 111 | 526 | 120 | 40 |
| | 区外から（合計） | 562 | | | | |
| Nov-98 | 区内　2,007 | 1,184 | 121 | 563 | 88 | 51 |
| | 区外から（合計） | 610 | | | | |

出典：*Wandsworth Education Planning Committee Paper*, 1993, 1994, 1995, 1996, 1997, 1998, 1999から作成．1993年以前のデータはなし．

政府の姿勢は，1993年教育法において変化する．同法では「教育アソシエーション（Education Association）」なる団体を５名以下で設置し，改善のみられない学校評議会と代替させる権限を教育科学大臣がもつというものであった．しかしながら，「教育アソシエーション」が実際に設置されたのはイングランドでたった一件だけであったので，実際にはLEAが率先して改善に乗り出す以外道はなかった．ところが，保守党政権のもう一つの戦略，LEAの弱体化はLEAに対してこういった措置を実際に講ずることを許すものではなかった[27]．ワンズワースは保守党主導でありながら，サッチャー政権の意図とは異なり，市場原理と事後評価をもって，「沈下学校」や学業不振の生徒の弱点を明確にし，かつ適切な救済策を講じるために利用しようとしたLEAであったということができる．

教育改革後大きく変わったのは小学校の校長と親との関係であり，また地方教育当局の進学に関する責任と統制の欠落であろう．後者の点についてはのちにさらに詳しく論じるが，親の学校選択のみが進学手段となるため，親が子どもの教育に関心をもたないと進学手続きをせず，入学年度が来ても進学校がまったく決まらないという事例が数例既に出ていた．そういった場合にはLEAの教育局局長が直接学校に頼み込んで受け入れてもらうということを行っていた[28]．また，GMSとなった学校の側からしても，入学式の日に実際何人の生徒が来るか，まったくわからないという状態が続いた．優秀な子どもは何校も掛け持ちで進学希望を出しており，実際に何校からも入学許可をもらっているからである．

こういった学校にとって非常に不都合な事態が生じるにあたり，ワンズワースの中等教育学校長は独自に連絡協議会を結成し，互いに情報を交換するようになった[29]．この協議会はその後さらに重要性を増していく．とくに労働党政権発足後は，当該地域の各学校の入学定員数を協議で決めることとされ，協議会はその母体ともなった．またLEAへのGMSの復帰に関してもLEAとの交渉を積極的に行うなど，以前では考えられないほど学校間の情報の共有化，連帯が増えたうえ，LEAとも対等に張り合えるようになった．こういうこともまた，LEAと学校との関係を変える大きな原動力となったといえる．

## 2　バーバーとハックニー
### ——唯一の教育アソシエーション設置ケース

ワンズワースが比較的裕福な保守党支配の地区であったのとは対照的にハックニーは貧しく，労働党支配の地区であった．また，のちに労働党政府の教育政策を考えるうえで重要人物となるマイケル・バーバーが関わっている地区でもあった．ここでの経験は，バーバーにとってきわめて重要なものとなったうえ，その後の労働党の教育政策に多大なる影響を及ぼした．ハックニーに関しては，調査を行ったわけではないので，主にバーバーの文献，『首都の教育』*Education in the Capital*（1992），『都市中心部における教育水準の上昇』*Raising Educational Standards in the Inner Cities*（1996），『学習ゲーム』*The Learning Game*（1996）と，ハックニー・ダウンズ校の当事者であったオコンナー，ヘイルズらが後になって著した本『ハックニー・ダウンズ――闘いに臨んだ学校』*Hackney Downs : the school that dared to fight*（1999）から概略を説明する．

### 1　マイケル・バーバーとハックニー

マイケル・バーバーは，オックスフォード大学，ゲオルグ・オーグスト大学で学んだ後，ワットフォード，ジンバブエで中等教育学校の教師となった．その後全国教員組合（NUT）の調査担当者となったのち，1989年から1993年はNUTの教育担当となった．それと並行してロンドンのハックニー区の区議をつとめ，教育改革法成立後は初のLEAの教育委員会委員長となった．その後，1992年には再びNUTの教育と機会均等担当とキール大学客員研究員となり，教育改革の成果に関する大規模な調査を敢行している．その結果の一部は，『都市中心部における教育水準の上昇』（1996）に収められている．

この間，彼が編纂した『首都の教育』（1992）は，都市部の教育改革について述べたものであるが，のちにブレア新労働党によって高い評価を受けたバーミンガムLEAの実践を行ったティム・ブリッグハウス教育局局長，ワンズワース区教育局局長のネイスミスも，またハックニーで初代教育局局長となったガス・ジョンも寄稿している．また学校の効果を測る運動の代表的研究者でもあるピーター・モティモアも寄稿している．『首都の教育』においてバーバーはあえて大胆にと断りながら，保守党政権の市場原理の導入という政策が実質的には地域の財政格差をそのまま反映しているために，大都市の教育問題を解決してはいないと指摘したうえで，内ロンドン教育の将来のための戦略として以下の項目を提起している．

(1) マルチ・エージェンシー・アプローチ（社会福祉，保健，住宅と交通など他の公共サービス当局との協働)，(2) 10年計画，(3) 資源の再分配，(4) 幼児教育，(5) 16歳以降の在籍率の上昇，(6) 学校に基礎をおく経営，(7) 方向性をもったLEA，(8) 親の参加，(9) ビジネス界の参加，(10) 学習に主をおくカリキュラム (基本に戻れ)，(a) 計算，(b) 読み書き，(c) 会話スキル，(d) IT，(e) 社会及び政治制度の基礎理解，(f) 機会均等，(g) 支配的な文化の核心部分で，これがないと大学進学や労働市場において不利になると思われる主要な知識，シェークスピアの劇や，いくつかの英国史の側面はこの類の知識にはいる，(h) 思考スキル，(i) これら以上に，自尊心と自信をすべてのものがもつこと．これこそ機会均等の問題についての決定打である．(11) 評価と報告，(12) 学校制度の再編，(13) 教員の資質向上とパラ・プロフェッショナルの活用，その他として放課後の学習環境を整えることや，親達へのコンサルテーションなどをあげている．

彼によれば，これらはハックニーでの学校の個別の取り組みや他の地域のLEAの取り組みから生まれたアイデアであった[30]．

このような指摘から，バーバーの都市問題としての教育改革問題への対応は，すでに労働党対保守党の枠組みを超えていたことがわかる．つまり，1988年教育改革法の主要な目的が子ども達の基礎学力を上げることにあり，教育内容もナショナルカリキュラムという形で明確化され，要はその内容を確実に子ども達に教えるという体制になったために，労働党の支持基盤の一つであるNUTの教育担当者であるバーバーがむしろ保守党政府が作り上げた体制をより充実したものに作り直そうとしていたことがよく表れているといえよう．また本その他のバーバーの論文と総選挙直前に著した『学習ゲーム』(1996) において，その後の新労働党政権の教育政策に盛り込まれることになる様々なアイデア，たとえば宿題クラブ，親と学校との間で結ばれる契約などが散見できる．この点については後述するが，こういった提案は先に述べた学校の効果を測る運動および学校改善運動 (School Improvement Movement) とのつながりの中でバーバーによって取り上げられたものであろう．彼は学校の効果を測る運動の代表格ともいえるモティモアらの前出の『予想に反した成功』(1996) においても調査報告を行っている．

バーバーは1995年からはロンドン大学教育大学院の教授として，ニューイニシアチブ学科の主任となり，数々の著作を執筆するようになり，ブランケットの相談相手と目されるようになる．実際，労働党政権が誕生した次の日に，バーバーは教育水準と効果ユニットの長として任命される．その後さらに首相官邸のアドバイザーとなったが第三期になってからは公共サービス一般のアドバイザーとなり，教育の分野からは離れている[31]．

ハックニーはもともとは白人の専門職階層が住み，比較的裕福な土地柄であった．トインビーホールがある地区としても有名である．しかしその後ユダヤ人が住み始め，より後にはアフリカ系移民が移り住み，今ではロンドン一，つまりイングランドで一番貧しい区であるといってよいだろう．1986年の段階で60％もの児童・生徒が無償給食受給資格者であったし，三分の一の子どもが片親家族出身であった．またマイノリティ出身が就学人口の７割を占めるような地域であった．戦後ずっと労働党支配の区であり，貧困地域ということから，急進的左派が指導権を握っていた．バーバーによれば，過度の官僚制度がはびこり，非効率的で迅速に対応せず，「考えられないことが習慣となった」[32] ような場所であった．バーバーやオコンナーらによれば，ハックニーはすでに1980年代から NUT でも急進左派の教員らが活動の拠点としていたため，ILEA の中でもまた NUT の中でも浮いていた存在であったと指摘されている[33]．

1987年の段階で，ハックニーが独立した LEA になることが予想された時，バーバーはハックニー議会の労働党に働きかけ，すぐにでも教育局局長を雇うことを進言した．彼は自分がなりたいと思っていたことを率直に告白している．しかしながら，教育改革法案に反対していた労働党の対応は遅れ，最終的に1988年９月に彼を文教委員会の議長に任命することが決定された．議長になったバーバーのもとにはわずか５名の教育局職員しかいなかった[34]．彼等は1988年教育改革法によって規定された教育発展計画の作成に着手する．

バーバーは，ハックニーの教育の核心を「パートナーシップ」におくこととした．これは「あらゆる教育関係者がすべて集まって教育目的の決定，目的達成のためのプランと戦略の実行，途中経過のモニターを行う」[35] というものであった．これは共産党，保守党の一部から支持をえられるが，労働党からの支持はえられないとバーバーは踏んでいた．それは労働党ではハックニーの教育問題であるにもかかわらず，教育問題が党の教育部局によって決定されるという組織的な問題があったからであった[36]．ハックニーの中にはユダヤ教徒の居住区が一部あり，ユダヤ教徒達は自分達の学校，Yesodey Hatorah School をボランタリーエイデドスクールへとすることを長年要求していたのだが，ILEA によって拒否され続けてきた．ちなみに2001年のセンサスによると，ハックニーの宗教別人口の割合はキリスト教徒（46.56％）についで，イスラム（13.76％），ユダヤ教徒（5.29％）である[37]．しかし，徐々にユダヤ教徒出身の議員も出るようになり，状況は変わりつつあったし，労働党内部でもイスラムのためのボランタリースクール案に賛成するものも現れてきていた．バーバーは1986年からユダヤ教徒のための学校を支援する運動に関わっており，議長となった時に，教育開発計画にこの問題を取り込もうとしたのだった．そのために労働党の交渉を行ったり，ユダヤ教徒を動員したりして，どうにかこの「パートナーシップ」が教育発展計画書の文言に書き込まれることになった[38]．

ワンズワースでは1988年教育改革法成立以前から，違法とまでいわれても LEA になる準備が着々となされていたのとは対照的に，保守党とは対立する労働党主導のハックニーではすべてが後手に回ったといえる．たとえば，教育局局長の人事も進まず，ようやく公募にこぎつけても誰も応募してこず，難航した．もちろん大ロンドンと ILEA の解体と比較的裕福な区の離脱によって，ハックニー，ランベス等の貧しい区では財政が逼迫していたことも候補者を集められない大きな理由の一つではあったろう．しかしながら，当分の間，そういった区には特別補助金が交付されていたのであって，大きな問題であるとは思えない[39]．要は1988年教育改革法を含め保守党政権に反対してきた労働党は，反対することにエネルギーを割き，現実への対応の準備を怠ったといえよう．最終的に，ILEA のもとスタッフであったガス・ジョン（Gus John）が教育局局長として採用され，ようやく態勢が整ったのである．

## 2　ハックニー・ダウンズ校閉鎖問題

ハックニー・ダウンズ校は，設立当初は専門職を中心とする白人ミドルクラス出身中心の歴史の古い男子校であった．バーバーによれば，「ハロルド・ピンターやマイケル・ケイン」もここの卒業生であった[40]．しかし，学校の周辺部が最初はユダヤ人街となり，次にはアフリカ系，カリブ系黒人が居住するようになると，状況は徐々に変化していき，1960年代，70年代を通じて，基本的にはマイノリティ中心の貧しい地域になっていく．大ロンドン行政府やILEAのもとでは，平等を理念として，標準化が進められていたため，貧困地域で支出される教育費はむしろ他の区よりも潤沢であった．それにもかかわらず，ハックニー・ダウンズ校の成績水準は1985年から低下し始めた．1987年，全国で教員賃上げ闘争の嵐が吹き捲くり，ハックニー・ダウンズ校も例外ではなかったし，校内のアスベストが問題となり，撤去作業終了まで，一部の施設が使用不可となった．また徐々に就学人口の減少もあって，生徒数が減り始める．

問題の直接的な始まりは，関係者によれば，1989年に「黒人の教師と親の会（the Black Staff and Parents Group：BSPG）」が設立され，この団体が学校内部の人種差別問題を徹底的に追求，攻撃することを開始し，黒人生徒の取り出し授業を勝手に組織するなどしたために，学校内部での不協和音が鳴り響くようになり，長く勤めていた校長が，実際にはこの紛争を解決できずに，退職したところからであるといってよいだろう．この年は，ちょうどハックニー議会がバーバーを教育委員会の議長に選出し，ガス・ジョンを教育局局長に採用した年でもある．

ILEAの解体時点で，ハックニー全体の教育水準は全国的水準よりも一段と低いことは顕著であった．またハックニー・ダウンズ校はその他7校とともに，ハックニーの中でも問題を抱えている学校であることが認識されていた[41]．

さて人種差別問題から校長がまず辞任し，次の校長もまた同様に辞任に追い込まれる．次にジョン・ダグラスが校長になったものの，人種問題で荒れた学校からはすでに優秀な生徒達が逃げ出し始めていた．ハックニーLEAはアスベストの問題や校舎の老朽化を理由に新学年の入学者を認めないという決定を下した．また生徒数が減少する分，予算が減らされてダウンズはさらに困難な状態に陥ることになった．さらにハックニーLEAがハックニー区以外からの教員の採用を凍結したため，教員不足が深刻化する．NUTを中心とする教員組合は欠席した教師の担当をカバーすることを拒否し，ストが頻発する．ハックニー・ダウンズ校も例外ではなかった．

それでもハックニーLEAとジョン教育局局長はハックニー・ダウンズ校に対してカウンセラーを派遣したり支援を行っていた．しかし，ハックニー区全体の人種差別問題もさることながら，BSPGとダグラス校長との間で対立が深まっていく[42)]．シニアマネージメントチームの教師の中から病気を理由に休職する者が出てきたり，抜き打ちのHMIによる視察が行われたりして，ハックニーLEAに対する学校側の不信感も高まり，ハックニー・ダウンズ校はますます窮地に陥る．1992年冬にダグラス校長が他の職に移ることが報告され，短期間の校長代理としてピーター・ヘップバーンが就任することとされた．1993年春からヘップバーンはコンサルタントとしてハックニーLEAに勤めていたダフネ・グールドと二人の副校長と協力して，ハックニー・ダウンズ校をもう一度再興するという困難な仕事に着手する．

他方1993年春，ハックニーLEAは2000年までに就学人口が増大することを予想し，最も人気のないハックニー・ダウンズ校とホマートンハウス校の定数を整理統合し，ホマートンハウス校は男子校のままとし，ハックニー・ダウンズ校を男女共学校として再出発させることを含むハックニー全体の中等教育学校再編成案を提案する．この案およびその準備段階として次年度の生徒募集の停止の提案がハックニー・ダウンズ校の学校評議会およびハックニー議会の法定教育委員会で受け入れられ，これらが正式な計画案として教育省に提出されたが，最終的に1994年３月に教育雇用大臣によってこの案は拒否される[43)]．

その後もハックニー・ダウンズ校の現場では人種差別問題がとくにBSPGによって問題視され，告発される事件が多発し，校長の交代，教師の病気を理由とする休職などが重なる．他方，ハックニー・ダウンズ校はOfstedの査察結果やGCSEのテスト結果が悪いため，「特別措置を講ずる必要のある（a need for a special measure）」学校と指定され，改善計画（Action Plan）の作成が義務付けられることになる．ハックニーLEAはこの間定員数を減らしたり，定員募集を一年停止したりしてきたが，改善計画実現のために予算を増額することを条件に学校評議会にLEA推薦の委員を５名入れることと，学校評議会の予算執行権の停止を提案した[44)]．しかしながら1994年10月，ハックニーLEAがハックニー・ダウンズ校の閉鎖廃校を検討していることが『ハックニー・ガゼット』紙にリークされたのである[45)]．廃校のニュースがその後全国紙でセンセーショナルに取り上げられたため，多くの人に知られることとなった[46)]．全国から活動家と目される教師がハックニー・ダウンズ校で働くことを希望した．しかし，最終的にハックニー議会の教育委員会で閉鎖が決定された後，教育省に対して廃校届けが提出された．ところがダウンズ校の支援者はねばり強く反対運動を繰り広げ，５月の地方選後，教育委員会委員長が交替した時に，ハックニー議会労働党が閉鎖に異義を唱え，前回の閉鎖決定を議会レベルで覆したのである[47]．

しかし時すでに遅く，シェパード大臣（保守党：当時）は，1995年７月27日に，(1) GCSE の成績不良，(2) 授業の質が一定ではないこと，(3) 低い出席率，(4) かなりの数のマイノリティ出身の生徒にみられる学習態度の悪さ，この４点を理由として，1993年教育法にもとづき教育アソシエーションを設置することを公表し，即日すべての権限が教育アソシエーションに移管された[48]．そのメンバーの中にマイケル・バーバーがいたのである．バーバーはこの時にはキール大学で客員研究員となっていたのであるが，保守党政権がなぜ彼をメンバーに入れたのか，正確なところは管見の限りわからなかった[49]．

教育アソシエーションは，８月の一ヶ月をかけてハックニー・ダウンズ校の学校管理を検討し，９月には三度 Ofsted による査察を依頼している．10月31日に教育アソシエーションは報告書をまとめ，閉鎖を勧告した．シェパードはこれを認めたが，ハックニー・ダウンズ校支援者グループは高等裁判所に不服を申し立てたものの拒否され，12月末をもってダウンズ校は「失敗した学校」として廃止が決定された[50]．教育アソシエーションは結局このハックニーの事例だけで終わってしまったのであるが，トムリンソンは，このケースが全国的に注目されただけでなく，近隣のヘアリンギーにおいても教育アソシエーション設置を検討していた政府に対し，当事者となった地方自治体が裁判に訴えると主張して強力に反対したため，政府がその後こういった介入方法を断念したからであるとその理由を指摘している[51]．

この事件は，バーバーにとても苦い思い出をあたえるものとなった．他方，ほかにも問題を抱えていた学校はあったにもかかわらず，なぜハックニー・ダウンズ校だけが教育アソシエーションの派遣や閉鎖という目にあったのかについては，労働党 LEA への見せしめとしてスケープゴートとなったという見方もある[52]．

ところで1993年学校視察法における教育アソシェーションの設置規定は，同法第二部「特別措置を必要とする学校に対する権限」の中の第31条から第41条である．もともとこの法は Ofsted による改善勧告が続けて出された学校に対して，特別措置を講ずることを決めたものである．教育アソシエーションの設置を命ずるのは教育雇用大臣（当時はシェパード）である．教育アソシエーションは5名以下で構成され，最低1名の教育専門家が参加するものとされ，該当学校の学校評議会に代わって学校を運営するものであるが，学校をGMSにするか，閉鎖するか決定した場合は解散する．メンバーは有給である．

実際，メンバーとなったのはバーバーのほかに，議長としてリチャード・ペインター（ADT取締役でワンズワース区にあるADT設立プットニーCTC評議会メンバー），ブライアン・バス（元ロンドン有名私立校の校長），ジェームズ・アストン（会計事務所所属），リチャード・ディビス（前マートン区教育局局長）であり，書記としてジョアン・フェアリー（前ハマースミス・フルハム区教育局局長）が選ばれている[53]．

### 3　ハックニー・ダウンズ校の教訓

バーバーは1996年に公刊された本の中で，ハックニー・ダウンズ校の経験から，以下のように指摘している．

> 私達の報告書において，ハックニー・ダウンズ校における教育の質について記述している．すべての沈下学校は異なるものの，私達はハックニー・ダウンズ校の事例が一般化できるその土台を提供しているということを学んだ．結局，何年にもわたって学校の経営がうまくなされず，学校は生徒のためにあることを忘れた学校内部にいる政治家達やロビー集団と闘い続けているならば，その学校は終わらざるをえない状況になるということだ．
>
> ハックニー・ダウンズ校はまた，予算を増やしても学級規模を縮小してもこの国の教育問題を解決する手段とはならないということを示すに十分な証拠を提供している．経営がうまくいき，良質の教授活動が行われない限り，多額の公費を支出しても何も変わらない．1995年秋，教育アソシエーションが調査報告を準備し始めた頃，ハックニー・ダウンズ校は生徒一人当り年6,489ポンド支出していた．これは中等教育学校での予算としては全国平均のほぼ3倍であった．それは，実際，セント・ポール男子校やシティ・オブ・ロンドン男子校といったロンドンで最も授業料の高い私立学校の授業料と匹敵する．教師一人当りの生徒数の比

率も１：８であり，全国平均は１：18であるから，ほとんどの学校が想像することさえできないほどの低い比率である．

これらの優位点にもかかわらず，この学校の教育の質はとてもひどかった．……生徒の学習態度も悪く，時には言葉にならないほどであった．……進歩のペースは遅かった．……

多くの要因がこういった状況を生み出した．学校の荒れ狂った歴史，経営のまずさの蓄積，学校と家庭がおかれた不利益な環境，質の低い教師．

私がみるところ，根源的な原因は，学校組織の文化である．貧しい地域でも成功している学校は，スタッフ達の間で，自分達の仕事の重要性と生徒達を変えることができるという自分達の力への信頼が揺るぎないものとなっており，決意がみられるのだ[54]．

こう述べたのち，バーバーは，学校の効果に関する Ofsted 報告書（1995年）から以下の結果を引用する．

「効果的学校の特徴」

| | |
|---|---|
| 専門家のリーダーシップ | 確固としており目的が明確，参与型アプローチ，指導的専門家 |
| 共有化されたビジョンと目標 | 目的の統一，実践の継続性，仲間意識と協働 |
| 学習環境 | 秩序ある雰囲気，魅力ある職場環境 |
| 教授学習過程への集中 | 学習時間を最大限保障，学術的側面の強調，達成結果の強調 |
| 目的のある教授 | 効率的な組織，明確な目標，構造化された授業，適応性ある実践 |
| 積極的な強制 | 明確で公正な規律，フィードバック |
| モニター | 生徒の成績のモニターと評価 |
| 生徒の権利と責任 | 生徒の自尊心を高める，責任の明確化，課題を自分で統制すること |
| 学校と家庭のパートナーシップ | 子どもの学習への親の参加 |
| 学習する組織 | 現場での研修[55] |

そして，教育雇用省が紹介した目標を明確にして成功したバーミンガムのグローブ小学校，スロップシャーのウェイクマン中等教育学校の事例，Ofstedの報告から自己評価を導入した例や，自分達の調査からの事例などを具体的に述べている[56]．

学校閉鎖は依然として政治問題化することは皆が自覚していることであった．そこでバーバーは学校の閉鎖を回避する代替案としては学校に改善活動計画をOfstedやLEAの協力のもとで作らせることであると指摘する．さらに陰の教育雇用相であるデヴィッド・ブランケットが1995年に，失敗した学校を一度閉鎖するという「フレッシュ・スタート」のアイデアを公表した時，彼はこの「フレッシュ・スタート」というアイデアは使えるものだと評価する．

> 1990年代中葉になって，二つの重要な進展が見られた．一つは教育的失敗を表明することは政治課題としてかつ社会的課題として最も優先順位が高いということが国民的コンセンサスになってきたことであり，二つめはいかに良い学校をより良くし，悪い学校を良くするかという政策を実施することから恒常的に学ぶという教育サービスの増大する明確な能力というものである．……「すべてのものに成功を」と「失敗に対しては容赦なし（Zero Tolerance of Failure）」は同じことを意味するものとなったのだ[57]．

しかし，バーバーがハックニー・ダウンズ校の経験から導き出した教訓は，もう一方の当事者が学んだものとは異なるようである．

> 失敗している学校は効果を発揮している学校の反対物として見なされやすい．そして，何がある学校を他の学校よりも効果的にするのかという調査は政治的道具となった．英国における効果的学校に関する調査は，学校間に競争を導入した1988年教育法および競争の影響が生じる〈前に〉ほとんど行われていることを注記することは重要である．／
>
> しかし1990年代においては，政治家や政策立案者達は学校教育の病理学的な見方を信じているように思われた．とくに，政治家と視学官は似

たような生徒が在学する学校でも，ある学校はGCSEのリーグテーブルで「より良い結果」を出しているということを，より効果的ではない学校を厳罰に処すための証拠として利用しだしたのである．その学校の生徒の社会的経済的背景についての正確な知識もなしに．……

失敗している学校を発見し，孤立化させるために学校の効果を測る調査に依存することは，単純化であり，危険でもある（Goldstein, 1996）ということは大きな声ではっきりと主張されるべきである．……学校の効果を測る調査が敢行された1980年代と，1990年代との間にある主要な二つの相違点を無視することは，教育的にも，方法論的にも，政治的にも，〈受け入れることはできない〉.

第一の差異は，市場の力の効果である．これは「良い」と「悪い」というレッテルを学校に貼る時に〈かつて一度も〉適切に考慮されなかったし，いくつかの学校を，メディアがそうしたように，たんに「沈下」学校にしたのではなく，特別支援学校に伴うような特別な性格と生徒というような〈特別な〉学校にするのである．第二の要因は，1980年代の調査の時期には思いもしなかったほどの貧困，失業，収奪およびそれらが家庭に与える影響といったものの急激な増大である．そしてそれは私達がようやく気付き始めたような方法で，ある特定の学校に影響を与えている要因である（〈　〉内原文イタリック）[58].

ハックニー・ダウンズ校は，1980年代の調査では効果ある学校として紹介されたこともあったのだ．学校の効果を測る運動および学校改善運動がもたらした研究成果やバーバーの評価がもたらした結果は，先の引用にもあるように，同じように社会的経済的に困難な地域にある学校でも成功している事例がいくつも紹介されるようになって，社会経済的条件が学業成績の不振の唯一の理由とは見なされなくなったことである．こうして失敗した学校とは経営がなり立っていなく，そこで働く教師は質の低い教師という烙印が押されることになった．バーバーのこういった評価と確信が，次の労働党政権の教育政策に色濃く反映することになるのである．

ちなみにハックニー・ダウンズ校の跡地には現在モスボーン・コミュニティ・アカデミー（Mossboune Community Academy）が設立されており，Ofstedの査察報告及びGCSEの成績において優秀な結果を出している．

# 5章

# 新労働党の教育政策
## —— オーナーシップからステークホルダーへ

## 1 「第三の道」への道

サッチャー保守党政権は，その後メージャーに引き継がれ，長期安定政権となった．この間の教育改革の流れについては3章で述べた通りである．この間労働党は野党として政権復活への道を模索していた．しかしながら，それは保守党政権の継続の前に混迷をきわめていたといってよい．従来の労働党の主張では政権がとれなかったからである．先に左派の教育学者の動向について述べたが，これは何も教育学に限定されたわけではなかった．「市場」の取り扱いをめぐって新たな理論の台頭がみられた．それは市場社会主義論であり，ルグラン（Julian Le Grand）はその代表的人物である．彼はかなり早い時期から，とくに福祉サービスの分野で新しいアイデアを次々と主張している．

ルグランは，公費による一律の福祉サービスの供給が，結果的にはミドルクラスの利益となり，一番必要としている人々には届いていないというメカニズムを明らかにした[1]．また，この時期，すでに述べたように，大学生への奨学金制度が，結局はミドルクラスへの援助となっていることも一般に知れわたり，既存のサービス分配メカニズムへの疑問を生じさせることになった．

そこで彼は「市場」に注目する．ルグランを魅了したアイデアは，アメリカ合衆国で始まっていたヴァウチャー制度であった．彼は，サッチャー政権の最大のシンクタンクであるIEAの論文集『親に権限を与えること』*Empowering the Parents*（1991）に寄稿した論文において，平等を促進する立場から，教育ヴァウチャー制度を擁護して以下のように述べている．

まずヴァウチャー制度とは，これまで発言権をもたなかった人々に発言権を与え，それを実質化する手段であることが確認される．しかし実際に検討されているヴァウチャー制度には，不完全な情報という問題と代理人制という問題がある．後者の意味するところは，ヴァウチャーの行使が代理人（教育の場合には親）によるため，常に代理人がサービスの利用者（教育の場合には子ども）の利益を最大限理解しているわけではないということである．それに対しては「ある一定の国家規則とモニターが必要である」と結論付ける．教育の場合には，ナショナルカリキュラムの水準と内容，その価値を明文化することが必要なのだ（p.87）．さらに続けて，ヴァウチャーが不平等を拡大させるという批判については，「確かに成功した学校には定数の受け入れに限度がある．そのためには選抜か，また，これまでの繋がりなどを考慮することになる．これらは，今すでに有利な人々にとってさらに有利となる．残りの人々はいわゆる『沈下学校』に通うことを余儀なくされ，『沈下学校』は，優秀な生徒を奪われ，水準の低下と規律の悪化という悪循環に捕われる」．しかしながら，これまでの国家制度の下でも，ミドルクラスは常に自分達に有利に動いてきたことを忘れてはならない．

ヴァウチャーはこれまで学校が顧みなかった人々に財源を与えることで，学校側の彼らに対する関心を引き起こす．しかしそれだけでは不十分であることを認め，最終的には積極的差別化ヴァウチャー（Positively Discriminatory Voucher：PDV）を提唱する．これは，貧困家庭（個人）に，より多額のヴァウチャーを与えるというものである．教育の場でいえば，私学にいけるぐらいの金額を貧しい家庭に与えるというものである．但し個人を対象とすると屈辱的と感じる資産調査を導入せざるをえないので，単純な資産価値の算定から決定される貧困地域を対象とするといった工夫が必要となる．そうすれば，高額のヴァウチャーを狙ってその地域へ流入したがる富裕者の侵入を阻止することにもなる．なぜなら，「彼らがそこへ移住しようとするとその地域の家の価格が上昇して，高額のヴァウチャーは支給されなくなるから」[2]というのである．

このように，「市場メカニズム」を通じて，平等を実現させようとする理論，市場社会主義論の台頭は，1990年代に顕著になる．さらに1994年にはイタリアでボッビオが『右と左』[3]で，またイギリスではギデンズが『左派と右派を越えて』で，旧来の左派と右派の区分が冷戦構造終結後曖昧となったことを社会理論として明言する．とくにギデンズは「市場は，通常経済効率性の条件である『下からの』判断決定を可能とする．『下からの』判断決定，自律性，分権化の重要性は，たんに市場だけの領域に押しとどめられるべきものではない．高度な再帰性の時代には，その他の領域においても利点となる」[4]とし，これこそが「第三の道——市場社会主義」の戦略なのであると主張した．

こうして，新労働党の理論「第三の道」は，徐々にではあるが，その支持基盤がゆっくり固められつつあったといえよう[5]．

## 2 ブレア党首の誕生と新労働党

1979年の総選挙で敗北を期した労働党は，戦略の見直しが図られた．党首であったキャラハンは責任を負って辞任する．彼の後継者であったニール・キノックは現実路線へと切り替えをはかり，新自由主義・新保守主義を標榜するサッチャー政権との対立点を模索していった．しかし，1983年の総選挙でも労働党の復活はならず，1987年の総選挙でも敗北し続けた．この間，ランベスとリバプールのいわゆる「ルーニー・レフト」議会の問題が連日新聞をにぎわし，極左議会の行政的財政的行き詰まりは明白となった（この問題については第4節参照）．さらに1991年の総選挙でも労働党は重ねて敗北したうえ，この間，リーダーシップをめぐって党内では，トニー・ベンを中心とする社会主義を信奉する旧来の左派と，キノックに代表される中道右派とソフト左派の連合との対立が顕著となる．

退陣したキノックのあとを引き継ぎ党首となったジョン・スミスは，スコットランド出身で労働党再生の期待を受けていた．彼は「社会正義」をキイワードとして，労働党の政策を世に問うた．その概略は『社会正義：国家再生への戦略』*Social Justice：Strategies for National Renewal*（1994）に現れている．これはジョン・スミスが招集し，中道左派のシンクタンクである「公共政策調査研究所（Institute for Public Policy Research：IPPR）」に集った社会正義委員会（Social Justice Commission）の報告書である．ここにはその後の労働党政権において主張されるいくつもの重要な論点が登場している．同委員会のメンバーではなかったギデンズが主張した「第三の道」路線のいくつかが，すでにこの委員会報告に現れていることも軽視してはならない．

同報告書は，これまでのイギリスの現状を分析した後，イギリスが今後進む道として，(1) 投資，(2) 規制緩和，(3) 従来の福祉国家型の三つをあげ，最終的に (1) の道を進むことを提言している．具体的にいえば，経済成長を図るとともに生活の質の保証を行おうとするものであり，①生涯学習を通じて価値を付加していくための投資，②有給の職への機会の保障，③知的福祉国家の建築を通じての社会の安定性の確保，④よき社会を作り上げるための責任の強調，⑤投資のための税制を提案している．そして「今こそ変化が必要とされているのだ」と結論付けている6)．

1994年，スミスの突然の死によって，若きブレアが労働党党首に選出された．その影には，旧来の労働党の典型的メンバーであると思われたプレスコットがブレアを支持していたことが大きいといわれている7)．ブレアは新生労働党として，「若い国英国」を強調し，「現代化」をキイワードとした．これまでの社会主義政党から社会民主主義政党への脱却をめざし，中道左派と自らを定義し直し，労働組合から距離を取る方向へ党を導いた．最初の試練は，民営を廃止し，国有化（公有化）産業への転換を図るという，労働党の真髄とでも呼べる1918年に作られた労働党綱領の第４条の改正であった．1995年４月，これに成功することによってブレアは党内革命の第一歩を進み出し，労働党も新労働党へと変わり始めたのである．これはまた，労働組合代表の投票権を制限し，個人党員の投票権を強めることによって，労働組合の勢力を弱体化させることにも成功したために可能となったし，個人党員の加盟がそれ以降増大していく．しかしながら，党内には依然としてトニー・ベンを中心とした旧労働党支持派もおり，党首としてヘゲモニーを握ったあともブレアは，サッチャーと同じように，党内抗争も乗り越えなければならなかった．これは1997年に総選挙で勝利した後も続くのであるが，それに対してブレアは「二度と昔に戻らない」という毅然とした態度で臨んでいった．

### 1　野党労働党の現状認識と保守党政権批判

ブレアがやろうとしたことは，ジョン・スミスがやりかけたことであり，サッチャーがやろうとしたことに匹敵するような社会の大改造，彼の言葉でいえば「現代化」であった．メディア時代の寵児とも呼ばれたブレア及びそのブレーンはいくつものキャッチフレーズを作り出してゆく．その全容を述べることは筆者の力量を遥かに越えていることであるが，ここでは総選挙前に刊行されたブレア関係の宣伝書２冊，トニー・ブレア著『新しい英国――若い国という私のビジョン』*New Britain： my vision of a young country*（初版1996年）とマンデルソンとリデル著『ブレア革命――新労働党はブレア革命を起こすことができるか』*The Blair Revolution：Can New Labour Deliver?*（1996年）から，簡潔にまとめてみる．

ブレア新労働党の保守党（またはニューライト）批判は次のように展開される．まずサッチャーが取り組もうとしたイギリス社会の再生の必要性を認める．国家は過度に介入し，非効率的であり，非応答的であった．労働組合実力者達（barons）は増長しており，福祉制度の発達がさらなる税金を必要としていた．経済に対する過剰な規制が企業を苦しめ，努力に相応しい報酬は与えられなかった．このような「悪」が存在し，問題と感じたのは伝統的労働党支援者も同じである．

サッチャー政権が行った療法によって，イギリス経済は一時期ブームを迎えた．生産性も上がり，民営化も生産性をあげることに貢献した．1980年代を通じて，労使関係は改善されたものの，新たな問題が生じてきている．新労働党はもはや大規模な国有化への道はもどらない．勤勉な人に対する罰則的累進課税は引き下げられた．新労働党は税金に関わる不正や特権については依然として戦うが，以前のような税制には戻らない．サッチャー，メージャー政権の評価は正直にするものの，明らかにサッチャリズムは失敗している．不平等の増大と社会の分断化，失業は多くのニューライトが政策上の必要悪としてみているのでここではひとまずおくとしても，経済の場面での失敗も明らかである．まず経済ブームは北海油田のお陰によるものだ．近年の貨幣価値の下落や生産能力のぜい弱さは深刻である．国際競争力は現実に1997年以降世界13位から18位にまで落ちている．また，それ以外に，サッチャーはマネタリズムを援用し，ごく一部のトップクラスを優遇することによって，経済全体を活性化することを考えたが，それも誤りであった．必要とされるのはすべての人に対する機会均等である．現実には民間（市場）の力だけを頼みとした政策は，イギリスが必要としている官と民，ビジネスと政府の間のパートナーシップを作り上げることに失敗した．そのため，インフラストラクチャーの整備において，他国と比べ，数段遅れをとってしまったのである，と[8]．

確かにサッチャーは首相時代「この世に社会なんていうものはない」と明言し，労働組合，地方自治体といった国家と個人の間に存在していた様々な組織の弱体化をはかる一方で，強い個人像を打ち出した．政府刊行物の『社会の傾向』*Social Trends* で事実を確認してみれば，平均収入額以下の人口は60％で推移しているものの，平均収入の６割以下のものが1981年の20％弱から1992年には31％程度へ，平均収入の半額以下のものが10％から21％へ，40％以下のものが６％程度から10％へとそれぞれ増加している．また犯罪率の増大は1971年の3.8％から1993年の10.2％（イングランドとウェールズのみ，但しピークは1992年）であった[9]．保守党政権のもとでは個人が直接国家と対峙し，様々な困難に立ち向かわなければならなかったが，そのうえ，同時に並行して行われた行政改革によって規模縮小を余儀なくされた数少ない公務員が窓口対応に追われたため，人々はこれまで公務員がやっていた仕事を請け負わされるようになった．個人主義は，本来の意味ではない「個人化」[10] 主義に帰結し，人々は国家と社会への帰属意識を弱め，社会の連帯感は失われ，公衆道徳は失墜するという新しい問題も生じていった．人種問題に端を発する暴力事件の多発化，若年層の犯罪の凶悪化，件数の増加が目立った．それ以上に問題となるのは，人々の間に社会不安が高まっていることであった．安心して毎日暮らすことができない．国家の存在の正統性が危ぶまれ始めていた．

1993年２月，マーシーサイドで３歳のジェームズ・バルガー（James Bulger）をなぶり殺し，いわゆる「ジェームズちゃん事件」を起こした２人の少年は学校から追い出され，誰からも顧みられなくなってしまった「サッチャーの子ども達」像と重なる[11]．また，ヴィクトリア時代の自助精神の復活は，経済構造改革，それに伴う失業の増大，またティーンエージャーのシングルマザーの増加などによる生活保護世帯数の増大などによって失敗した．金融関係におけるバブルと所得における不平等の拡大は，ヤッピーの登場を生み，ミドルクラスの公教育，国民医療サービスといった公的サービスからの逃避をもたらし，あとに残されたものは，向上心を失い，現状へのあきらめと依存文化が支配する生活へと追いやられることになる．こういった状況を新労働党もまた問題として捉えていたことが明らかである．

上記の保守党批判に加えて，新労働党は，新しい時代に対しても立ち向かわなければならなかった．ブレアもギデンズ[12]同様，現代をグローバリゼーションの時代であるとする．その意味は二重である．まず第一に，英国がかつてないほどの規模の国際競争に否が応でも巻き込まれるということである．そして，第二にこの新しい時代は，知識を主要な生産力とする新しい体制であるということである．国家が生き残れるかどうかは，国民の教育と訓練にかかっている．それも今までのようなごく一部のエリートに依存するのではなく，全般的な教育水準の上昇と生涯学習（訓練）によって実現されなければならない．つまり大量生産時代に相応しかった労働者一人につき一つのスキルといったものは時代遅れとなり，多技能，柔軟性のある流用可能なスキルの獲得が目標となる．さらにこの新しい時代は，長期的展望をもてない流動化した社会である．したがって，国民は常に学習・訓練して，時代の変化に追い付いていかなければならないのだ．こうして生涯学習社会への対応と，人的投資論・人的資源論が強く前面に押し出されてくることになる．

グローバリゼーションという一種の外圧を使って，ブレアは，イギリス社会はある意味で挙国一致式に改革，すなわち「現代化」されなければならないと主張する．サッチャーら新自由主義者はグローバリゼーションということを十分認識していなかったし，そのインパクトを理解していなかったのだというのだ．またギデンズによれば，グローバリゼーションに加えて，現代社会の問題は，脱伝統化と現代社会の発展それ自体が生み出すリスク，不確実性にある．ブレアにとっては教育こそ重要な社会改革の鍵であるが，その正統化は単にグローバリゼーションといった次元を越えて，現代社会そのものへと立ち向かうことから導かれる．安全な生活，他者を理解し，寛容の精神を持つ活動的市民の養成が必須となる．生涯学習社会を建設するという共通の目的の前には，あらゆる場が学習の場とならなければならないし，国民は常に自ら学習をするという文化をもたねばならない

ここからいくつものキャッチフレーズが飛び出す．「福祉から労働へ」または「福祉のニュー・デェール政策」――これは，給付金が交付されることによって，逆に失業状態を固定化し，あきらめをもたらし，プライドを失い，いつの間にか依存して生きることを受け入れるようになってしまうような結果（「依存文化」）にしかならない現行の交付方法を改め，就職を奨励するような方法を求めるものである．「包摂的（インクルーシブ）社会」――

これは，従来の被支配の側に立つ伝統的労働党の性格を継承するものであり，社会正義にかなうものである．しかしながらこの主張には社会で周辺化され，底辺へと組み込まれていった人々の包摂のみならず，公共サービス圏から逃避してしまったミドルクラスをいかに取り戻すかという観点が加味されている点が新しい[13]．「パートナーシップ」――教育学の世界では，これまでは中央政府－地方政府－学校の「(専門職の) 教育の自由」を根幹とする教育行政制度原理として知られていたが，ブレアの時代になって，この言葉はどこででも聞かれるようになった．官と民，公と私，ビジネス界と政府，あらゆるところでのパートナーシップが提言されるようになる．「ステークホルダー・エコノミー」――よい訳語がみつからないが，要は，関係者がすべて当事者として何らかの分け前，恩恵に与ることが可能となると同時に，関係者として責任をもつような経済のあり方である[14]．

キャッチフレーズまでにはならなくとも，そのほかにいくつか，旧来の社会主義政党では思いもしない内容が語られている．とくに，コミュニティ，家族の重視，法と秩序の遵守とキリスト教精神の尊重は，今までの労働党にはないものである．これにはブレア個人の性格や，彼が師と仰ぐマックマリーの影響であるという説もあるが，コミュニタリアン的発想がこの時期非常にイギリスで強まったことは否定できない．当時アメリカ合衆国から招待されたエッツィオーニの講演会には人があふれていたという．しかしながら，ジョーンズが指摘しているように，市場と個人をあまりにも強調したサッチャリズムに対抗するものとして，コミュニティを強調することは，サッチャーの行ったヘゲモニックプロジェクトに十分対抗するものとなった[15]．それと同時に，ステークホルダーを前面に打ち出したように，ブレアは個人の責任と義務を強調することも忘れなかった．これもまた『社会正義』や『第三の道』でも述べられている市民像と合致する．保守党前政権がオーナーシップ (所有者意識) を全面に押し出して個人の自覚を強く求めたのとは異なり，ステークホルダー (当事者：利害関係者) という側面を強調したのである．この点は今後の社会を構成する人間像をめぐり，保守党と新労働党とを峻別する重要な論点を提示するものと考えられる[16]．

家族の強調も同様ではあるが，これはサッチャーのように単純にヴィクトリア期の家族への回帰を主張しているのではない．それはもはや不可能である．したがって，問題は，個人の尊厳を復活させるような家族，働く家族像であり，公衆道徳を子どもに教えるための道徳家族の創出であった．そしてその道徳は，ブレアにとってはキリスト教であった．キリスト教信仰を明言することによって彼はマルクス主義との訣別と，個人主義の新自由主義とも立場を異にすることを明言する．彼にとっての信仰は，コミュニティへの責任とも結び付き，そこから道徳が生まれるものであった．それと同時に，彼は，その他の宗教についても尊敬の念を払い，宗教的多元主義を強調することも忘れてはいない[17]．

イギリスは若い国である．これからの国である．そのためには現代化（モダナイゼーション）しなければならないし，それには若くてハンサムであり，有能な弁護士でもあり，家族を大事にする品行方正で道徳心の高いブレアが相応しい．すべてのメッセージは，ブレアにスポットライトを当てるものであった．ブレアのパートナー，チャーリーはブレアを凌ぐらつ腕弁護士であり，これもまた当時大人気のアメリカ合衆国のクリントン夫妻を思い出させるようなものであった．そしてまた，クリントンの周りにも，市場社会主義を標榜する若手の新しい左派が集まっていたのである．

世界はちょうど20世紀の終わりにさしかかり，ミレニアムと21世紀を展望する新しさが強調できる時代に向かって動いていた．長期保守党政権の後，若きブレアにそのエネルギーと期待を感じた人々が多かっただろうし，ブレアにとってもこの時代は新機軸を打ち出す格好のチャンスだったのかもしれない．

## 2　ブレア野党労働党の教育政策案

ブレアが労働党党首になってから，いくつかの重要な文書が出されている．ブレア以前の労働党の教育政策が保守党のアイデア，たとえば「オーナーシップ（所有者意識）」などを批判的にではあるが摂取し出したのは1994年の『学習社会への扉を開く』*Opening Doors to A Learning Society* からであろう．また前述の『社会正義』においては，具体的に（1）５歳未満の子どもを対象とする幼児教育とチャイルド・ケアの充実，（2）すべての子どもに基礎的スキルを身に付けさせること，（3）すべての若者の達成度の向上，（4）すべての労働者に対する訓練，（5）公正な負担を通じての高等教育の拡大，（6）生涯学習のための学習銀行の創設が提案され，最後に「教育こそが英国一新のための我々のヴィジョンの中心である」と締めている[18]．

より「第三の道」的政策が鮮明になっていくのは，ブレアが党首となり，ブランケットが陰の教育担当大臣になってからである．そしてそのことを表す最初の文書は1995年の政策文書『多様性と卓越性』*Diversity and Excellence* である．ここでは，政策文書等に則して，その内容を時代順に紹介していくことにする．

### ❶ 『多様性と卓越性』（1995年）

ここにおいては，「教育水準の上昇とすべての子どもに機会を与えるための新しいアイデア」を次の４原則にもとづいて提案している．すなわち，(1) 学校は責任をもって自己管理を行う．(2) 学校は全国的には中央政府に対して，地域的には親や地域に対してアカウンタビリティを負う．(3) 資金配分は公正に公けにされるべきである．(4) 中等教育学校への進学手続きは，11プラスといったような選抜にもどらず，資源の効率的利用の計画をもって行われる（p.1)．掲げられた具体的な提案を要約すると，国庫維持学校（GMS）および学校基金局（FAS）の廃止と LEA への管轄下への復帰，コミュニティスクール（以前の LEA 立学校），ボランタリースクール，ファウンデーションスクール（以前の GMS）の三つのタイプの公立学校制度への改組，LEA の果たす役割の再定義，学校の自律的経営（LMS）のさらなる充実と学校評議会における LEA 代表と親代表比率の上昇，LEA のもとの法定教育委員会への親代表の参加，さらなる情報公開などである（pp.5－6)．

また「新しいパートナーシップ」という節では，多くの学校を GMS に追いやった原因は LEA の官僚主義的体質にあったと明言したうえで，学校と LEA との新たな関係を構築するために，学校には LMS の充実を約束しつつ，LEA に期待される役割として以下の数点をあげている．すなわち，その地域のリーダーシップと開発を担うこと，奮闘している学校への支援，情報の提供，当該地域の企業を含む学習ネットワークの創設，特別教育ニーズへの対応，就学前教育と幼児教育の充実，成人教育やユースサービスとの連携，奨学金制度の充実，その他怠業対策や交通手段の改善，病気の子ども達への教育サービスの提供，学校評議会メンバーの訓練などである．その中ではよい LEA の事例としてバーミンガム，スタッフォードシャーなどが例示されていた（pp.13－15)[19]．

### ❷ 『ブレア革命』(1996年)

『ブレア革命』においては，新労働党の教育政策は以下のように予定されていた．

まず大前提としての目的は，「いかにエリートのための素晴らしい教育を一般大衆の子ども達のための教育水準に拡大することができるか」(p.16) である．しかしその理由は経済的なものが主で，基本的には新しい時代に必要なスキルを人々に与えることにあった (p.89)．従来イギリスの教育制度は普通教育と職業教育の分断が固定化されていた．多くの教師が教育内容よりも学校制度の構造に関心を払い，卒業生の進路よりも入学者の社会的背景のバランスの取り方に気を取られてきた．そしてまた，総合性という名で画一的教育内容を強調してきた．そこで新労働党が提案する教育政策は具体的に以下の通りである．

まず第一の優先順位は，一般的に教育水準を上昇させること．新労働党は構造より教育水準が重要であると考える．各学校は自分達の業績に責任を負うべきであり，常に改善を図るべきである．悪い学校は閉鎖されるべきで，人心一新して再出発すべきである．

第二の優先順位は，就学前教育と小学校教育の充実であり，小人数教育を実施する．

学校内部では，新しい教授法がコンピュータなどを利用して導入されるべきである．そういったことを実現するために，４章で紹介したマイケル・バーバーの「ラディカルな提案」が取り上げられている．

- 教師と親は，子ども達の教育に関する彼らの新しい法的責任を受け入れるべきである．個々の子どもは，教師が作成し，その後６ヶ月ごとに，出席を義務付けられる親と共に検討する学習プランをもつべきである．親がこの義務を履行しなかった場合には，教育的失敗という危機にある子どもという法的証拠となる．
- すべての子どもに，地元の産業，商業あるいは地域から学校によって選ばれたメンターを任命する．
- 学校外での学習センターを設立する．それは学校でも教会でもかまわない．そこでは宿題や，学習の遅れを取り戻したり，見学したり，独学の遠隔地学習を支援する．これは資格のある教師がパートタイムで行う他に，パートタイムの学生や地域のボランティアが参加する．学校では，教師の専門性と実習生やボランティアの垣根を壊すべきである.

これに加えて,二つの緊急課題として,まず第一に,ミドルクラスを公立学校制度に呼び込むこと,第二に,子ども達には,才能や社会的背景に関係なく,自分達の能力を十全に開花させるために公正な機会を保障することである(pp.92－93).

成功した学校とは,強力な校長のリーダーシップと学校のエトスというものがある学校であることがわかってきた.そこで,新労働党はまず学校には最大限の自由を保障し,大学進学要求に答えるためにはセッティング(主要科目での能力別学級編制)を容認し,子ども達の勉強意欲に答える.私立学校に関しては,敵対的態度をとるのをやめ,新しいパートナーシップを追求する.保守党の導入した私立学校への援助席計画は廃止する.しかしそれに代わる私立学校への新しい「架け橋」や「はしご」の導入は,公立私立の分断を克服するうえで,検討すべきであろう.中等教育と職業訓練においては,企業との責任の分担を追求すべきであろう.それには,個人の訓練資金口座を開設し,そこに国からの補助金を振込む方法が提案されている.その財源には生前分与税と遺産相続税が当てられる.個人は認可されている訓練所から訓練を受ける.大学教育の拡大も,授業料徴収と学生に対する国家保証付きローン制度の導入で実現される(pp.96－97).

### ❸ マイケル・バーバー著『学習ゲーム』(1996年,第二版1997年7月)

この本の第二版はまさに総選挙直前に出版されたもので,総選挙のあった翌日にマイケル・バーバーは,ブレアの教育政策担当として引き抜かれた.この本は,前記❷の文献でもバーバーのアイデアが取り上げられていることをみれば,まさしく新労働党の教育政策の基礎となったものと考えられる.

本書は四部構成となっている.第一部では現代の挑戦すべき教育をめぐる問題として,晩期資本主義の状況,経済の必要性,高度情報社会,価値観の多様化,環境問題,そして道徳の問題が取り上げられる.まず地球規模の危機として,貧富の差の拡大,環境問題,福祉国家の行き詰まり,経済的安定性などもはや期待できないことなどがあげられる.英国では,孤立感,無関心,疎外が支配的になり,その最大の被害者は貧しい家庭の子ども達である.こういったことから旧労働党政権のような改革ではなく,ラディカルな改革が必要であると結論する.それは社会の状況が変わり,もはやそれに対応できないからだ．

バーバーによればこの変化とは，価値観の多様化，教育への期待の増大，「教育の成果」と経済力への不満，教育の専門家による非応答性が明確になったこと，財政引き締め，変化のスピードに比べてゆっくりな変革のスピードなどである．ここからバーバーは保守党の教育改革のいくつかの側面を評価する．専門家の権限を制限したこと，ナショナル・スタンダードの設定，アカウンタビリティの強調とそれを実現する制度などがそれであるが，それでもバーバーは，こういった改革も大多数を占める生徒には影響を与えなかったと批判する．ここでの論議は一つにはキール大学で自分達が行った調査にもとづいているが，もう一つには４章で取り上げたハックニーでの経験から述べられている．そして，保守党政権下では教育水準が上昇したものの，若者の道徳心が向上していないこと，また，個別にみれば成功した学校と失敗した学校とがあるが，これは簡単にいえば，ひとえに，優秀ではない教師と無関心な親の責任であるといいきっている．

第二部では1976年からの教育改革について，とくに教師（教員組合）の立場からみて，教育科学大臣の資質と政策の内容および実効性とを関わらせて論じている．とくにパッテンに対する個人的な批判は，辛辣である．ここでバーバーは保守党政権が導入したLMS，スタンダード，アカウンタビリティ，教職員の発言力の抑制を高く評価する．また教員評価が学校改善へと結び付くこと，学校改善運動の成果などにも言及している．

第三部では，若者の学校に対する態度，親の学校に対する態度を先のキール大学の調査等から分析する．まず多くの若者が学校に不満をもっていることが明らかにされる．また親は保守党政権のもとでは消費者としてその発言権を学校経営の参加や学校選択等を通じて強めていったが，親は学校経営には素人であり，学校評議会での発言は，期待された評議委員としては問題をもっていること，また全般的に関心が低いことが明らかにされた．ここからバーバーは，親に対してもさらに研修を行ったり，子どもの教育に関心をもつようにするべきだということを示唆する．また，親に学校への協力を約束させるべく契約書を書かせた実践やそれを制度化した保守党の政策に注目する．つまり，教師（生産者）は神様ではないが，かといって，親（消費者）も神様ではないといった態度を明確にするのである．教育アソシエーション参加の経験から，学校に対しては，これらすべてが自己改革を迫るものとして十分な根拠を示していると指摘する．一方，学校に対して背を向ける若者像を浮き彫りにする．そしてそれこそ学校に対して自己改革を迫るものとして問題提起する．さらにまた，教師も自己改革をするべきであり，それは専門性のさらなる発展を通じて可能であるとする．

第四部はバーバーの教育改革案である．ここで述べられている内容は，『ブレア革命』でも紹介されたものであり，基本的には学校の効果を測る運動・学校改善運動の成果をふまえたものであり，かつ第一期新労働党政権において具体化されたものが多いので，ここでは省略する．

同書で注目すべき点は，すでにブレア新労働党が政権を取る前から，陰の教育大臣ブランケットとバーバーとの関係が生まれていたことである．そして，共に保守党政権が作り上げたナショナルカリキュラムとナショナルテストを中核として，さらなる基礎学力の向上と「失敗している学校」の削減をめざしたことであった．たとえば，1994年のリーグテーブル公表の際，ブランケットは情報が不十分であると批判したこと（p.68）や，1995年，教師講師組合（Association of Teachers and Lecturers）の年次大会で「失敗している学校」の閉鎖を示唆したこと（p.151），最低限の宿題を課すこと（p.258），1996年 6 月に識字検討グループ（Literacy Task Force）を設置したこと（p.260）などが詳しく述べられてある．

この❷と❸の文献から考えると，新労働党政権は，野党の段階からマイケル・バーバーを中心に教育政策を立案してきたことがわかる．このバーバーは，イギリス社会全体の基礎学力の向上を主要目的とし，親と教師，それぞれがきちんと自分達の責任と義務を果たすような体制を考えていた．それゆえ，彼は保守党政権の構築したナショナルカリキュラムとナショナルテストなどを中心とする「品質保証国家」体制と教育政策を積極的に評価するのである．とくにキース・ジョーセフへの賛辞は，パッテンへの批判と比べると雲泥の差である．バーバーが元々教師であったこと，教員組合の活動家でもあったこと，前述の通り，ハックニーでの教育行政関係者として，地元労働党との確執や保護者，教師との対立も経験していること．こういったことが，彼の教育観を形成したと考えられる．この問題はまた稿を改めて検討したい[20]．

### ❹ 1997年選挙綱領

1997年の総選挙に向けた労働党選挙綱領では，ブレアが選挙期間中「私に最優先事項を聞いてくれ，教育，教育そして教育だ」と叫んだ通り，教育が最優先事項となっている．その公約は，(1) 5歳，6歳，7歳の学級規模を30人以下にする．(2) 4歳児に幼児教育を与える．(3) 教育水準の低さを打開する．(4) コンピュータ技術へのアクセス，(5) 新しい産業のための大学（University for Industry）の創設を通じた生涯学習，(6) 失業打開のために教育費を増額するというものであった．

これらを実現するために，学力改善がみられない学校およびその管轄LEAに対しては非寛容な態度で臨むとし，学校の閉鎖と人心一新後の新規開校，特別に校長や教師を手配する教育アクションゾーンをいくつかの貧困地域に導入，ボランティアのメンター制度の導入，サッカーチームと提携したプレミア・リーグ，統合教育のアイデアが出されている．その一方で，親の責任と権力を強め，家庭での学習を奨励し，LEAに対しては各学校の達成度を判断し，評価する役割が与えられると同時に，その活動がOfstedによって評価され，その結果如何によっては担当大臣がLEAの活動を停止させ，改善のためのチームを派遣することができるようにすると提案されている[21]．

ここからも明らかなように，新労働党は教育目標を教育水準の向上においた．その背景にはグローバリゼーションと生涯学習社会の創出の必要性という外圧があった．他の先進国並みに教育水準を上げ，公正なメリトクラティックな社会にしなければ英国は生き残れない．そのために必要なものは，人的資源と学習と教育・訓練であった．ブレアはまたほかのところで教育は最善の経済政策とも述べている．したがって，1997年の総選挙で教育が最優先事項となったのは偶然ではない．この教育水準を測るものとしてはすでにナショナルカリキュラムとテストがあった．とくにGCSEの成績は誰でもが知ることのできる一番簡単な基準となる．学校教育の目的は，GCSEの成績（あるいはNVQの成績やGCEのAレベルの成績）を目に見える形で上げることである．これを至上目的とするところから導き出される教育改革はきわめて明確なものとなる．そしてその目的達成のために，ありとあらゆるものが動員され，活用され，達成を邪魔するものは排除されていくのである．保守党の置き土産は，新労働党にとって，この目的を達成するための道具となった．あとはこれを精緻化していけばよいだけだった．

また，秘密裏ではあったが，私立学校との接触も進められていた．1995年３月１日，陰の教育科学大臣デヴィッド・ブランケットを全国校長会議（HMC）の議長と事務局長，ヒュー・ライトとヴィヴィアン・アンソニーが訪れている．この会合の様子は，全国校長会議（HMC）の年次レポートの中に「極秘」として報告されている[22]．文章から類推するとこの会合はブランケットの発案で設けられたようだ．内容は，(1) パートナーシップ，(2)「マーチン・ルール」[23]，(3) コスト，(4) 法人格，(5) パートナーシップ計画，(6) 多元化社会の推進，(7) 高等教育，(8) カリキュラム，(9) 視察，(10) 教員養成の10点に要約され，最後にブランケットが今後さらに会合をもとうと提案したところで終わっている．

HMC の年次報告書にはそれ以降このような会合がもたれたことについての報告はないが，この会合は，私立学校制度の宿敵であると信じられてきた労働党が私立学校に対する態度の変化を示した，いわばイギリス版「歴史的和解」の会合とでもいえよう[24]．そしてこれこそ，新労働党のいう「パートナーシップ」であった．

## 3 ブレア新労働党政権（第一期）の教育政策

1997年５月に誕生したブレア新労働党政権は，慣例として1998年４月までは予算がすでに決定されているため自由度がほとんどなく，主要な準国家機関である教育水準局（Ofsted）や教員養成局（TTA），また資格とカリキュラム当局（QCA）の長も保守党政権時代からのものがそのまま在職し，さらにはナショナルカリキュラムの変更も2000年まではないとされていたため，自らの政策を具体化させる各種法案準備にまずは専念する．これに加えて，慣例として保守党政権時代に諮問に付されていた高等教育改革に関する委員会報告（通称デアリング報告）を受け取り，対応することにもなっていた．

新労働党政権はその教育改革を遂行するにあたり，前述の通り，教育政策は最善の経済政策であるという認識のもと，基礎学力の向上と「生涯学習社会」への準備という明確な目的をおいたが，その優先順位は「生涯学習社会」の創出にあったといってよい．そのため，新しいタイプの大学の創設を含む高等教育・継続教育の拡大と参加者の増加，情報コミュニケーション技術（Information and Communication Technology：ICT）の活用と修得，「生涯学習社会」創出から逆照射された基礎学力の向上という具体的な戦略が提案される．つまり将来にわたって自学自習のできる，高い動機付けをもつ個人（労働者）を作り上げるための基礎学力であった．そしてこれらを実現させるための手段としては，基本的に，保守党政権下で導入されたナショナルカリキュラムとテスト，評価，多様性，選択と各学校の自律性の尊重（LMS），アカウンタビリティの強調と情報公開といった体制と，新たにICTとこれら関係者を結び付ける新しい「パートナーシップ」，あるいは「ステークホルダー」というアイデアであった．一旦このように教育目的が明確化されたので，あとは従来の教育関係者（学校やLEAのみならず，親や児童，生徒も含む）に対して，その目的のために果たすべき役割をそれぞれ明確にし，再配置し，教育水準を上げるためにありとあらゆる方策をとっているといっても過言ではない．またこの目的達成を妨げるものには「非寛容」で臨むという態度表明もなされた．

これ以降では，新労働党政権第一期の教育政策がどのようなものであったのかということを紹介していくが，その実態や評価については今後の課題としたい．

## 1　就学前教育と義務教育段階

1997年総選挙のための選挙綱領で，就学前教育の充実と，幼稚園の一クラス当りの児童数を減らすことが盛り込まれていたが，この部分は，実は就学人口の減少によってほとんど問題なく達成することが見込まれていた．さらに，いわゆる数えの５歳からの就学も財政負担をさほど増やさなくても可能であった．

1997年５月14日の国会開催におけるエリザベス女王のスピーチから類推すると，援助席計画（APS）を廃止することによって，援助席計画に投資されていた費用を小学校低学年のクラス規模を削減することに振り向けること，教育法案には教育水準を向上させるための諸方策，LEAと親の新しい責任，分権化され，同等に組織された新しい公立学校制度の枠組み，教職の専門性を改善する改革と，高等教育改革についてのデアリング報告への対応が組み込まれているはずであった[25]．小学校低学年のクラスサイズはとくに法案に盛り込まれるとは明言されていなかった．このうち援助席計画の廃止については7月17日に貴族院でそのための教育法案が否決され，一度は頓挫したようにみえた[26]が，最終的に7月31日に教育（学校）法として成立している．

新労働党政権の義務教育段階に対する教育政策にとって，最初の一歩は1997年7月初旬に公刊された白書『学校における卓越性』*Excellence in schools* であり，その内容が基本的に具体化されたのが1998年7月24日に成立した1998年学校水準と枠組み法である．同法は全145条別表32からなり，その主な内容は，(1) 2001年度から小学校低学年のクラスサイズの縮小，(2) LEA の責任の再定義，(3) 教育アクションゾーン（EAZs）の導入，(4) 問題解決のための学校への介入，(5) 国庫維持学校（GMS）の廃止と新しい公立学校の類型化（ファンデーション，ボランタリースクール，コミュニティスクール），(6) 入学手続と定数の調整などであった．

同法で注目されるものは，まず第一に国庫維持学校（GMS）の廃止があげられよう．そして GMS は，ファウンデーションスクールとなるか，ボランタリーエイデドスクールになるか選択ができた．両者の違いは，基本的には学校評議会のメンバーの構成比にある．いずれにせよ，LEA との関係が再び結ばれることとなったが，通常の公立学校と比べれば，土地・建物の占有や自律性という点からみればファウンデーションスクールにはかなりの自由度が保有されていた．また，このファウンデーションスクールという名称がなにがしか私立学校的香りを醸し出しており，特別な学校といった意味合いをもつものとして批判するものもいる[27]．ファウンデーションが，学校評議会ではなく，私立学校の理事会をさす言葉であることが知られているからであろう．

同法によって再定義された LEA の役割は，1970年代までの「パートナーシップ」原理で考えられていた時の LEA の役割とはまったく異なることがわかる．LEA は，それ自体が地方議会であるため，これまで中央政府は解散権を有しておらず，越権行為（Ultra Vires）論や補助金政策を通じて統制していた．前保守党政権は，学校に LMS を，さらに FAS という代替物を導入し，LEA を弱体化させる方策をとった（2章参照）．労働党は，LEA を復活させたものの，教育水準の向上という至上目的のために，学校ばかりか LEA の活動停止をも明確に打ち出したのである．LEA はもはやかつての自由を奪われてしまった．LEA はあくまでも中央政府に代わって直接当該地域の教育水準の向上のために学校を監督する役割が与えられたのである（第5条，第8条）．またこの法定教育委員会に親の代表を参加させることも決められた（第9条）．

次に貧困地域の教育水準向上のために導入されたのが3年間の教育アクションゾーン（EAZs）である（同法第3章）．これはだいたい中等教育学校1，2校と数校の小学校を一まとまりとする貧困地域をいくつか選定し，そこに企業，学校，LEA 関係者らで構成される教育フォーラムを設置し，そこが中心となって教育水準向上のための諸方策をとることとされ，追加的資金，追加的人員配置などが政府から与えられると同時に，ナショナルカリキュラムと1991年に制定された教師の給与と労働条件法の適用を免れるものであった．これは労働党が従来から主張してきた社会正義としての平等にコミットするものとして，保守党の教育政策とは明確に異なる点が評価されるものである．EAZs に関しての研究は今では多々あり，実際にはあまり高い評価を受けているとはいえない[28)]．現在では次の政策「都市における卓越性（Excellence in cities）」に発展し，2006年現在134地区が指定を受けている．そのうち33が以前の EAZs である[29)]．

問題解決のための介入に関していえば，まず通常のやり方ではあるが LEA に当該地域の教育開発計画を作成させ，教育担当大臣への提出をさせることになっているので，これがある種の自己目標の設定となる．学校と LEA に Ofsted の視察が入る体制は引きつがれているわけであるが，その結果，問題を抱えている学校と評価された場合，これまでは学校が改善計画を立てていた．1998年学校水準と枠組み法では改善計画への積極的な介入を，まず LEA の権限として認めた．たとえば改善がみられない場合には，学校の予算執行権を停止したり学校評議会のメンバーの入れ替えを行うことができる権限を LEA に与えることにしたのである（第14条～第17条）．さらに同様の権限を教育担当大臣にも与え，さらなる介入も認めている（第18条～第19条）．第19条に至っては学校を閉鎖できる権限を大臣に与えている点が注目される．現実には一度閉鎖された学校は人心一新されて再び開校されるが，これがフレッシュ・スタートと呼ばれる政策である．

最後にあげた入学者定数とその調整についてであるが，保守党政権下では学校は施設が許す限り定数を増やしてよいこととなっていたが，この法によって，当該地域の各学校の定数および選抜方法，選抜人数はまずLEAと当該地域の学校長および教育関係者（たとえば教会関係者など）で作られる学校組織委員会（school organization committee）の場で相談されることとなった（第24条）．万一この委員会が合意に達しなかった場合や，適正ではないと思われたような場合，大臣が任命する仲裁者（Adjudicator）が最終的に定数の割り当てを検討できるようになった（第25条）．しかしながら，たとえば選抜者の比率を25％に制限せよとした仲裁者の判定が気に入らなかったワンズワース区は法廷闘争に持ち込み，裁判で勝利するという事例も起こっている[30]．

新労働党政権はこのほかにもイニシアチブとして，たとえばモデル校計画（Beacon School Programme）を提案している．これは1998年に導入されたものであるが，2002年末までに1,000校認定される予定であった．現実には2005年８月にこのイニシアチブは終焉を迎え，現在では中等教育学校には最先端パートナーシップ計画（Leading Edges Partnership Programme），小学校には戦略的学習ネットワーク（Primary Strategy Learning Networks）がこれに代わる役割を果たしている[31]．

また前述の通り，行政手法として，省内にタスクフォース，あるいはユニットと呼ばれるものを設置し，そこが個別のイニシアチブに対応するという形式が取られた．迅速なる対応といえそうであるが，実はそれに伴い，分散した新たな官僚群が登場しているのであり，これらのユニットやタスクフォースの間で何らかの連携が図られているということは，関係者の話だとないらしい[32]．この手法はその後も拡大していき，それぞれがホームページを開設しているし，子ども・学校・家庭省のホームページからは直接アクセスできないようなものもあり，複雑さを増している．この手法は首相官邸においても採用されており，官邸と閣僚，各省庁との関係にも影響をあたえていることが今では指摘されているが，これについても今後の課題とする．

民間の活用は私立学校との友好関係に留まらず，1998年学校水準と枠組み法で導入された教育アクションゾーンへの企業参加，2000年の学習とスキル法（後述）で導入されたシティアカデミーという新たなタイプの学校などにみられる．その背景には，保守党前政権と同様に民間企業のほうが公的機関よりも効率的であるという信念があることは事実であるが，一つには，公的空間から逃げ出してしまったミドルクラスを公立学校の水準を上げることによって引きつけるという目的があったことが推察される[33].

さらに別の目的として，教育の改善が見込まれない学校が主に貧困地域に多く存在しており，そのような地域では，親，学校，教師のみならずLEAにも人材がいないという現実に対処するために，あくまでも限定的に公立学校の活性化のために民間企業および資本が導入されたということもできよう．たとえば，シティアカデミーのアイデアはもともと1988年教育改革法のCTCにあったが，有志（期待されているのは公益法人であるが企業でも可）が自己資金を20％あるいは200万ポンド準備すれば，残りはすべて国が公費援助することになっている．ただし，貧困地域に設立されることが大前提で，(1) 授業料は課してはならない，(2) 利潤をあげてはならない，(3) ナショナルカリキュラムを教えなくてもよいがOfstedの視察を受ける，(4) 選抜をしてはいけないし，入学手続き方法は他の公立学校に準ずる，(5) ある教科に特化すること（スペシャリストスクール）が条件である．

2003年9月現在で12校が認可され，すでに開校されている．さらに21校が設立準備中である．新労働党政府は2007年までに53校，2008年までにロンドンだけで30校の設置を目標としている[34]．しかしその一方でこのアカデミーが通常の公立学校に振り向けられるべき公教育費予算を食っているのだという批判もある．確かにアカデミー設置には200万ポンド以上かかるのであり，政府支出は予定を遙かに超えているとの政府関係者の証言もある[35]．その後で導入されたスペシャリストスクール（特化学校）政策は，不平等を拡大しているとの批判もある．なぜなら，教科間にはある種のヒエラルキーが存在しており，どの教科のスペシャリストスクールになるかということによって，成績においても格差が広がるというのである．たとえば，科学に特化する学校とスポーツに特化する学校では科学に特化する学校の方が優秀であるというのだ．しかしこの問題を不平等問題で語ることはできるのか，いささか疑問に思う．子どもの能力や才能を伸ばすということを考えれば，スペシャリストスクールは即座に否定されはしないだろう．もちろんスペシャリストスクール自体は週に特化すると決めた教科の授業時間が数時間多いだけで，想像するほど特化しているわけでもない．これについても今後の課題としたい[36]．

教育内容について付言すれば，最も注目されているのは，2000年のナショナルカリキュラム改訂を見込み，新労働党政権が導入を提案したシチズンシップ教育であろう．シチズンシップという用語それ自体は歴史的にも古く，通常市民権と訳されるが，こと教育に関しては，とくに2002年からナショナルカリキュラムの一科目としてシチズンシップ教育が導入されたことによって注目が高まったといえる．シチズンシップ教育の訳語には，市民教育，公民教育なども当てはまるが，日本のこれまでの教科目名の関係から「市民性教育」という訳語が定着しつつある．

このシチズンシップ教育は，基本的には保守党政権下の個人化主義の社会に対する悪影響を打破するために，かつギデンズの主張する活動的市民を作るために導入されたものと考えられる．また，次節で論じる地方自治体制度改革とも関係してくるが，実際，（とくに若者の）地方選挙での投票率の低さが話題になっていた．さらに生涯学習社会という共通の目的を実現するにあたり，他の民族，他の文化，他の性，他の性向をもつ「他者」とのよき関係の構築や公正なアクセスを学校や職場などあらゆる場面において保障するための，キリスト教とは異なる新しい公衆道徳の必要があり，そのために導入されたということも考えられる．実際のカリキュラム実践は当初混乱をきわめていた．これについてもまた稿を改めて検討することにしたい[37]．

またナショナルカリキュラムの10科目を強制的に全員が受けること，16歳時に任意に受験するGCSEについて，できるだけ多くの生徒が受験することを奨励することなど様々な政策が打ち出されている．その背景に，包摂的社会の主張が社会正義として提唱されていることも忘れてはならない．

### 2　後期中等教育の再編に向けて――2000年学習とスキル法

新労働党政権第一期の教育政策は，前述の通り，基礎学力の向上と生涯学習を前面に打ち出したものである．義務教育段階については，すでに保守党政権の下でナショナルカリキュラムやナショナルテストといった基本的な枠組みが完成していたので，どちらかというとその体制を精緻に，より洗練された形にしたということがいえよう．他方，16歳から19歳を対象とする制度の整備は，長年の懸案事項であった．保守党政権時代でも前述の通り，デアリング卿率いるSCAAの報告書が1996年に提出されている．さらにこれに引き続き，同じくデアリング卿およびSCAAに対して高等教育改革の諮問が1996年５月に全党一致で出された．この報告書は1997年７月23日に提出される．また，継続教育に関してはケネディを座長とする審議会がすでに1994年に継続教育基金協議会（FEFCE）を中心に設置されていたが，その報告もやはり1997年７月に提出された．新労働党は慣例に従えばこれらの諮問委員会の勧告内容に政策的に答えることになるのであるが，具体的に対応したのは2008年までかかったといってもよいかもしれない[38]．この間新労働党政権は自らの生涯学習社会の展望と明確にこれらの報告書の提出を結び付けて，しかしながら自分達の政策に合致した構想へと変更を加えていく．

こうして，新労働党政権の独自の取り組みといえば，むしろこの16歳から19歳を対象とする教育と訓練の制度をいかに作り上げるか，ならびに高等教育レベルの教育機会の拡大をいかに実現するかという政策実施過程に表れているということができるので，ここではその過程をやや詳しく紹介する．

まず1997年５月の総選挙のための選挙綱領の段階で，生涯学習に関しては以下のように提案している．

> 私達は，新しくかつ改善されたスキルを身に付けることを通して雇用を確保するために，生涯を通じて学習しなければならない．私達は仕事の場および継続教育機関の双方において成人の学習を促進する．
>
> 学校やカレッジでは，厳密な水準と鍵となるスキルに支えられて，Aレベルの教育内容を広げることと，職業資格の水準を上げよう．
>
> 雇用主は職に関連したスキルに関する被雇用者の訓練について第一義的に責任を負う．しかし個人にもまた，訓練に投資することができるような力が与えられるべきである．私達は個人がスキルを獲得することができるように訓練費用用の個人学習口座（Individual Learning Accounts）を公費で開設する．最大百万人を対象に，TEC 経費の１億５千万ポンドをこれにあてる．そのほうが TEC に使われるより有益であり，個人には150ポンドが支給されることになるし，個人の追加投資も認める．雇用主はこれらの資金に寄付することが奨励される．私達は小規模の企業に対して「人々に投資する会社（Investors in People)」イニシアチブ（実際には組織を表彰し，表彰された組織はその認証マークを公表する―引用者）を拡大することを約束する．
>
> 私達の提案する新しい産業のための大学（the University for Industry：UfI）は，オープン・ユニバーシティとの共同であるが，自分達の潜在能力をさらに開発したいと望む成人のための新しい機会を提供する．こ

> れによって，政府，企業，教育がともに新しいテクノロジーをスキルと教育の開発に活用するための新たな資源を創出するだろう．UfI は，官民パートナーシップ（PPP）で設立・運営され，生涯学習を拡大することにつながるソフトとなり，様々なリンクを発展させるであろう[39]．

個人学習口座と産業のための大学の設立がまず公約に盛り込まれていることをここでは確認しておく．前者は『社会正義』で提案されていた学習銀行構想からのものであるが，産業のための大学（Univeristy for Industry：UfI）はこの選挙綱領において初めて登場する．

総選挙後すぐの６月にブランケット教育雇用大臣が継続教育と生涯学習に関する全国諮問委員会（the National Advisory Group for Continuing and Lifelog Learing：議長フライヤー）を設立し，生涯学習の在り方について白書を準備するためのアドバイスをすることを諮問した．同委員会は同年11月に『21世紀のための学習』*Learning for the Twenty－first Century* という題名で，第一報告書を提出する．これは「学習とは宝物である」というメッセージを携えて，今後５年間のこの分野に関する政策についての提言をまとめたもので，すでに導入が政府によって明らかにされていたニュー・ディール，産業のための大学（UfI），個人学習口座の開設，学習ナショナルグリッドなどの提案を歓迎しながらも，依然として学習社会とはほど遠いイギリスの現状を問題視するものであった．そこで，学習社会という文化を形成することを主眼におき，（1）戦略的枠組み，（2）態度における革命，（3）参加と達成の拡大，（4）家庭，地域社会と労働，（5）単純化と統合，（6）パートナーシップ，計画と協働，（7）情報，アドバイスとガイダンス，（8）新しいデータ，目標そして水準の設定，（9）放送とコミュニケーションの新技術，（10）資金と財政といった10領域の提言をまとめている[40]．

また，二つの文書『ニューミレニアムのための継続教育』*Further Education for the New Millennium*，および『21世紀のための高等教育』*Higher Education for the 21$^{st}$ Century* を1998年３月に発表している．これらはそれぞれケネディ報告，デアリング報告に対する新労働党政府の解答といったスタイルを前面に打ち出したものであった．

政府は1998年７月に，緑書『学習時代――新しい英国のためのルネッサンス』*Learning Age ―― a renaissance for a new Britain* を発表した．緑書というのは，法案を作成する一番最初の段階の協議文書である．同書の内容は，以下のように要約することができる．

(1) 2002年までに高等教育及び継続教育の定数を50万人増加させる．
(2) 産業のための大学（UfI）を1999年内に創設することによって学習を身近なものとする．
(3) 個人学習口座の開設．総額1億5千万ポンドで百万人分を開設．
(4) 16歳以降の学習を奨励するための投資．
(5) 2002年までに50万人以上の成人に対する識字，計算スキルの向上を支援する．
(6) 教授及び学習における水準の向上．
(7) スキルと資格に関する明確な目標の設定と公表．
(8) わかりやすい資格制度の構築．職業準備教育と学術的教育を同等のものとして評価し，雇用主および個人のニーズに合致させ，より高い水準を推進する．

緑書は，現在必要とされる労働力とは，創造性と自信をもっていること，また変容可能な多様なスキルをもっていることだとし，教師と訓練者はこのようなスキルを獲得することを援助するものであると明言している．そしてこういった内容に関して，1998年7月24日までに意見を寄せるよう関係者に呼びかけた[41]．

緑書の目玉の一つは，個人学習口座の開設であり，もう一つは産業のための大学（UfI）の設立である．個人学習口座は実際2000年9月に導入され，2001年10月までに250万ポンドが投入され，9千団体が学習センターとして登録された．しかしながら，一部の団体による補助金の不正使用が発覚し，2001年11月にこの計画自体が廃止されている．悪質な団体は摘発され，裁判にかけられ，有罪が確定している[42]．

また産業のための大学（UfI）のアイデアは，そもそも1991年の労働党大会で影の蔵相ゴードン・ブラウン（当時）が行ったスピーチで公表されたものである．それによるとこのUfIは従来の高等教育を提供するのではなく，職業を基礎とする学習の機会を提供することに特化し，インターネットやコンピュータといった情報技術・器機を最大限活用し，既存の学習機関の領域を侵すことなく，新しいスキルと訓練サービスの全国的なハブとして，また新しいデータやソースを集積することを目的として，すべての人々にアクセスを保障するように，設立されるというものであった．

さらにこの提案を受けて，労働党シンクタンクである公共政策研究所（Institute for Public Policy Research：IPPR）では，ヒルマン（Josh Hillman）が中心となってUfIの可能性についての検討プロジェクトを立ち上げている．その報告書は1996年に出版され，個人学習口座の開設や学習バンク制度などが提案されている[43]．その後IPPRとサンダーランド大学との共同で，継続教育カレッジ三校，継続教育機関基金協議会（FEFCE）北部支部からの援助を受けて，1997年からどの程度ニーズがあるか，またどのようなニーズがあるのか，電話やインターネットを通じて問い合わせが何件あったか，実際にどのようなコースなら参加したいか，などといった調査が行われた[44]．この報告書自体は1998年12月にまとめられたが，それが公刊されることを十分承知したうえで，政府は1998年７月に緑書で提案を行ったのである．

緑書は全体のスローガンを学習文化の確立におきつつ，UfIについては第一章第三節において具体的に論じている．それによると，テレビやCD-ROMなどを活用して，また地域に設立されるセンター（この場にはUfIにアクセスできる設備が配置される）を通じて，職場でも地域社会でも家庭でも学習できるように環境を整えることを目的として，まったく新しい機関としてUfIは設立される．政府はPPP（官民パートナーシップ）の枠内でUfIに補助金を交付する．雇用主と被雇用者との希望する学習内容の食い違いなどを解消する，ことなどが提案されている[45]．これをうけて1998年には，実際に産業のための大学（UfI）は有限会社として設置されることになった．その後UfIはLean Directを立ち上げ，e-learningのネットワークを張りめぐらしている[46]．2008年９月現在，イングランドに９ヶ所，ウェールズ，北アイルランドにそれぞれ１ヶ所存在している．

その後，1999年になると，５月には先の緑書への回答をまとめた『学習時代――回答』*The Learning Age —— The Response*，『学習時代――知識のヨーロッパに向けて』*The Learning Age —— Towards a Europe of Knowledge*（ヨーロッパ連合生涯学習大会でのブレアの演説）が発表されている．なお，『学習時代――回答』においては，政府の提案が概ね関係者によって歓迎されたとあり，基本的にこれにそって次の段階である白書が作成される．このプロセスの中で，いつものことながら，反対論は一部取り入れられるといった形で懐柔されていくのである[47]．

1999年６月に，白書『成功のための学習』*Learning to Succeed* が公刊される．この白書に対しても政府は関係者，その他一般の人々から意見を募っている．同白書は，(1) あらゆる人に対して利益となるような生涯学習への投資，(2) 学習へのバリアを下げること，(3) 人々をまず第一に考えること，(4) 雇用主，被雇用者，地域社会の間で責任を分担すること，(5) 世界水準と投資した額に見合う価値（VfM）を達成すること，(6) 成功の秘訣は協働にあること，以上６点を緑書で提案したことに多くの賛同がえられたと指摘し，全国学習目標（National Learning Targets）の設定がこれを保障するとしている．しかしながら，財源不足や関係者の創造力の欠如がなかなか結果をもたらせていない．

独立した視察制度も重要であろう．そこから (1) 卓説性と参加を推進する変化であること．(2) 雇用主は，16歳以降の教育と訓練に対して実質的な貢献を為すこと．(3) 制度は学習者主導でなければならないし，個人，産業界そして地域社会のニーズに応えるものでなければならない．(4) 教育，訓練，スキル獲得機会への平等のアクセスがもっとも重要とされなければならず，教育の機会均等がこの制度の主要な原理となるべきである．(5) あらゆるレベルでもアカウンタビリティ，効率性，誠実性が，とくに教育の機会均等を根幹として，優先順位を与えられなければならない．(6) 人々は，よきアドバイスとガイダンスという形態での支援を受けることへのアクセスをもつべきであり，必要であれば，財政的支援もえられねばならない．(7) アカウンタビリティ，効率性，誠実性はどのレベルにおいても推進されなければならない．

そして，こういったことを成功させるために，(1) 継続教育基金協議会と訓練と企業協議会（Training and Enterprise Councils : TECs）に代わって，新たに学習とスキル協議会（Learning and Skills Council : LSC）を設置し，ここが，継続教育カレッジへの補助金支出，教育と訓練目標に関する全国諮問委員会から提案されている全国学習目標に関して政府に助言し，(2) 産業のための大学（UfI）との密接なリンクをもち，(3) 現代徒弟制，全国訓練生制度その他の国庫補助金支出対象の訓練と企業協議会（TECs）主宰の訓練への補助金支出と，(4) LEA との共同により，成人および地域の学習のための整備を行い，(5) 生涯学習を担当する視学官の配置，などが提案された．

さらに具体的に，学習とスキル協議会（LSC）を2001年４月には設置することとし，これは二つの委員会から構成されること，50程度の地方 LSC ネットワークを通じて活動すること，これら50の地方 LSC はもう一つ別の委員会によって監督されることとした．また地域での学習パートナーシップがこの制度の核心であることが宣言されている48)．

基本的にはこの内容が法案として，1999年12月16日に国会に上程された．そして同法案は，学習とスキル法（Learning and Skills Act, Ch. 21, 2000）として2000年３月に成立する（但し正式に女王が認めるロイヤル・アセントは７月であった）．

さらにこの間においても，政府は『学習とスキル協議会設立趣意書』*Learnig and Skills Council Prospectus* を1999年12月14日に，また2000年２月３日には『コネクションズ――すべての若者に最善のスタートを』*Connexions —— the best start in life for every young person* を公表し，新しいユースサービスのための準政府機関として，コネクションズおよび地方コネクションズの設立を宣言した．このコネクションズ（Connexions）の地方支部の数と地方 LSC の数はほぼ一致している49)．

他方，全国継続教育と生涯学習諮問グループの第二報告『学習文化を創造する：学習時代を達成するための次のステップ』*Creating Learning Cultures : Next Steps in Achieving the Learning Age* も2000年10月に提出されている50)．

ところで，2000年の学習とスキル法（全文156条別表11）の内容は以下の通りである〔（　）内の数字は条項を表す〕．

第一部では，まずイングランドを対象とする学習とスキル協議会を12名以上16名以下で設置する．議長は教育雇用大臣の任命とする（１）．協議会は16歳以上19歳未満の青少年を対象として，彼らに適切な教育，訓練，余暇の設備と機会を与えなければならない（２）．従来のシックスズ・フォームに関する補助金は同協議会から LEA に対して交付される（４）．これに関連してこれまでのイングランド継続教育基金協議会（FEFCE）は廃止される（89）．地方に学習とスキル協議会（Local Learning and Skills Council）を12名以上16名以下で設置し，委員は大臣の承認を必要とする．うち一名を議長として大臣が任命する．地方 LSC は，地域のその他の機関，LEA や地域発展に関わるエージェンシー（Regional Development Agencies Act, 1998. で設置）と協議をしたのち，財政年度に合わせて所管の地域の年次計画を作成する．

計画には地域の諸機関，議会，雇用者らの意見を反映させる必要があり，全体としては中央のLSCによって承認される必要がある（22）.

第二部はウェールズに対する同様の規定であるため省略する.

第三部はイングランドにおける視察に関してで，新たに９名の成人教育視学官を教育雇用大臣が任命し，うち一人を主席とすること（55），視学官の権限などについての規定，報告書の結果が悪い機関に対しては改善計画を提出させること（58），Ofsted主席視学官との関係，所管の整理，義務制の査察との協働査察について（69，70）などである.

第四部は再びウェールズに関する規定である．残りの部分は，イングランド以外の地域に対する同法の制限などが書かれている.

第五部は，イングランドの規定以外の職業資格に関する承認の手続きについてである.

その他の部分は，他の教育法と変わりなく，以前の教育法での問題点を改正するというやり方が踏襲されており，性教育に関する条項が注目される．また保守党時代に導入が奨励されたシティテクノロジーカレッジが一層拡大されて，シティカレッジとアカデミーという新しい学校タイプが導入された（130）.

さて，以上のように，同法によって従来のシックスズ・フォームはLEAの管轄から移され，このLSCの管轄となり，16歳から19歳を対象とする教育と訓練に関する地方当局が新たに登場したということがいえる．地方レベルでのこのような協議会が設置されることによって，地域の産業と学校との関係がさらに密接に打ち立てられることになった.

この領域に対して新労働党政権がとった戦略は，諮問委員会報告や政策文書の公表，事前の協議の活用（法案の議論に先だって批判を懐柔する），法律にする前に行政手続きでできるものは事前に導入し，法律成立の土台を作り上げていたことがまずあげられる．ただしこれらの戦略はイギリスの慣例といってもよいだろう．ただこの間の新労働党政権の戦略はこの協議のプロセスがインターネットを活用し，大規模に，かつ詳細になされていることに現代的な特徴があるといえよう．さらに，一つの政策に対して一つの中央機関とそれを支える地方機関，教育雇用層内部の担当部署をユニットという形で設置するというやり方がとられている．そして全体としては全国的な目標設置と補助金交付方法とを対応させるという，品質保証国家の政策の実施過程をみることができる.

## 3　高等教育の再編に向けて

新労働党政権はまた，高等教育の機会拡大も重視している．しかしながら，デアリング報告が提案した勧告がそのまますぐに実行されたわけではない．以下順を追ってみていく．

### (1)　1998年教育（学生ローン）法

労働党政権誕生後すぐに提案された教育法案の一つで，これまで公的機関（LEA など）が提供してきたローンを民間に業務を委託するというものであり，有利子のローンへの組み替えを意図したものであった．

### (2)　1998年教授と高等教育法

同法では，まずは長年の懸案事項であった教師のための一般教授協議会（General Teaching Council）の設置が規定された．また校長が資格職となり，新採教員には初任者研修期間が設けられた．さらに大学での授業料徴収が導入されることを前提として，高等教育および継続教育に在学する学生に対する財政的支援制度の整備が計られた．また就業中の16歳から18歳の若者に対して，雇用主が学習のための機会を保障することを規定している．さらに，大学（university）という名称は勅許状を受けた機関あるいは枢密院によって認められたもののみが使えることになった．

### (3)　品質保証局（Quality Assurance Agency：QAA）の動向

1999年，QAA が中心となった協議文書が出される．実際にはデアリング勧告のうち，いわゆる多様な学生に対する政策の具体化の検討は，新労働党政権ではなく，QAA が行ったということがいえる．その根拠として，先の新労働党諮問委員会の存在，および HEFCE の対応があげられる．こういったことからも，新労働党政権の初期の高等教育政策は，既存の高等教育をいかに拡大するかといった方向性よりも，成人教育の充実といった方向性が試行されていたと予想することができる．

2000年，QAA は『概要報告』*Summary Report*『Personal Development Plan（PDP）に関する政策宣言』*Policy Statement on PDP* の発表を行い，個

人の発達記録としてのPDPを大学で活用することを奨励し始める[51].

つまり，新労働党政権初期の高等教育政策は，直接既存の高等教育機関に働きかけて何かをするというよりは，新しい大学構想（UfI）にあり，デアリング報告が勧告した高等教育機会の拡大，それに伴う新しい学術的資格〔勧告の用語を使えば，サーティフィケート（1年間）およびディプロマ（2年間）〕の導入を既存の大学で行うというものではなかったことが確認できる．また，当時ヨーロッパで問題とされていた高等教育機関に対するアカウンタビリティの要求なども，具体的に検討されたわけではなかった．他方，デアリング報告においては，高等教育機会の拡大に伴う新しいタイプの学生の登場，すなわち率直にいって水準の低下が見込まれたわけであるが，そういった学生をドロップアウトさせないための方策としてのPDPなどの発展は，高等教育機関に対してその教育水準や内容を保障させるために保守党政権のもとで設置された準国家機関であるQAAが，独自に開発を手掛けることになったということがわかる．

### (4)　中央政府の動向

2000年3月に中央にファンデーション・ディグリー・グループ（FDG）が設立され，このグループがファンデーション・ディグリー新設の可能性を検討し，教育雇用省（当時），HEFCEに対してアドバイスをすることになった．さらに2000年7月に，高等教育担当副大臣（当時）テッサ・ブラックストーンの署名入りで『ファンデーション・ディグリー設立趣意書』*Foundation Degree Prospectus*が明らかにされた．ここではファンデーション・ディグリーを2年間の高等教育資格と位置付け，中間管理職，中間層技術者の養成を念頭においたものであることが明確にされた．そしてこの学位を新設するための試行を2001年度に補助金500万ポンドをもって行うとし，応募を募った．その際，このプログラムの提供母体は連合体（concortia）が望ましいとされた．実際，21コンソーティアが設立され，40ものプログラムが提供され，試行が行われた．その結果については2002年10月に報告が出されている．コンソーティアとして参加した大学は，そのほとんどが1992年継続教育・高等教育法以降大学となったところが多いというのが特徴的である[52].

## 4 新労働党政権の地方自治体政策

ブレア新労働党は1997年の総選挙に勝利する前から，教育改革と並んで地方自治体改革を重視していた．それは新労働党の「第三の道」政策を実現するにあたって，地方自治体制度の「現代化」が大きな鍵となると見なしていたからである．もちろん地方教育行政機関としてのLEAの見直しも，この地方自治体制度改革の一端として含まれていた．

1980年代の地方自治体は，すでに述べたように基本的に行政と立法を兼ね備える多目的行政機関であり，法定委員会が実質的な政策を決定していた．事務局はDirectorによって統括され，そのもとに各委員会に対応する事務局が存在していた．たとえば教育の場でいえば，この議会全体がLEAであり，そのもとに法定の教育委員会（Education Committee：EC）があり，事務局としてはEducation Department（教育局）が一部局として存在し，その長がDirector of Education（DoE）／Education Chief Office（ECO）である．法定委員会には課税権がないため，教職員の定数，公教育費予算などは議会の決定に従うが，それ以外の教育に関する政策などは法定委員会であるECで決定されていた．実際には委員長とDoE／ECOが中心的役割を果たしていたのである．

1970年代から財政危機に直面していたイギリス政府は，IMFからの貸し付けを受けるために行政改革を行わざるをえなかった．地方財政もまた支出を抑えなければならなかった．そのためサッチャー政権及びそれに続くメージャー政権のもとで，地方自治体財政は様々な制約を受けてきたが，それでも地方自治体財政の赤字は中央政府の制約を超えて拡大してきたのである．それは地方自治体が地方税課税権を有していることと，地方債等を比較的簡単に発行できたためであった．たとえば，1997年1月20日付のディリー・テレグラフ紙によるとその実態は以下のようなものであった．借金額第1位バーミンガム12億1800万ポンド，第2位マンチェスター12億500万ポンド，第3位ランベス（ロンドン）9億2900万ポンド，第4位イズリングトン（ロンドン）8億6700万ポンド，第5位リバプール8億200万ポンド，第6位シェフィールド8億100万ポンド，第7位サザウォァク（Southwark）（ロンドン）7億8600万ポンド，第8位ハックニー（ロンドン）7億6100万ポンド，第9位リーズ6億9600万ポンド，第10位タワー・ハムレット（ロンドン）6

億5700万ポンドであった．これだけでほぼ90億ポンド（1ポンドを200円とすると1兆8000億円）となる．これらの地方自治体はほとんどが労働党支配の地方自治体であった．

「第三の道」路線を訴えていたブレアは，こういったいわゆる「ルーニー・レフト」との対決も行わなければならなかったのである．

以下この節では2001年までのブレア政権第一期にどのような地方自治体政策がとられていったのかを，主に文献，政策文書からみていく．

### 1　1997年選挙綱領

ブレアの主張する「第三の道」地方自治体構想は，以下のようなものである．まず「現代化」をキイワードとする1997年の選挙綱領では，中央統制と官僚制を批判して，地方分権の推進と官僚制を軽減することによる民主化を進めることが盛り込まれていた．同綱領ではメージャー政権下で政府の負債が二倍になったと批判して，新労働党は民間とのパートナーシップを拡大することにより，支出を削減することのほかに，税制の見直しを提案している．そして「地方自治体」の項目では，以下のように述べている．

> 地方の政策決定は中央政府による強制的な決定より，優先されるべきである．そしてまた，地域住民に対するアカウンタビリティを高めるべきである．我々は経済的，社会的環境上の福祉を高めるよう新たな義務を地方参事会に課す．参事会は地域住民，産業，ボランティア団体とパートナーシップで協働すべきである．これらのパートナーシップを締結するために必要な権限を付与される．より多くのアカウンタビリティを実現するために，一定の比率で毎年改選が行われる．都市部においては選挙で選ばれた執行力をもつ首長というアイデアをパイロット的に実施することを含めて，民主的な試みを地方自治体が行うことを奨励する．
>
> 普遍的な厳しい地方税上限設定制度は廃止されるものの，中央政府は地方税増税についての制約権限を有することとする．
>
> 地方の産業界の批判は地方自治体にとって決定的である．原則的に，法人税は地方で設定され，そこには全国的にはなされないという健全な民主的理由がある．我々は，産業界との協議なしに法人税を決定するこ

とはできないとする現行制度を維持する．

保守党支配のウエストミンスター区への政府の補助金をつぎ込むことは，現行の補助金制度の不公正さを露わにするものである．労働党は政府の補助金の公正な分配を行う．

地方自治体によるサービスの基本的な枠組みは，こと細かなものではないが，中央政府によって決定される．参事会は単にこういったサービスを保守党政権が導入した強制競争入札（Compulsory Competitive Tendering：CCT）にかけるべきではなく，ベスト・バリューを獲得するように要求しなければならない．我々は，高品質であるためにサービスは民営化されなければならないという教条的な見方を拒否する．しかし同様に，我々はもしも他の方法がより効率的であるという場合においてもサービスは直接配給されるべきだ，ということについて何ら合理性を見出さない．経費も問題だが品質も問題なのである．

各参事会はサービス改善のための目標を設定した地域業績計画の公表を求められ，それらを達成することが要求される．監査院には，業績と公立を促進するためのさらなる権限が与えられる．その助言について，政府は必要があれば失敗を救済するために全権をもつマネージメント・チームを送る．

労働党支配の参事会はローカル・アジェンダ21[53]，これは1992年の地球サミットから生まれた地域活動のための国際的枠組みであるが，そのもとで環境に関するイニシアチブの最前線にたってきた．労働党政府は，地方自治体が自分達の環境を保全し，改善していくための計画を作成することを奨励する．

地方自治体は，収奪に反対する闘いをより推し進める．都市部の貧困問題を改善すると約束した保守党政権が10年続いた結果，貧困と社会的分断は都市部もさらには郊外においても同様に苦しめ続けてきた．労働党政府は地方自治体と共に社会的，経済的衰退，すなわち失業，劣悪な住居環境，犯罪，健康状態の悪さ，劣悪な環境といった多重の原因に対する取り組みを行うであろう[54]．

またこの段階では，公選制の首長はロンドン市にのみ提案されていた．それは，ヨーロッパ諸国で首都に首長がいないのはロンドンだけであることや，保守党政権の下で大ロンドン行政府が廃止され，解体されたことから，ロンドン全般に関わる道路，経済，警察，環境，再開発といったことが検討され，計画される必要があるからであるとされている．また総選挙に労働党が勝利した場合，スコットランドおよびウェールズの自治権を高めることが約束されていた．

## 2　トニー・ブレア『先導する——地方自治体に対する新しい未来像』

*Leading the Way —— A new vision for local government*（IPPR, 1998）

まず巻頭の「政府の命令」という節では，地方自治体制度改革を行う理由として，(1) 明確な方向性を欠いた地方，(2) 地方サービスの供給がバラバラであり重複していること，(3) 地方サービスの質のばらつきをあげ，その対応策として，以前の地方自治体によるサービスの供給という形態に戻ることなく，「明確な方向性を打ち出し，官民のパートナーシップを組織，計画し，質の高いサービスを保証することによって，リーダーとしての役割を果たすことに焦点をおく」ことを明言している．そしてこの新しいリーダーとしての役割を果たすためには，以下の４点を主張する．

(1)　新しい民主的正統性

英国は地方選挙での投票率がヨーロッパで最下位である．それでもいくつかの地方自治体では地域住民の参加や協議を実現させている．我々は，ショッピングモールなどに投票箱をおいたり，郵送にしたり，週末に投票を行ったりすることなどを通じて，もっと投票をしやすくする．地方自治体はまた，調査，陪審員制，その他の手段を使って地方政治に参加しやすくすべきである．このプロセスを奨励するもう一つの方法としてレファレンダムを導入するということもありうる．

(2)　活動の新しい方法

ほとんどの人が地方自治体のリーダーの名前を知らない．委員会制度はリーダーシップを奨励するよりもそれを抑制し，時間の浪費を招来している．根本的な治療が必要である．地方自治体は地方議員の執行部とそうでない部分とを分離すべきである．公選制の首長と内閣の任命は，強力で明確なリーダーシップを発展させるために活用されるべきである．その他の議員は，決定を精査し，業績を監督し，選挙民と地域の団体を代表するという側面において力を発揮すべきである．

(3)　新しい原理

ほとんどの議員と公務員は正直に一生懸命働いている．しかし一部の問題のある人々に対してはより厳しい職務規程（code of conduct）と独立調査，真剣な申し立ての決定が必要となるであろう．参事会はまた，効率的であり，住民が質の高いサービスを受けられるよう保証すべきである．政府のベスト・バリューの枠組みは，それを助けるだろう．しかし，それはかなり要求が高い．そして政府はもし参事会が自分達の業績の改善ができない場合には介入するだろう．

(4)　新しい権限

地方当局は，民間とのパートナーシップによってますます問題に取り組んだり，サービスの供給を行ったりするだろう．政府はすでに参事会に対して，保健，青少年に対するサービス，犯罪減少のためのパートナーシップを組むため，新しい権限を与えることを計画している．地方自治体の財政においてさらなる自由裁量権をもたせるかどうか，もたせるならどのように，という点について協議が始まるだろう．そして業績のよい参事会は地方の問題を解決する新しいイニシアチブを開発するための，より一層の自由と権限を与えられることになるだろう（pp.2－3)．

そして次の「中央政府は現代的地方自治体を必要とする」という節では，あくまでも協力を仰ぐ形ではあるが，政府の公約を実現するために地方自治体がやるべきこととして，その一番めに地方教育当局としての地方自治体の役割が明記されている．

(1)　我々の最優先課題は教育水準の向上にあるので，これを実現するためには地方自治体にその役割を果たしてもらう必要がある．ただし以前のように学校を経営したり，学校がすでに責任を果たしているところに介入したりするのではなく，当該地域の目標を定め，教師，学校評議会メンバー，親達とともに失敗している学校や業績の上がらない学校の改善を図るために協力するというようなことによってである（p.6)．

以下，「福祉から雇用へ」計画，犯罪防止・減少，NHSの待ち時間減少と入院手続の簡略化，ビジネス界との協働による経済発展，包摂的社会の構築，ローカル・アジェンダ21の実現，交通機関の現代化などがあげられている．そしてこの節の最後において，

> 多くの地域において，参事会はすでにこういったことを理解している．教育当局はますます学校とのパートナーシップを強め，小学一年生の児童にかなりの支援を行い，親とのつながりを強め，とくに問題を抱えている子ども達には特別な目標を設定することによって，識字においての改善を果たしている（p.7）．

とし，教育以外の事例としてはポーツマスの高齢者対策，リーズの職業安定政策などをあげている．

次節の「古い根と新しい役割」では，明確に地方自治体の存在意義を「現代化と革新のエンジン」と位置付けている．

また「三つの主要な挑戦」という節では，この文書の最初にあげられていた改革理由の３点それぞれの実態が詳しく描かれ，「新しい地方自治体――第三の道」という節で期待される地方自治体像が詳しく述べられている．それによると「新しい地方自治体の核心はリーダーシップ」にあり，そのためには，(1) 地域にあったビジョンを開発すること．(2) パートナーシップに焦点をおくこと．これはこれまでのすべてを行う多目的機関としての地方自治体ではなく，すべてを官民パートナーシップで広げていくことをめざすという意味である．(3) 質の高いサービスを保証すること．健康的な犯罪の少ない住環境の整備，質の高い学校教育などを供給することによって地域への帰属意識も高まるとしている．

そして「新しい地方自治体は新しい正統性を必要とする」というところでは，地方の民主主義の復活を目標に掲げ，具体的にはまず投票率の上昇をいかに達成するのか，地方自治体が計画を立てるべきであるとしている．またそれと同時に，従来の立法と行政を兼ね備えた法定委員会制度方式（＝参事会）を見直し，公選制の首長（行政と立法の分離）の導入を提唱する．その他にも議会内部でのある種の責任内閣制の導入も可能性として開かれたものとされ，その他の方法も含めて地方が決めればいいという形で提案されてい

る.

このように地方自治体の権限や制度を改革する提案がされたわけであるが，他方，中央政府との関係はどのように想定されていただろうか.

中央政府は地方自治体による権限の悪用や誤った実践に対しては非寛容で臨むとしたうえで，以下のように述べている.

> 中央政府はすべての地方当局に対し，基準の枠組みを提案する．全国的モデルに準じて各地方自治体は自分達の経営規則（code of conduct）を作成する．これには誤った実践に対して，迅速なかつ独立した深刻な異議申し立ての調査と決定という規定を含むものである（p.19).

この全体の枠組みを支配する考え方はベスト・バリューであり，これは保守党政権時代のバリュー・フォア・マネー（VfM）のうち強制競争入札制度（Compulsory Competitive Tendering：CCT）の部分を廃止して，新労働党によって新たに追加されたものである．このベスト・バリューを支えるのが4つのCといわれたものである．すなわち，（1）challenging（挑戦のC)，（2）consulting（協議のC)，（3）comparing（比較のC)，（4）competing（競争のC）である（p.19)．競争入札という安ければよいというのではなく，質が重要であるということを強調するためにベスト・バリューという用語が使われているのである.

そしてここでもまた，政府はこういった目的を実現するのに失敗した地方自治体には非寛容の態度に出るとして，直接的介入も辞さないと明言している.

地方自治体は，国家的目標に準じて地方での目標を設定し，それを実現するためにある種の権限と財政上の自由が与えられる．地方行政の効率化や権限の強化は，これまでの行政と立法を兼ね備えた多目的機関としての参事会・法定委員会制度方式ではなく，首長（行政）の独立方式か，責任内閣制方式といった新たな方式が提案されている．さらに地方民主主義の再建として，地域住民の参加，地域のビジネスの参加と協働，また公費支出の効率性や全体としての抑制を意図する官民パートナーシップといったものが浮かび上がってくるが，こういった地方自治体改革は，すでに明らかにした教育の場において展開されてきた「品質保証国家」の枠組みが全面的に適用されていることがわかる.

教育の場でいえば，LEA はもはや以前の LEA ではなく，あくまでも国家目標に準拠した地方の目標を地方の実情に合わせて設定し，モニターし，改善に取り組む役割へと「改革」されているのである．さらに首長制や責任内閣制の導入によって，LEA ＝ EC 制度は見直されることになり，自らが当該地域の教育政策を決定できるわけにはいかなくなることが十分予想された.

こういった内容は現実には1998年３月に公表された緑書『地方自治体の現代化』*Modernising Local Government*，７月に公刊された白書『現代的地方自治体——地域住民とのふれあい』*Modern Local Government —— In Touch with People*[55] でさらに展開され，最終的には1999年地方自治法に帰着する.

### 3　エドワード・ウッド『イングランドにおける地方財政』*Research Paper 98/106*（1 Dec., 1998, House of Commons Library）

これは，国会議員向けの資料として発表されたものである．ウッドは，現状として，イングランドの地方自治体はその収入のほぼ80％を中央からの補助金に依存していることを指摘している．また中央政府からの支出方法としては，(1) 歳入支援補助金（Revenue Support Grant：RSG），いわゆる一括補助金型．(2) 統一ビジネス税（Uniform Business Rate：UBR．または National Non-Domestic Rate：NNDR），これはビジネス税からの再分配．(3) 特定補助金という３つがある.

政府の1998年白書の提案は以下のように要約されている．(1) UBR は維持，(2) 一律のキャッピング（支出上限規制）は廃止，(3) 柔軟なキャッピングの導入，(4) ３年間分の補助金交付，(5) カウンシル・タックス・ベネフィット（Council Tax Benefit）（地方税の不足分を個人に対して援助するもので生活保護を受けているものなどは100％交付）への補助金には上限を設ける．(6) 民間財政イニシアチブ（Private Financial Initiative：PFI）を含む資本会計制度の改革である．３年分の補助金を交付するにあたって，基準支出査定（Standard Spending Assessment：SSA）の計算方法を基本的には減額の方向で変更することになったため，いくつかの領域で減額されることが問題となっていることも同時に指摘されている.

教育に関しては，追加的教育ニーズ補助金指標（Additional Educational

Needs：AEN Index）の導入が検討されている．これにはSEN（特別な教育ニーズ）に関連するもの，英語を母語としない子ども達への教育などが含まれる．かなりの額の交付が見込まれるので，政府はどうすれば学業成績の改善へとつながる形で交付できるのか検討中であると指摘してある．

このような形で多少特別な措置が講じられる必要のあるものとして，他に社会保障，都市部などが検討されていることが紹介されている．

ところでSSAは，７つのブロックで計算されている．すなわち（1）教育，（2）社会保障，（3）警察，（4）消防，（5）高速道路，（6）環境，保護および文化（通常その他すべてのサービスといわれる），（7）資本財務である．教育はさらに初等，中等，16歳以降，５歳未満，その他に細分化されている．

こうして地方自治体は均衡予算をとることになっており，不足分を地方税の課税で賄うことになるのであるが，予定される改革では課税が比較的簡単になる分，地方住民の納税者意識を刺激することによって，「地方財政のアカウンタビリティを高める制度（ギア効果）になることが期待されている」とウッズは締めくくっている．

### 4　1998年会計監査委員会（Audit Commission）法

1998年６月に成立した同法は，これまで保守党政権下で設置されてきた評価機関に対する会計監査を可能とするものであるのと同時に，同委員会に対して該当する事柄についての研究を課すものであった．つまり，これ以降会計監査委員会はある種の政策提言機関へと変容していくのである．この委員会は15名以上20名以下で編成される独立法人である．監査基準としてはベスト・バリュー枠組みが与えられており，それと照らし合わせて監査されることが期待されていた．つまり従来の監査であれば違法性が問われるだけであったのであるが，その判断に，新たに効率的であるかどうか，適切な計画であるかどうかといったプロセスに関する判断と査定も行われるようになったことに特徴があるといえよう．

### 5　1999年地方自治体法

新労働党政権は白書で提案された内容及びそれに対する関係団体との協議にもとづき，1998年に会計監査委員会法を改正し，事後評価制度の整備を行ったうえで，ベスト・バリューにもとづく地方自治体改革を1999年地方自治法によって行う．同法は第一部ベスト・バリュー，第二部地方税（カウンシル・タックス）と勧告，第三部一般に分かれており，第一部ではベスト・バリュー当局の規定，義務，実施計画作成，強制的競争入札制度の廃止，担当大臣による基準と業績指標についての命令（Order）の発令，地方自治体監査官による計画書レビューと報告書の送付（当該当局，監査委員会など），会計監査委員会による監査，担当大臣による改善命令の発令などが規定されている．第二部では2000年度からのカウンシル・タックスおよび勧告制度の改革が実施されるが，それには従来のキャッピング（支出上限規制）を廃止するものの，中央政府には規制する権限が与えられること，これにより予算に必要な税収を可能とし，第一層と第二層の地方当局間での公費支出を可能とするもので，これらは総じて地方自治体財政のアカウンタビリティを高めるためであると説明されている．

同法によって地方自治体の課税権限は高められたものの，その予算が適切かどうかの判断はベスト・バリュー枠組みと参照のうえ，まず地方の会計監査官によって計画の段階で精査され，事後的には会計監査委員会によって査察される．最終的に担当大臣は予算の見直し，減額などを命令できるような制度が作られることになったのである．

総合業績査定（Comprehensive Performance Assessment：CPA）は，1999 年地方自治法のもとで導入が決定されていたもので，一層だけの地方自治体とカウンティ・カウンシルの自治体サービスについての査定方法であり，それにもとづいての会計監査のやり方を規定するものである．

まず査定の枠組みとしては，諸手当，社会保障，環境，図書館とレジャー，教育，資源の有効利用，住宅という項目を立てて評価し，最終的に全体として５段階評価〔優秀（5），良（4），普通（3），可（2），問題あり（1）〕を加え，それを公表し，それと同時に問題点があれば，改善計画を地方自治体に立てさせることまでを含む．最終的に優秀地方自治体〔優秀（5）〕と認定される条件として，①教育に関しては３または２，②社会保障については２，③財政的には３，④すべての中心的サービスで２つ５を獲得したものであり，また良（3），普通（2），可（1），問題あり（0）という評価についてそれぞれ条件が明記されている．

この制度の確立によって，地方自治体もまたリーグテーブルの対象となったことがわかるうえ，全体として「品質保証国家」の枠組みが地方自治体においても成立したことが確認できよう．

なお，最初のCPAを使った全国的評価結果は2002年に公刊されている．

## 6　2000年緑書『地方財政の現代化』*Modernising Local Government Finance*

新労働党の地方自治体改革は1999年地方自治法をいかに具体化していくか，次の段階に移った．2000年9月に公表された緑書がそれであり，地方自治体はこれをもとにまず財政制度の改革についての協議を行ったのである．

同緑書によると1998年度の会計において地方自治体財政は支出面からみると，教育が38％，社会保障サービスが19％，警察が12％，消防3％，交通5％，その他23％となっていた．資本支出でみると住宅が38％，交通が16％，教育が15％，警察4％，社会保障2％，その他25％となっていた．他方，収入の45％が中央政府からの補助金，22％が法人税（ビジネス税），22％が地方税（カウンシル・タックス），手数料などの収入が残りの11％であった．資本支出（投資的経費）でみれば，中央政府からの補助金が18％，地方債などの借入金が35％などであった．

現行制度は，地方の予算，現実には基準支出査定（Standard Spending Assessment：SSA）と収入の差額を歳入支援補助金（Revenue Support Grant：RSG）で補塡するやり方であった．その他に中央政府は地方の借入金について，一部承認制をとっていた．従来は地方税課税率の上げ幅について中央政府がキャッピングと呼ばれる制限を加えていたが，それは地方の自主性をきわめて制限する方策であったため，これに対して見直しを加えることとなった．

緑書ではSSAがいかに機能するかということを，中等教育の例で説明している．

| 教育 | 下位項目 | フォーミュラー |
|---|---|---|
| | 就学前 | 生徒数 |
| | 初等教育 | 無償給食受給資格者数 |
| | 中等教育 | 人口密度（Sparse population） |
| | 16歳以降 | 追加的教育ニーズ |
| | 成人 | 地域経費調整 |

これは，たとえば教育補助金の下位項目中等教育に関してどのように予算が計算されるかを示す図である．細かな算定基準および詳しい数値はここでは省略する．なお現行制度の説明については，財務省財務総合政策研究所発行の報告書『主要国の地方税財政制度』2001年６月が詳しい（http://www.mof.go.jp/jouhou/soken/kenkyu.htm）．

## 7　2000年地方自治法（７月）

同法は以下の６部，(1) 経済的，社会的，環境的福祉の促進，(2) 公選制の首長，あるいは責任内閣制の導入，(3) 地方議員と地方公務員の職務，(4) 選挙，(5) その他，(6) ウェールズへの対応，関連規則から構成されている．ここで地方自治体の目的が法によって明確に規定され，地方自治体はそれにそって計画を立て，その結果を評価されることになる．しかしながら，それはあくまでも地方の実態に即し，地方自治体が開発する戦略にもとづいて行われるべきものであるとされ，同法の意図は地方自治を「復活」させるものであるということが強調されている．

地方自治の復権のために強力なリーダーシップが発揮できるよう，公選制の首長制を含む執行部体制の確立が，これまではロンドン市だけであったのがイングランド全体に対して提案されている．これに伴い，担当大臣が任命する３名から構成されるStandards Boardが，イングランドの地方自治体の議員及び職員，水準の状況などを査定するために設置される．また住民にはレファレンダムの権利が与えられる．さらに問題が起こった場合，仲裁するためにイングランドでは大蔵大臣が任命する３名以上のAdjudication Panelが設置されることになった．このAdjudication（仲裁）あるいはAdjudicator（仲裁者）は，すでに1998年の学校水準と枠組み法において学校定数の調整役を果たすために導入されたものと同様に，仲介，調停を専らとする政府任命の役人である．こういった枠組みそれ自体が教育行政制度で培われた体制をモデルとしていると推測することは，的はずれではあるまい．

同法によって公選制の首長とキャビネット制，あるいはリーダーと執行部体制，リーダーと責任内閣制が導入されることになり，それまでのLEA－EC制度もまた大幅に見直されることとなった[56]．

### 8　会計監査委員会『予算を最大限活用する』*Getting the Best from Your Budget*（Oct., 2000）および『ブリーフィング』*briefing：Money Matters —— school funding and resource management*（Nov., 2000）

会計監査委員会は，1999年地方自治法および政府の公費支出方法の変更案（３年予算編成）を受けて，この二つの報告書を公表した．学校の自律的経営（LMS）のうえにこの新たな補助金支出方法を如何に適用させるのか，そのノウハウをインターネットで公開するだけでなく，実際に経営の状況を判断するツールも開発している．基本的な構図はそれほど変わらないのでここでは省略する．

財政制度に関連すると，本書の対象時期を越えるが，この３年予算編成案の算定額をめぐって，インフレ率をいかに予測するのかが大きな焦点となり，教員組合との労働協約などの見直しとも関連して，公教育費が圧倒的に不足するというキャンペーンが張られるようになるのは2004年のことであった．その背景には，実は地方自治体による公教育費流用といった問題があった．国庫補助金は一括補助金の中に組み込まれて地方自治体に交付されていたため，多くの地方自治体が地方税を低く抑えるために政府の要請を無視して，パスポート補助金の扱いを実際にはしていなかったのである．最終的に政府は全額使途指定の特定補助金として公教育費の支出を決定し，2006年度から実施されることになっている．

学校の財政的基盤はより一層中央政府に依存するようになるとともに，LEA との関係が希薄化していくことは必定であり，2003年以降導入されつつあるマルチ・エージェンシー政策とともに今後の推移が注目される[57)]．

終　章

# まとめと展望

## ―― 二つの「品質保証国家」教育改革

以上みてきたように，サッチャー保守党政権の下で登場してきた「品質保証国家」の体制は，1997年に誕生した新労働党政権によって，さらに精緻化され，強力に押し進められている．保守党政権にあっては「品質保証国家」のメカニズムはともすればそのイデオロギー性に強調点があったが，新労働党政権は旧来からの統制メカニズムに加えて，このメカニズムを技術的に駆使しているというのがスティーブン・ボールの評価である[1)]．

しかしながらその政策を分析してみれば，保守党と労働党とでは決定的な点で異なる側面がいくつかある．まず第一にLEAの役割の違いがあげられる．保守党政権の時代では，LEAの弱体化という側面が非常に強い．それは地方レベルにおいては，労働党が強い地域が多く，たとえば内ロンドン教育当局（ILEA）のように先進的な取り組みを行っているところが多かったからである．この場合，先進的というのは，たとえば，性教育，多文化教育のみならず，教師の研修制度の充実なども含まれる．多文化教育などは大都市かつ多文化都市ロンドンという現実的な対応という面も強かったと思われるが，ILEAは革新のシンボル的な存在として攻撃され，解体されたとみることができよう．また，行政改革のみならず，学校と国家との間の中間団体であるLEAは，市場原理で学校を組織するというサッチャーらの思惑からすれば，労働組合と同じように，また弱体化させられるべきものであった．基礎的な教育水準の向上は，市場におかれた個々の公立学校に基本的に委ねられたのである．LEAの弱体化のためにFASが設置され，FASには単なる補助金配分機構としての役割が与えられたのである．

他方，新労働党はLEAを復活させたが，それは1979年以前の通常パートナーシップ原理で知られていた自由裁量権の強かったLEAではなかった．LEAには，当該地域の基礎学力向上を政府に代わって促進する役割が与えられた．この責任を遂行できない場合には，民間委託を含む強力な手段を行使する権限を中央政府が有した．これはこれまで補助金制度を通じての統制や，越権行為論という法理にもとづく統制以上に地方自治体に対して有効な統制手段を有していなかった中央政府からみれば，強力な立場に立ったということができる．1988年教育改革法において，いくつもの権限が大臣に付与されたことが当時は問題視されたが，それ以上のものということができよう．現にLEAのサービスが民間委託されたところは2002年の段階で，すでに７ヶ所存在していた[2)]．

第二に，親の役割の違いがあげられる．保守党政権下では，教育専門家の力を削ぐために消費者（顧客）として，選択を行う主体として高い地位が与えられた．実態としては，むしろ人気のある学校からみれば選ばれる客体となることはあったが，一般的にいえば，学校を自ら選択すること，自分達の選択が受け入れられない時には，異議申し立てをするような主体性も認められた．さらに，学校を選択した後は，経営に参画し，ともすれば専門家が独断で学校を運営する嫌いにある部面を牽制する役割が，与えられたのである．

他方新労働党は，親は明確に子どもの基礎学力向上に対して責任があるとした．親の学校選択は継続されたものの，学校の教育活動に対しては責任を果たすべく契約の当事者として，さらには経営にも積極的に参画するパートナーとしての役割が期待された．また，子どもを不法に就学させなかったりした場合には罰金刑の対象ともされた．親代表として学校評議会メンバーになった場合には，評議会が果たすべき役割などについての研修を受けなければならなかった．つまり，この時点で，消費者であった親は，責任を分担するパートナーとなったのである．

第三に，私立学校への対応においても違いをみることができる．保守党政権は私立学校に対しては登録制を導入したものの，基本的には放置する対応をとった．それと比べると労働党政権は，従来の私立学校への敵対的対応をやめ，公立学校と私立学校間のパートナーシップを強調した．人材や施設設備の共有化という政府の提案によって，公立学校の教育条件を改善させることが期待され，公立学校との新しいパートナーシップに組み込まれていった.

私立学校設置条件は，2002年にさらに緩和され，子ども一人ひとりへの対応が私立学校を活用して広げられているといえる．登録制に加えて，視察制度も整備され，新たなタイプの学校や特化学校，推進モデル校などは，親や子どもの関心や興味に合致するものを可能な限り見出す努力をして，学校での学習文化の醸成を図ろうとした．

もちろんこういった背景には，保守党政権下の様々な政策が約20年を経て制度として定着してきたこと，あるいはそのもとで現場レベルでいろいろな運動が繰り広げられてきた結果，新労働党政権に有効なモデルを提供することになったということを忘れてはならない．たとえば，保守党政権が教育専門家の権限を減少させるために利用しようとした「親の教育の自由」は，実際には，子どもの教育に熱心な社会階層（ミドルクラス）の拡大を伴わない経済状況の前には，まず第一に子どもがその学校に行くと幸せか，安全かといったレベルで実践されたのであり，成績による競争を自覚したのはむしろ学校の側であった．また，最初のナショナルカリキュラムの内容があまりに狭く限定的であったために，それを改善していったのも学校や教職員であった．第一回のナショナルテストをボイコットするという教職員の運動を多くの親は支持したのである．しかしながら，教育への関心が高まったのは，産業構造の変化と，新しいミドルクラスとしてのホワイトカラーおよび管理者層の台頭，ITや知識社会の到来，そして生涯学習社会の創出といった時代の要請でもあった[3)]．

新労働党政権のもとの「品質保証国家」は，公立学校制度にとくにミドルクラスを招き入れることを意図して，全体的な教育水準を上げようとした．そしてそこに，学校制度を通じてメリトクラシー的平等社会（社会的包摂も，シチズンシップ教育も，そして社会正義もこれと敵対するものではない）の建設を目標に掲げたトニー・ブレアの積極的な教育改革が継続可能とされる土台があった．学校も，親やLEAもこの教育水準の向上という究極的目標を実現するための装置として，役割が見直され，その新しい役割に向けて教育されているのである．

このように，学力水準の向上がはかばかしくないところに強力な介入を行う新労働党政権の教育政策は，品質保証国家のもう一つの可能性を示しており，市場原理と事後評価の組み合わせは学校，LEAの弱点を明らかにし，救済策を講じる手段に転化したのである．

ところで，この基礎学力の向上を保守党も新労働党も追求した結果，「品質保証国家」という枠組みが共有されたのであるが，新労働党政権の基礎学力向上という目的はさらに生涯学習社会の創出というもう一つの，ある意味ではより大きな目的とつながっている点が両党の教育政策を明確に分けるものとなっていることを見落としてはならない．新労働党政権第一期はその準備期間にあたるものであった．そこでは新しい試みとして従来の高等教育とは別に，「産業のための大学」（UfI）が準備され，ネットワーク型学習が義務教育後教育，あるいは中等教育後教育として構想されている．これは保守党の高等教育政策，あるいは職業準備教育政策にはないものである．

またこの「品質保証国家」の枠組みは，何も教育に留まらないということを確認しておくことも重要であろう．確かに保守党政権の時代においても，この枠組みは次に社会保障サービス（コミュニティ・ケア）において適用された．その後VfM（投資した額に見合う価値：費用対効果）という言葉に象徴されるようになってからは，ほとんどの公共サービスに適用されるようになる．新労働党政権の下では，さらにベスト・バリューという言葉で，これが補足され，安かろう，悪かろうとなる危険性のある入札制度の見直しが行われ，一層の品質保証メカニズムが完成したといえよう．さらに，これは地方自治体全体のサービス評価にも拡大され，今やほとんどの領域でこの枠組みが活用されている．この試みと地方教育行政の実態とがいかなるものへと展開していくことになるのかという問題も，今後の課題の一つである．

ところで，この間の新労働党政権の教育政策は，「品質保証国家」的枠組みを精緻化しながら，新しいイニシアチブのラッシュと共に進められた．しかしそれは，あくまでもナショナルカリキュラムで想定されている教育水準の向上というきわめて限定的な目標からみればということである．この限定的な目標それ自体を教育学的見地からみればどのような問題があるかということは，別の次元の問題である．この点については補論で若干展開したい．

ナショナルカリキュラムで想定されている教育水準の向上のために，新労働党が第一に考えたことは，ミドルクラスを再び公立学校に招き入れることであった．この場合，ミドルクラスは学校教育に熱心な層であるということが想定されているのである．それゆえ，ミドルクラスを引きつけるために，まず学校の教育水準を上げなければならないが，ミドルクラスを引きつけられた学校はミドルクラスが存在することによってさらに教育水準が上がることが期待されたのである．そのためには，入学者選抜も容認されたし，従来のグラマースクールタイプの学校の温存も認められた．また第二に，アカデミーの強調の背景には，民間企業の経営手法への深い信頼がある．そういった意味では公的なものは非効率であるという思いこみが，新労働党においても依然として強いことがわかる．

第三に，教育水準を上げることが究極的目標となっているために，常に，今の水準は低く，まだ上げなければならないという文化が支配的になっている．そのために，次から次へ新しい政策やイニシアチブが中央政府によって延々と導入されている．個々の政策評価は一切行われていない．少しでもうまくいかなければ次の方策がとられるからであるが，思いつきのような政策，イニシアチブの矢継ぎ早の導入は，学校現場やLEAにおいてはすでに食傷気味であり，新たな官僚制の発達と書類作成に忙殺され，じっくりと教育実践を行っていくうえで雑音であり，妨害物へと転化しつつある．こういった弊害が現れてくるのが第二期以降である．

さらに新労働党政権の生涯学習社会の創出，あるいは生涯学習という文化の創出といった目的から逆照射される基礎学力の向上とは，従来の基礎学力の向上という言葉で示されるものと内容的に大きな転換をもたらしているのかどうかという問題が残されている．生涯学習社会，あるいは高度情報社会というと，基礎学力におけるICT（情報コミュニケーション技術）の重視などがすぐあげられるであろうが，それだけには留まらない．M・F・D・ヤングの言葉を借りれば「未来のカリキュラム」志向が重要である[4]．そこでは自ら学習目的を設定し，計画し，学習できるような個人の創出が目的とされ，教師はコーディネーター（あるいはファシリエーター）の役割が与えられる．具体的にいえば，プロジェクト型学習，課題解決型学習といえよう．将来のネットワーク型学習への準備を見据えた基礎学力の向上が求められるのである．

新労働党政権第一期の教育政策は，中等教育の多様化をさらに一層促進することによって，ともかくも義務教育終了後の数年，すなわち16歳から19歳までの教育・訓練を一般化させる状態を作り上げること，換言すれば義務教育後教育への進学率の上昇を志向している．まずはそのために義務教育段階の学校を通じて，学習文化の確立をめざしているといってよいだろう．生涯学習社会の創出という課題についての評価をするためには，新労働党政権の第二期以降を検討する必要がある．

またまったく次元の異なることではあるが，サッチャー政権下，国家の活動領域が一気に狭まり，いくつかの公共サービスが市民社会に戻されていった．その分市民が担う役割や責任も大きくなった．それと同時に，市民社会に多様な補助金も交付されるようになり，市民の自主的な活動を促進した．このことが，市民社会における価値観の多様化を促進し，活動する市民の層を厚くしたことは事実であり，様々な可能性を含む市民活動が活発化した．このことも現在日本でも徐々に増加しつつある経済活動を行うNPO，フェアトレードへの注目，企業倫理の追究と並んで，メリトクラシーとは異なる社会構成原理の可能性をもたらすものとなっていることも重要である（この点については補論を参照のこと）．

2007年５月の段階では労働党政権はすでに第三期に突入しており，ブレアからブラウンへの党首交代が行われた．その一方で教育改革も引き続き行われている．さらに地方自治体の現代化政策と，最近導入されつつあるマルチ・エージェンシー政策はこれまでの地方教育行政制度に変化をもたらしている．前者は第一期政権に明確に法制化されたもので，迅速な効率的な地方自治体の制度化を作り出すということから，首長制あるいは執行部体制の導入が図られている．そのため，たとえば，執行部体制が採用されたロンドンのワンズワース区では，法定委員会であった教育委員会（Education Committee）は教育に関する監督と精査委員会（Educational Overview and Scrutiny Committee）へと改組され，政策決定はここでは行われなくなっている．またこのマルチ・エージェンシー政策は，2003年頃から提唱され始めた「どの子どもも大切（Every Child Matters）」というスローガンのもと，それまで０歳から19歳未満の子どもと青少年に対して供給されてきた様々な公共的サービス，たとえば，保育，学校教育，保健衛生，社会福祉，警察および司法といった分野をネットワーク的に繋げる政策のことである．具体的にいえば，一人の子どもに対して複数のエージェンシーがこれまではばらばらに関わってきたが，今後はチームとして対応するため，エージェンシー間で情報を共有し，より効果的な措置を講ずることを可能とすることが意図されているのである．

この政策が今後地方教育行政制度にどのような改組をもたらすかは現在で

はまだ未知数であるが，すでにLEAという名称はなくなり，地方当局（Local Authority）と改称され，2006年10月からは従前の社会保障担当部局のうち，Child Careの部分と教育局が統合された．このマルチ・エージェンシー政策は，教育水準の向上という究極的目標を実現するために考え出されたという仮説が成り立つ（4章のバーバーの節を参照のこと）．つまり，成績の上がらない生徒は学習に困難を抱えているか，貧困，母子家庭など家庭に問題を抱えていることが多いので，この点を改善するために様々な公共サービスが連携する必要がある，ということが考えられているからである．さらにこのことを受けて2007年6月からは，これまでの教育スキル省が，子ども・学校・家庭省に改組されている．

労働党政権が矢継ぎ早に，そして一つ一つの政策の結果を精査することなく，政策やイニシアチブを打ち出すために現場が改革について行かれない状況にあること，また各イニシアチブや政策の間で，あるいは労働党政権のその他の政策とにおいて，矛盾や新たな問題をいくつも作り出しているということなどが問題点として指摘されている．第一期もそうであったが，これほど細かく具体的な政策（たとえば，一日30分程度の宿題を出すことなど）を提示する政権はこれまでになかった．現場の教師達は，それもこれも政府および教育スキル省の役人が公立学校の現場を知らなさすぎるからであると嘆いている．しかしながら一つの政策が何らかの批判を受けたり，短期的に効果がなければすぐに次のアイデアを試すという状態が続いているというのが実際であろう．

イギリスの教育改革は新しいイニシアチブの洪水とイニシアチブごとに編成される新しい官僚制の到来とともに，ある種の永続改革の様相を呈している．学校における学習文化の醸成と教育水準の向上を追求するがために，依然として学校現場（教師）への叱咤（もっと教育水準を改善せよ）と親への不信（もっと子どもの教育に関心をもて）をひたすら表明し続けている．いちいち干渉してくる政府を揶揄して，子どもの自立を促すために，ああしろこうしろという口やかましい乳母にたとえて「乳母国家（nanny state）」と批判するものもいる．自立した個人を創出するために，そして学習意欲の高い労働者を創出するために，教育はあたかも万能薬であるかのように語られている．真の危機は，ここにこそひそんでいるといえるのではないだろうか．

補　論

# イギリスの教育改革から学ぶものとは何か

## 1　はじめに

日本における教育改革は，安倍首相の下で，教育基本法改正など矢継ぎ早に，しかも教育関係者の反対を押し切った形で進められてきた．当初はイギリスのサッチャーによる教育改革がモデルであると公言してはばからなかったが，その後ややトーンが落ちてきて，ブレア政権の教育改革をモデルとしているとスタンスを変えていった．

安倍政権によるイギリスの教育改革のアイデアの輸入の試みについては，日本では何重もの意味で批判が展開されていった．第一には，イギリスという他国で行われた教育改革を無批判にモデルと見なすということへのごく常識的な批判であり，それはイギリスの現実をよく理解しようともせず，イギリス社会の全体的文脈を無視して都合のよいところだけをピックアップしようとする安倍政権のやり方に対する批判である．これは筆者も展開している批判である．第二は，いわゆるニューライトの教育改革そのものへの批判である．

第一と第二の批判は分けて考えられていないことが多い．しかしニューライトの教育改革は，現実の公教育制度における官僚制批判や地域社会に対して公立学校が非応答的であるといった批判，教育水準の向上といった問題，また新労働党政権のもとではグローバリゼーションという新たな問題への対応であったということができる．さらに福祉国家のもとでみられた「依存文化」と「政治的無関心」といった，両政権がともに問題視してきた点についての対応策であった．このような問題情況は日本にとっても共通する．こういった点からすれば，この教育改革については全面的に否定するのではなく，アップルが指摘するようにセンスの良いものと悪いものがあるという態度で臨むべきであろう．

第三に，ナショナルカリキュラムとテストの体制が，教育内容をきわめて貧弱なものとし，評価もまた数字還元的であるとする教育学的見地からの批判もなされている．しかしこの問題は，日本ではすでにおなじみのものであり，イギリス特有の問題ではないし，（義務制）学校制度を有している国には共通の問題であるといってよいだろう．この問題は現代社会において必要とされる教養や知識，学校知，「教育とは何か」「教育を受けた人間とはどのような人間か」といった問題，およびそれを決定しているのは誰かという批判教育学が常に問題としてきた問題群として考えるべきであろう．

この問題とも関連するが，最後に第四として，現代社会における学校制度というものが果たす社会的機能である人材の選抜・配分機構に由来する不平等，あるいは格差を拡大するという観点からの批判がある．これは公立学校制度の多様化が不平等を拡大するという，ある種の信念にもとづいている．つまり市場原理による公教育の組織化（学校選択）が不平等を拡大するという問題である．この問題は，イギリスの教育改革の評価と複雑に絡まっていることは確かであるが，今のところ，学校制度以外に人材を選抜・配分する機能を果たす制度を我々が考えつかない限り，いかに学校制度を改革しても，人材を選抜し，配分する機能は存続するため，いかなる学校教育改革も不平等を再生産するがゆえに，批判されざるをえない．

学校制度が人々を社会的分業体制にあわせて配分していくということは，通常は階級社会ではなく業績主義であるという点で，また社会の発達にあわせて，かつ民主化のプロセスとしても認識されてきたものである．少なくとも血統や財産の原理よりは民主的であるという前提を受け入れるならば，この問題は現代の教育改革を批判すればすむようなものでもない．付言すれば，業績の原理が認められた現在においても，依然として暗黙に存在し続いている女性やマイノリティに対する不利益を考えれば，業績主義の原理をさらに徹底させるべきであるという主張も十分根拠のあることである．また，現在指摘されている受験戦争などは能力主義の原理的な問題ではなく，能力主義原理が現実化される時に生じてくる弊害であるという認識をもつことが重要であろう．とくに日本の文化においては，努力することが能力主義の一部（あるいは大部分）として高く評価される傾向にあるからである．

この第四の問題は，能力主義の問題として異なる次元での論議が必要だと思われる．そしてこのような大きな枠組みが存続する限り，どのような改革を行ったとしても，基本的にこの枠組みの内部で優位にある人々はこの改革を自ら有利に活用する可能性は常にあるということである．だからといって，不利な立場にある人々が必然的に不利になるということを意味しているわけではない．もちろんこういった改革で何らかの利益を得ることが可能な人々は，圧倒的に前者であるが．さらに，日本ではこの枠組み自体を否定し始めた若者が増えているということが問題となっていることは自明である．そういう意味でも，能力主義の問題として根本的な批判を加えることは重要な課題である．この点については後述する．

## 2 日本とイギリスの公教育制度にみる差異

ところで，第一と第二の批判を扱う時の大前提として，イギリスと日本の公教育制度においては，大きな違いがいくつかあることを指摘しておく必要があろう．まず第一にイギリスの公立学校制度は，私立学校に対する公費援助から始まっているということだ．つまり，日本とは異なり，国家が一般大衆を対象とする学校教育の制度化に着手するのは，すでに市民社会において私立学校制度が存在していて，しかしながら，私立学校に依存していては全国に設置できないので，あくまでも私立学校を補完するということで導入されたのである．国家はおそるおそる後から参加した，とでもいえようか．

1870年以降設置された公費100％で設立，維持管理されるようになった学務委員会立公立学校は私立学校をモデルとするものであった．それと同時に公費援助を受ける学校はすべて公立学校と見なされたため，もともとは私立学校として設立されたものも多く含まれていた．公立学校で働く教職員は，ヴォランタリースクールでの宗派教育を担当する教師以外は，基本的に地方公務員であるが，日本と異なり，教職員の人事異動は制度化されていない．教職員は学校を単位として，採用が決まるからである．学校の自律的経営（LMS）導入以前は，教職員の総数はLEAの予算で決定されていたが，日本のような標準定数法といった法もないため，一つの学校で何人の教職員を雇用するかということは，基本的には学校とLEAとの交渉事項であった．また人事異動が基本的に行われないという点は，学校の教育理念（ミッション）にもとづく特色ある学校作りや，学校に人事権，予算，カリキュラム編成権を委譲するLMSを導入するうえでも，決定的に重要であった．

日本では人事異動の問題があるため，学校のミッションについて合意があったうえで教職員が同一の学校に集まるわけではないからである．（もちろんこのミッションのもとに学校をまとめるという発想自体は，イギリスでも学校選択政策が導入されて初めて明確になったものである．たとえば筆者が断続的に調査を行ってきたグレイブニー校では，学校評議会および校長らが決定した学校の生き残り政策としてのGMS化に反対した教職員もそのまま働いており，反対派の最後の教師がこの学校を去るまでにほぼ7年かかっていたからである．反対派の存在は学校をまとめていくうえで障害になった，と当時の事務長は話してくれた．）

第二に，地方教育行政財制度がまったく異なる点も重要である．日本では戦後教育改革でアメリカの公選制教育委員会制度が導入されたが，イギリスではすでに20世紀初頭にこのような制度（学務委員会）は廃止され，地方議会（立法と行政をかねるため参事会と訳出される）が地方教育行政機関（LEA）となった．そして地方参事会の下に構成される法定教育委員会が具体的に政策を決めていく形になっており，教育局が地方自治体事務局の一部局として教育行政事務を担当している．したがって，イギリスでは教育政策は政党の重要な政策課題であり，「一般行政からの独立」ということは考えられていないし，日本のように教育の政治的中立性といった概念はみられない．

また，中央政府は地方参事会の解散権は有していないため，単純にいえば，教育法で規定される中央政府の統制権のほとんどは地方に対する間接的な強制力，すなわち承認や認可，補助金の交付方法などを中心とするようなものだけである．たとえば，中等教育学校はコンプリヘンシブスクール（総合制中等教育学校）が主流であるが，地域によっては依然として三分岐型中等教育学校制度を保持しているところも存在する．イギリスは「教育の地方自治」という原則を実現している，といわれている所以である．そういった意味では，現代の教育改革によって中央政府が最低限の教育水準を規定し，この達成に失敗したLEAの活動を停止させたり，一部を民間委託させるようにするという権限を有するようになったということは，中央と地方の関係を考えるうえで重大な変更が加えられたということがいえる．ここから中央集権化が進んでいるという批判も生じているが，日本のような中央集権的教育行政制度を想像するのは誤りである[1]．

これと平行して，地方教育財政制度も異なる．もちろんイギリスにおいてもいくつか特定補助金は存在しているものの，基本的には中央政府から地方政府に対する一括補助金という形で公教育費は支出されてきた．しかしながら，本書でも紹介したように，地方政府による公教育費流用が問題となり，確実に公教育費が教育のために支出されるよう，現在では枠（パスポート補助金と呼ばれる）が決められている．

他方，日本においては，戦後教育改革において導入が検討されていた教育委員会独自の財源としての教育税構想がつぶれ，平衡交付金という一般財源化を一度経て，再び義務教育に関する国庫負担制度が導入された．これにより，義務制諸学校の教職員の給与と旅費，義務制諸学校施設設備費，教材費への半額国庫負担が行われるようになった．この特定補助金は，教育の機会均等の原則を実現するものとして教育関係者らによって強く擁護されてきたものである．

しかしながら，1980年代以降，行政改革の中で，国庫負担制度から学校事務職員と栄養職員の給与に関しては対象除外にするという大蔵省の案が公にされて以来，毎年これら二職種の給与を国庫負担の対象除外とする大蔵省の提案を回避するために，日教組を中心に激しい抵抗運動が繰り広げられ，結果的には妥協として様々な手当，旅費，教材費といったものが対象から外され，都道府県，市町村の一般財政の負担に切り替えられていった．2004年度から導入された総額裁量制は，交付された補助金の枠内で柔軟な教職員配置を可能とするものとされ，さらには2006年度には国の負担が二分の一から三分の一に引き下げてられている，これに合意するまでには，中学校の教職員給与の国庫負担を廃止するというような案まで出されていた．

しかし，ここでも再び強調しておきたい点は，このように国庫負担は削減されていったのであるが，だからといって学校の自主性や，地方教育委員会などの権限が拡大，実質化されたわけではないということだ．総額裁量制は地方の自主性を発揮できる制度として説明されているが，この場合の地方の自主性というのは地方自治体レベルの話であること，首長が一番熱心に地方自治を主張している点に惑わされてはならない．教育における地方自治とは，地方教育行政機関や学校の自主性自律性をさす言葉であって，一般の地方自治体の裁量権を増大させることではない．

さらにこのような特定補助金は，公教育費の確保という面から肯定的に評価されてきたものであるが，人事管理政策の重要な実現手段として機能してきた面をもち，中央集権的教育政策を支えるものとして有効な統制手段でもあった．たとえばすでに教頭，主任といった管理職の導入に加えて，今度新たに加えられた副校長や主幹が導入されたが，これに関しても手当をつけるという形で実質化していくのである．また教職員定数の管理という側面も無視できず，標準定数法によって学級編制の基本生徒数を管理するということとも連動している．一方，最初に行われた教材費の対象除外は，市町村レベルでの学校運営費支出にみる格差を深刻なまでに拡大している．

■現在，日本においても教育委員会制度を廃止し，首長部局への統合を主張する動きが目立ってきている．本家アメリカでも，たとえばニューヨーク市では分権法が改正され，市教育委員会とこれまでの実権あるコミュニティ学区教育委員会が改組され，市長および市教育委員会教育長との共同事業として教育行政制度が改革されている[2]．こういった意味でもイギリスの教育行政制度の研究は重要性を増しているし，これまで日本の教育行政学研究が根拠としてきた戦後教育改革の三原則自体も見直しが迫られることになるだろう．

公教育費の支出について両国で比較すると，イギリスの場合，1980年代から現在までをGDP比でみると，1984年度から1990年度までが４％台で，その後５年間はかろうじて５％程度であったが，1995年度から再び下がり始め，1999年度は最低の4.4％であった．その後2000年度から５％台にもどり，2005年度には5.5％で679億ポンドとなっている[3]．一般政府支出における公教育比の割合をみると，イギリスが11.9％であったのに対して，日本は10.7％にとどまっている[4]．実際，予算規模，貨幣価値も違うので，このような数字による単純な比較はできないが，これらの数値は日本の公教育費支出が低いレベルであると主張する際に使われる数字である．

新労働党政権になってからは，教育が最善の経済政策であるとの認識から重点的に予算が支出されているような宣伝がなされている．しかし実際は，GDP比でみればそれほどの変化は認められない．それでも，たとえば2006年のブレアの発表ではイングランドのすべての中等教育学校の校舎の建て替えまたは改修を行うこと，多額の国費を支出するアカデミーの増設などが明言されている[5]．さらに前述の通り，公教育費の地方政府による流用を認めず，全額教育のために支出することなどを法によって規定している．こういった点は，たとえば教材費への半額国庫負担が外れたとたんに，一気に削減方向に動いた日本の地方自治体の公教育費支出の現状，また「聖域なき補助金の削減」を明言し，次々と補助金削減を行い，かといって学校の自律的経営といった側面では学校の自律性を高めることをほとんど認めない日本政府と比べれば，公教育に対する基本姿勢の違いは明らかである．

第三に，必ずしも明確な証拠といったものがあるわけではないが，誤解をおそれずにいえば，学校教育に対する見方が異なる．現在はそれ自体も変わりつつあるが，一般的にいえば，普通の労働者階級にとって学校は就職するまでの時間つぶしの場であった．このことは，後期中等教育機関および高等教育への進学率の低さに表されているし，階級社会がつい最近まで確固としたものとして存在していたともいえるものである．もちろん，サッチャリズムの登場，産業構造の変動などに伴い，階級社会は一気に流動化したともいえる．それでも，高等教育機関は専門職養成であるという認識が依然として強く存在していた．

メリトクラティックな生涯学習社会を作るために，学習文化それ自体を作り出す必要があるというブレアの言葉や，「塾」，「受験戦争」という日本語に対応する英語が存在していなかったということも，このような認識が一般的であったということを裏付けているともいえよう．さらには，1988年教育改革法まで，1944年教育法以降，ナショナルカリキュラムがなかったというイギリスの特異性も無視してはならない．進学率の低さ，そしてナショナルカリキュラムの欠如は，塾や受験産業などの教育産業が発展する余地を与えてこなかったのである．

さらに，イギリスでは依然として教育と学校教育を峻別する意識が強いということも，上記の問題と関連しているかもしれない．たとえば，1944年教育法においても，義務教育は親が「学校またはその他の場所で」子どもに十全な教育を与える義務が規定されているのであって，就学義務ではなかった．この精神は今でも残っており，「学校以外の場所での教育（education otherwise）」という運動は根強く残っている[6]．1996年教育法で学校に通学していない子どもの親に対して，学校への出席命令を裁判所が発令できるという規定が盛り込まれたが，この場合も子どもを登録した学校に出席させていない場合に適用されるのであり，事前に学校以外の場所で教育を行いたいと申請した場合でも，LEA によってその学校の教育が不十分であると指摘された場合を除いて，除外される．さらに新労働党政権になって，子どもを登録した学校に登校させていない親に対して科料が科されることになったが，この場合においても，登録しているということが第一の条件になっている．今ではアメリカと同様にキリスト教原理主義者によるホームスクーリングの活用と相まって，宗教的分離の危険性をはらむものであるが，現在のところこの危険性を指摘するものはほとんどいない[7]．

第四に，上記のような伝統を反映していると考えられるが，国家における学校教育への関心度の違いをあげておこう．すでに指摘したように，ナショナルカリキュラムの長期にわたる不在は，先進国の中ではイギリスを特異な国としてきた[8]．グリーンは，教育改革が行われるのは国民国家が危機に直面した時であると指摘している．日本の場合それは，明治維新であり，第二次世界大戦の敗戦であった．グリーン流にいえば，これまでイギリスは危機に直面したという認識がなかった，ということがいえよう．

この点について一般に指摘されていることは，まず第一に産業革命の担い手のほとんどが正規の学校教育を受けたものではなかったということである．つまり，大英帝国の繁栄は学校教育の結果ではなかったということである．そのような歴史的背景から，イギリスでは経済発展と学校教育との関係は重視されてこなかったといわれているし，それは日本のような後発国が中央集権的に公教育制度を整備するのとは対照的なのである．イギリス初の教育法の成立が1870年であり，日本の学制が1872年でわずか２年の違いであるが，両国の経済力の違いを考えれば，いかにイギリスが特殊であるかがわかるだろう．このことはイギリスの文化にあっては労働者階級が学校教育を重視しないという，前述の点にもつながってくる．生産といった労働は，被支配階級である労働者が専ら行うものであり，生産に必要な英知は学校教育とは別の形で，すなわち徒弟制という形で伝承されており，この徒弟制がクローズドショップの労働組合という制度のもとで温存されてきたのである．他方，教育を受けた教養ある人々は金儲けを卑しいものとして低くみる文化を有していたという指摘もある．ウィーナーによればこれこそが大英帝国が衰退した理由である[9]．

もちろんイギリスにおいても，大きな教育改革が1944年に行われている．これは総力戦体制であった第二次大戦中に，より平等な戦後社会を約束するために描き出されたものであった．戦勝国であったイギリスにとってこれは，日本が敗戦時に体験した危機とはまったく異なるものであった．そこには断絶はなく，したがって，平等の方へは進んだけれども強力な国家主導の改革ではなかった．現にこの教育法によって，カリキュラムに関する直接的な中央統制は廃止されている[10]．

第五に，これもまた確固とした証拠があるわけではないが，能力に対する考え方が違う．まずイギリスでは前述の通り，優秀な能力は神からの贈り物（gift）であるという考え方がある．つまり，自然に偶然に備わって生まれてきたという考え方である．この能力を最大限伸ばすことが自然であり，教育の目的でもある．しかしこれはあくまでも授かり物だから，このような天恵を得たものはその能力を以って社会に貢献すべきなのである．

この自然に授かった能力に対して，訓練やドリルといったもので身に付く能力がある．たとえば，学習はその成果を如実に反映すると信じられているので，日本では予習と復習が重視される．イギリスでは，それはあまり望ましいことではないと考えられてきたようである．このような文化はイギリスに典型的な中等教育学校の実践にみられる．中等教育学校では，生徒が科目の教師が待つ教室に移動する．その教室には教科書がおいてあり，授業が始まると生徒に配られ，授業が終わると回収される．つまり予習や復習ができないようになっているのである．生徒はその場で教科書を開き，その場で教師の発問に答える．教科書にある例題には数学のように巻末に解答も書かれてあるものもあり，要領のよい子はそれをみながら質問に答えたりすることもある．

予習や復習をするのはフェアではない．それはまず第一に参考書を買える家庭と買えない家庭があるからである．また練習しさえすれば，いってみれば誰でも問題は解けるようになる．それではその子ども本来の能力がわからない．この理由からイレブンプラス試験におけるIQテストは不人気となったといわれている．学校はその子どもの発達に応じた教育を行えばいいので，予習や復習をする必要はないのだ．したがって宿題という発想もなかった．できる子はできるレベルを，できない子は自分ができるレベルを理解すればよい．この状況は，筆者が1985年からたびたび訪れているリーズの公立中等教育学校で授業を参観した時や，その後1990年代から始めたロンドンの公立中等教育学校での授業参観においても同様であった．

さらにメグ・マグワイヤー教授やアンディ・グリーン教授とのインタビューでも指摘されたことなので，数少ない事例で判断するのは危険であることは承知の上でいえば，少なくとも教師が有していた文化の一端は表れていると思う．おそらくこの発想が，ナショナルカリキュラムと到達目標であるアテインメントターゲット設定をする際，キイステージごとに到達すべきであるとされた水準（ベンチマーク）がかなり幅のあるものになった理由であろう．

簡単にいえば，「素」の能力がきちんと評価されればいいのである．教師が生徒の成績をよくしようと思うのは，その子の能力に見合う限りの範囲である．もちろん，こういった文化は進学校や私立学校ではみられないのかもしれない．さらに一連の教育改革は，テストや課題研究などによって学校の成績を付け，最終的には受験生全体のGCSE試験の成績結果で，学校の業績を測ることを奨励している．そのため，「素」の能力を重視する文化が依然として脈々と続いているにしても，徐々に，人間の評価が一元化されつつあることは事実である．この問題は，第四の問題，すなわち能力主義の問題と関連するので，ここでは指摘にとどめておこう．

ほかにも異なる点は多々あるだろう．また，地域性や学校による違いも多々ある．いつ，どこのどの学校をみてきたかによって印象はかなり異なるのは事実である．したがって，こういった傾向を一般化することは危険かもしれないが，これまでの経験とこのような理解のもとで，筆者はイギリスの教育を分析しているということである．

## 3 日本とイギリスの公教育制度がもつ共通の課題——「選択」と「責任」

以上のような違いがあるとしても，誤解をおそれずにいえば，日本がイギリスから学ぶものがあるとするならば，イギリスの教育改革にはまず第一に親を「親」にする契機があるという点である．つまり自分の子どもだけに関心を払う素の利己的な親を，学校と協力して子ども達の教育に責任を負う「親」へと成長させる場がいくつも多重的に準備されているということだ．もちろんこのシステムに乗らない親の存在は依然としてある．この問題はまた別途考えられるべきであるが，システム的に準備されていることをここでは強調しておきたい．

また第二に親が「親」になるように，教職員もまた自己変革が求められていることも重要である．一つには，学校を一つの経営体とすることで，職場を民主化する土台を提供しているということである．そこでは全教職員が共通理解しているミッションをもとに，さらに保護者を巻き込んで学校を作っていく努力が常に求められていくことになる．一般にみられるような教育職員と非教育職員との間の不必要な差別観といったものも，教授学習過程と管理経営過程とが協同する必要を認識することで払拭されるであろう．さらに保護者を明確に経営の一翼として組み込むことによって，さらにはアカウンタビリティの強調によっても，従来の教職のもつ独善性はオープンなものへと変質が求められる．もちろん，実際の運用面では，イギリスで生じたようないくつもの具体的な問題をクリアしていく必要はあるし，他にもいくつか細かい問題点は多々あるともいえるが，原則のレベルでいえば，上記の二点こそ重要なものであると思われる．

すでに何度も繰り返しているが，新労働政権のもとでの「品質保証国家」の教育政策とは，まず国家（あるいは準国家機関）が教育内容と到達基準を設定し，教育サービスの供給主体である学校は多様化されると同時に，特色を出すためには人事，予算その他の権限が学校評議会に委譲され，自律的経営が認められる．この学校評議会は，学校関係者だけではなく，地域，保護者，教職員，当該LEA代表その他関係者から構成される．保護者には学校を選択する権限が与えられ，学校を選んだ後は経営に参画することが期待されるほか，子どもの基礎学力向上に対する責任が明確化され，学校に協力することが求められる．国家（あるいは準国家機関）は学校が供給したサービスの成果をテストし，モニターし，その結果を公表する．結果に関する情報は，保護者にとっては学校選択をする際の情報として，また学校および監督機関に対しては問題点の析出として，改善の方策を考案し，対処するために活用される．さらには，改善が一向に認められない監督機関（LEA）に対しては，サービスの一部あるいはすべてを民営化（アウトソーシング）したり，学校に至っては教職員を一新して新たなスタートを切らせるということを命じることが大臣の権限として認められている．これらは中央政府をのぞいて互いに互いをチェックし，評価しあう関係になっているのである．教育内容の国家的基準の設定，学校の自律的経営，保護者の学校選択と経営参加，事後評価は四点セットを構成しているのである．

さらにここで忘れてはならないのはオーナーシップ（所有者意識）とステークホルダーシップ（当事者意識）の違いの強調である．前者は保守党政権時代の持ち家政策等にも現れているが，簡単にいえば自分のものならよく管理もし，大切にするだろうということだ．公共住宅のスラム化はその家が自分のものという意識がないためにもたらされたのだという認識である．このアイデアは学校に対しても強調され，野党労働党にも多大な影響を与えた．しかしブレアはそれにとどまらずステークホルダーというアイデアを対抗的にもたらしたのである．

ところで，このような観点からすれば，日本においては，ナショナルカリキュラムとして学習指導要領および検定教科書がすでに長期にわたり存在していることがまずあげられよう．次に，結果の評価および公表に関していえば，学校内部での評価が日常的に行われているし，義務教育に関しては高校入試制度が，さらに中等教育に関しては大学入試制度が外部試験的に機能していることがあげられる．これら入試制度は，原則的には学習指導要領にもとづいており，名実共にカリキュラム統制を実質化している．少なくとも，PISA のような国際比較を問題にしなければ，国内の学力水準は上級学校に進学できるかどうかという意味で十分確認できるのである．

こうして，「品質保証国家」という観点からすれば，上記の四点セットのうち，学校の自律的経営と保護者の学校選択とが日本では欠落しているということがいえる．この二点は，日本の教育改革論議においても以前から議論されてきたが，今のところ，学校の自律的経営についてはほとんどみるべきものはない．その一方で，学校を地域に開くという観点から，学校評議員制度や地域運営協議会制度の導入が試みられた．また，保護者の学校選択はまた別の政策として分離されて，個々の地方教育委員会および市町村レベルで導入されつつある．

つまり，日本の場合は，議論の経過においては踏み込んだものもみられた主張もあったにもかかわらず，いわゆる四点セットがバラバラに切り離され，誤解をおそれずにいえば，文科省や学校関係者の受け入れられる程度で，あるいは行政改革特区という形で個別に導入されているといってよい．そのために，その結果も中途半端なものとなっている[11]．もちろん，それこそ日本の文脈を重視した結果であるという評価は十分考えられる．日本の国内でも学校選択に対する批判は根強いことも事実である．しかしながら，結果的に中途半端に導入され，根本的な改革とはなっていないがために，こういった一連の改革の有効性がまったく現れず，弊害だけが顕著となりつつあり，それをさして学校選択反対論者がさらに反対を主張するというのが現状ではないだろうか．

そもそもイギリスやアメリカの教育改革がなぜ起こったのか．それはイギリスやアメリカ社会が直面していた「依存文化」や学校の官僚化といった日本にも共通する重要な課題にニューライトなりに取り組んできたということではなかったのか．そしてこの問題は日本にも共通しているものであるが，日本では結局これに根本的に取り組むことなく，旧来の体制内でどうにか折り合いを付けていこうとする応対がみられる，ということなのではないだろうか（しかし，すでにそのような対応では事態は解決できないレベルにまで進んでいるのではないか）．

公務員バッシングの後に展開されているメディアによるモンスター・ペアレンツの存在の強調が，道徳教育の教科化と強化を主張する論調を支えている．確かに公衆道徳の問題は残されているし，イギリスで主張されている多元化社会の下でのシチズンシップ教育の重要性は日本でも同じであるといってよい．しかしその内容と，今声高に一部保守勢力が主張している「ジェンダー」批判にもとづく保守的な思想の復活や，国を個人より上位に立たせる「道徳教育」と果たして同じものであろうか．さらに家庭教育への「指導的な」干渉でこういった問題は解決できるのであろうか．要は，「自立した」（責任感ある）市民をいかに生み出すか，という点にかかっているのではないか．

戦後教育学を理論的に先導してきた堀尾輝久は，国家によって供給される公教育制度とは対抗的な理想的な公教育制度は，フランス革命期のコンドルセに依拠して，「親義務の共同化＝私事の組織化」として組織化されたものであると一貫して主張してきた．親は基本的に子どもの教育に責任と義務を負う（子どもの学習権保障）．またこのことこそ私教育法制に基礎をおくことでもあり，それゆえ国家による支配の装置としての公教育と対抗できるのである．しかしながら，現実の親は，我が子にだけ関心と愛情を注ぐ利己的な親であり，学校全体，そこにいる子ども全体については思いが馳せられない．このエゴイスティックな親がいかにすれば他の親と共同して，理想とする公教育制度を組織することができるのか．この点になると堀尾輝久の主張は具体性を欠く[12)]．

この堀尾の「親義務の共同化」あるいは「私事の組織化」という主張は，筆者が学部時代に影響を受けた市民社会学派の内田義彦，あるいは平田清明の理論と相通じるものがある．市民社会学派にとっては，真の共同社会は，自由人のアソシエーション（自発的自治組織）といった形態をとることが理想なのである．この場合の自由人とは基本的人権の主体たる市民である．しかしながら，この「自由人」あるいは「自立した個人」はどのように生まれてくるのか．大塚久雄や丸山真男が，そこではこの概念が確立していると想定された社会モデルであるイギリス社会において，現在，大問題とされたのが，前述の通り，「依存文化」や「政治的無関心な若者」の存在であり，「自由な」「自立した」市民の喪失であった．

ところで日本の戦後教育改革は，民主社会を形成するという期待を受けて行われた．具体的には「人格の完成」という文言が旧教育基本法前文に盛り込まれていた．これは戦後啓蒙期において大塚や丸山にみられた近代的主体的個人の創出ということを意図したものとして考えることもできよう．この問題は，視点を変えれば，これまでの社会科学や政治学が一貫して追及してきた問題だといえる．すなわち，戦後日本の社会科学研究者が一貫して嘆いてきた「主体的個人」あるいは「自立した個人」の不在という問題である．

日本の個人主義を検討している小田中直樹は，大塚久雄を再評価する中で，大塚が想定した自立した個人のモデルはイギリスのヨーマン（独立自営農民）であったとしている[13)]．ヨーマンは歴史的存在であって，すでにこの世のものではない．一方，時代は下るが新自由主義のイデオローグと目されるハイエクにとってのモデルは独立自営の商品生産者であった．この個人は自身では合理的判断にもとづいて行動しているものの，その判断の正しさは市場によって商品が売れたかどうかという形で事後的に明らかになるという個人である．人間の合理的判断の正しさは人間には判断できない，というこの点が設計主義，官僚主義への根本的批判となっている．この点でハイエクの個人像は，徹頭徹尾合理的であり，その結果正しい結果をもたらすと想定されているような完全体の人間像を理想とする大塚や丸山とは大きく異なるものである．しかしながら，市民社会学派である内田義彦とは意外なところで呼応する部分がある．

繰り返しになるが，ハイエクが強調する主体的な個人（独立自営生産者）は，自らが英知を傾けた商品を生産して市場に運び，その商品が売れるかどうかを「賭ける」という個人である．そして彼／彼女の商品が市場で売れれば，彼／彼女の「賭け」（および自分の判断）が正しいということが結果的に証明されるというものであった．こうして，主体的な判断という部分に注目すれば，「選択」（賭け）するという行為にたどり着く．実は内田も人間が自らの社会認識を深めていくこと，あるいは理論的活動に従事するということは，取捨選択（「賭け」）であると主張する．つまり「選択」という行為がここでも重要な行為として際立たされているのである[14]．選択をすることで人間は主体的になる．

ところで，ギャンブルによれば，ハイエクの独立商品生産者というモデルもすでにイギリス社会では支配的な形態ではない．企業はすでに大規模化し，その内実は官僚化していると指摘する．個々の人間は，自らの判断を賭けるという行為を経済活動に関連付けた行為としては，もはや日常的に行わなくなっているのだ[15]．こうして，主体的判断を下す「選択」という行為はもはや生産ではなく，他の領域に求められることになる．ハイエクの理論に準拠して官僚制批判を展開したサッチャー達が注目したのは，公共サービスの受け手，すなわち「顧客」であり，消費行動における「選択」であった．こうして，主体的な判断という部分に注目すれば，消費者の「選択」（賭け）することという行為にたどり着く．もちろんこのように結論付けるためには，さらなる理論的検証を続けなければならないが，主体的な個人の創出は，現代社会では専ら消費者の「選択」に期待がかけられているといっても過言ではないだろう．そしてもしこの仮説が正しければ，保護者の学校選択や学校への経営参加（＝共同政策決定）は主体形成論としても，民主主義理論としても，重要な意義があるものとして検討されるべきである．もちろんその際，現代社会では欲望そのものが情報操作によって生み出されているという点を軽視してはならない。

これに加えて公共分野においては公共サービスの消費者を主体的にするために，オーナーシップという概念が導入された．これは前述の通り，具体的には公共住宅に住む貧民を想像すればわかりやすい．戦後急造された公共住宅がスラム化したのはイギリスも同様であるが，オーナーシップの主張には，住人が自分の持ち家ならもっと大切に住居を使うだろうし，周りの環境にも関心をもたざるをえないだろうという想定がある．どうせ他人のものであるからぞんざいに扱ってもよいと思っているのではないか．さらに所得による制限がある場合，頑張って社会上昇移動できたものはその住宅から出ていき，そのあとにはまた貧しいものが入ってくる．残された住民は，社会上昇移動できた人々の生活を知ることもなく，貧しいもの同士同じ環境に埋没していく．こうして公共住宅アパートは人生をあきらめた人間が集まる場へと転化していくのである．

犯罪，ドラッグ売人，貧困の負のスパイラルをそこにみることは簡単である．そのような地域ではいかに公立学校が頑張ってもできることは知れているのだ．しかし保守党政権は，オーナーシップという段階にとどまっていた．野党労働党は当初オーナーシップという用語を同様に使い出したが，ブレア時代になるとさらに一歩進めてステークホルダーという用語に変わっていく．ステークホルダーというのは，当事者として利害も関心も共有化されるある人間関係を前提としている．オーナーシップが個人から出発するのとは異なり，共同性や協同性が含み込まれることになる．

すでに本書でも指摘したように，ここでは新労働党政権と保守党政権の教育改革にみられる「親」の位置付けの違いが決定的に重要である．すなわち，保守党政権の教育改革では，親はまず「消費者」「顧客」「オーナー」として想定され，「選択」する権利を行使することによって，生産者（教師）のほうに大きく傾いていたバランスを一気に変える装置として考えられていた．さらに「選択」後は学校経営に参加して，そこでも生産者を監督，牽制することが期待されていた．つまり保守党政権下の親は，その権利が強調されるところに特徴があったのである．しかしながら，新労働党政権のもとでは，親は子どもの学力水準を向上させるという目的の遂行のために責任と義務を負う「ステークホルダー」として再定義された．また「選択」後は，保守党政権と同様に学校経営に参加して，生産者を監督，牽制する役割が継続しているが，それに加えて，学校評議会に参加する保護者のメンバーとして行動するとはどのようなことであるのか，徹底的に研修やインターネットを通じて繰り返し教え込まれているのである．

そこでは，「我が子」中心から，学校全体に責任を負い，学校全体で基礎学力の向上に取り組むためにいったい何をすることが必要なのかを考え，行動する「保護者」「評議会」メンバー像が明確に打ち出されている．これに加えて，ひとたび学校に子どもを就学させた場合には，決して欠席させない，さぼらせないこと，もし怠業がわかった場合には保護者に対して出席命令が発行されることが，すでに保守党政権下1996年教育法で規定されたが，新労働党政権はこれに科料を付け加えている．（1944年教育法で明確にされている学校以外の場所で行われる教育を認めるという哲学自体は現在も生きており，これらの規定はあくまでも学校に登録した生徒の親，あるいはその他の場所での教育が不十分であると認定された親が対象である．）

精力的にニューライトの教育政策を批判してきたウィッティらはすでに1998年の段階で，以下のように指摘している．

「私達は，教育における消費者の権利とともに，市民的権利を再び主張することを通じて，公正の問題にもっと注意を払わなければならない」[16]．そして，「社会的差異を激化させずに，地域社会にもっと力を与える新たな様式を促進するために，私達は選択と（学校の—引用者）自律性の積極面をいかに活用することができるかということを問うべきである」[17] と．

これについて付言すれば，ギデンズは，2003年段階の修正「第三の道」で市民の義務と責任を明確に謳ったうえで，以下のように述べる．

まず「選択と競争は，現実化できる場合はどこででも，民営部門と同様に公共部門でも重要である」が，教育と保健衛生サービスは消費財と同様の扱いをするわけにはいかない．なぜならこういった公共部門においては，市民としての責任と義務が関わってくるからであるし，「（これに関する—引用者）選択は市場での選択の場合とは異なり，信頼と参加を前もって保証する体制を必要とする」．「公共部門においては個人は市民＝消費者となるべきである」．そこには「二つ問題点がある．一つは公共部門における既得権益を有する集団と公共的利害の関係，もう一つは多元化主義と不平等という関係である」，前者に関しては生産者側の独裁を許さないということが肝要であるとした．また後者に関しては具体的に以下のような提案を行っている．

> 選択を拡大するということは，貧しい人々にとって，豊かな人々が享受している選択のうちのいくつかを得ることを意味する．選択は，とくに競争がある場合，公正さを高める．なぜなら，現在貧しい人々が甘んじなければならない質の悪い公共サービスの供給者に対して圧力をかけ

> ることが可能となるからである．最後に，選択と分権を拡大することは，ミドルクラスの退出に制限を加えるために決定的に重要である[18]．

ここでは，ミドルクラスを再び公共空間に導き入れることで，公共空間を活性化することと同時に，教育に関心の高いよき「親」モデルとしての役割をミドルクラスが果たすことも期待されているのである．この指摘は，私立中学校への進学率が依然として上昇している日本の公教育制度にとっても，きわめて重要である．

以上みてきたように，「依存文化」からの脱却や自立した責任ある市民を育成するための現代の「品質保証国家」的教育改革は，教育内容の国家的基準の設定，学校選択，学校の自律的経営，事後評価という四つの要素から（もちろん，さらに精緻にするためにはもっと要素が付け加えられることになるが）構成される一つのセットなのである．これはセットで考える必要があるのであって，バラバラに導入してしまっては無意味なのである．つまり，日本の教育改革に欠けているものは，それこそ日本を真の民主主義社会にするための重要な要素であったのであるが，それらが反対派の手によって，不平等を拡大するという主張のもとに，慎重に取り除かれてしまったのである[19]．

## 4 能力主義と平等問題に関して

最後に第四の問題について述べよう．しかしながら，この問題は，サッチャリズムとブレア主義との継続性と非継続性を明らかにするという本書の射程をはるかに超えている問題であるし，今後の研究課題として手を付け始めたばかりである．したがってここで示すことができるのは，たんに方向性であることをお断りしておきたい．

さて，教育改革のレベルであれば，また日本が抱えている教育問題の解決というレベルであれば，イギリスから学ぶところは前述の通り，大いにあるといってよいと思われる．しかしながら，教育学として考えなければならない大問題が残されている．それは先にもふれておいた能力主義の問題である．もちろんここでいう能力主義とは，受験戦争や過度のストレスといったような弊害の部分ではない．社会の構成原理としての能力主義の問題についてである．そして学校制度は今やこの能力を評価する支配的な制度となっている．そしてそれは単線型，つまり一元化されればされるほど明確になる．

新労働党政権の教育政策の根本には，イギリス社会および学校制度をメリトクラシー的イデオロギーによって編制し直そうというブレアらの決意がある[20]．ブレアは明確に，従来の階級社会をメリトクラシー的社会に改革することでよりメリトクラシー的な意味での平等な社会を展望している．この発想は，第二期の学校水準担当副大臣であり，将来の首相候補と目されているデビッド・ミリバンドにも引き継がれている[21]．メリトクラシー的社会を構築するためには様々な阻害要因を析出し，それに対処していかなければならない．新労働党政権の提唱する「品質保証国家」の教育政策が，問題点の析出とそれへの対応策を講ずるために事後評価を活用するのは，そのためでもあった．しかしながら，このような新労働党政権の政策に対して根本的な批判を加えたのは，マイケル・ヤングその人であった．

以下はガーディアン紙に2001年６月29日付けで掲載された，ヤングの「メリトクラシーとともに滅びる」*Down with meritocracy* の訳である〔（　）内は訳者の補足〕．

私は1958年に著した自著，『メリトクラシーの興隆』によって，悲しい思いをさせられてきた．このメリトクラシーという言葉は，私が作ったのだが，広く流布し，とくにアメリカ，そして最近ではブレア氏の演説において格別な扱いを受けている．

この本は，1958年から，メリトクラシーに対する最終的な革命が起こると想像した2033年まで，イギリスで起こるかもしれないことに対しての警告となるものであった．

予言されたものの多くが現実のものとなっている．我が首相がこの本を読んだとはとても思えない．しかし，彼が提唱しているものの危険性を自覚することなくこの言葉を使っているのは事実だろう．私の議論の根底には，1958年よりも一世紀以上前の社会におこったことについての周知された歴史分析がある．とくに1870年代から，すなわち学校教育が義務（強制）となり，国家公務員の採用が競争試験によって行われることが決まりとなった頃からの分析である．それまでは，社会的地位は一般に生まれ（血統）によって決まっていた．しかし生まれに関係なく，社会的地位が徐々に獲得されるようになっていく.

業績に応じて職に採用されることはいいことだ.（だが）人々がある特定の業績をもつことで（その価値が）判断されるようになり，その他の人々には（その職に就く）余地を与えないような新しい社会階級へと固定化されるようになると，事態はまったく正反対のものとなる．伝統的な能力，これは階級を超えてランダムに分配されてきたものであるが，この能力は，教育によって高度に集中するようになる.

この社会革命は，教育の狭い価値観に従って人々をふるいにかけるという使命を帯びるよう仕向けられた学校と大学によって成就される．与えられる資格や学位という面白いバッテリーによって，教育は少数のものに対して認証のシールを貼る．そして７歳あるいはそれ以前にすでに底辺層に追放され，輝けなかった大多数には不可のシールを貼るのだ．この新しい階級は，（シールを貼る）手段をもち，それに対する統制力をもつ．そしてそのことによって自らを再生産するのだ.

この歴史分析から獲得される，より論争的予言と警告は，貧しいもの，不利なものは社会の下方に追いやられるというものであったが，実際そうなった．もし学校で失敗の烙印を押されたら，彼らはのちに失業者になりやすい．こういった人々は，成功した人々によって見下されることにより，意気を失う.

業績だけを判断基準にして，何ももっていないと判断されると，社会で生きていくことは非常に困難になる．いかなる下層階級もこのように道徳的に丸裸にされて放置されたことはこれまでなかった.

彼らは，彼らと同じ労働者階級出身で，労働者階級にアイデンティティをもっている彼らの生まれついての指導者，有能な代弁者達の多くを教育によって奪われてきた．彼らの指導者達は，これまで，有産者と無産者の間での国会と産業における永続的な闘争において，富有者や有力者達に反対の立場を取ってきた.

メリトクラシーの社会がくれば，指導者を失った大衆は，部分的に，選挙権を剥奪される．時が経るにつれて，もっと多くのものが排除され，投票するのさえおっくうがるほどに無関心になっていくだろう．彼らはもはや自分達の代表をもたない．……

（1945年の）アトリー内閣では（ベヴィンとモリソンの）他にもたくさ

んの閣僚が，たとえばベヴァンとグリフィス（二人とも炭坑出身）のように低い階級出身で，彼らと共通性を多くもつ一般的な人々のプライドとなっていた．これはブレア内閣とかなりの対極をなしている．この内閣はほとんどがメリトクラシーから構成されているからだ．

この新しい社会環境において，富有者と有力者は，自分達のためにほとんど何でもできてしまう．彼らは彼らが耳を傾けるべき人々の旧来の批判から自由である．これはかつて彼らをチェックしてきたものだ．しかしこれはブレア政権のもとでは反対物になっている．

ビジネス界のメリトクラシーは流行りである．もしメリトクラシーが，さらにそうするように仕向けられているのであるが，自分自身のメリットでここまできたと信じるならば，自分達が獲得できるものは何でも自分達のものだと感じるだろう．彼らは自分達の地位が自分自身のメリットではなく，親の七光りといったようなものでえられたと知っているもの達よりももっともっと我慢できないほどうぬぼれるだろう．この新しい住民は自分達こそ正しいと思うだろう．

こういったエリートが，自分達に与えられる報酬を妨げるものはないということをますます確信していくのだ．ビジネスの古い抑制ははずされ，この本で予言したように，人々が自分達の私腹を肥やす新しい方法は，開発され，悪用される．給料と授業料は値上げされる．寛大な株の配当といった提案は増殖し，ボーナスと高額の取り引きは何倍も増額される．

結果として，より平等をかつては明確に，かつ特徴として主張してきた政党のリーダーからは一つの泣き言も聞くことなく，一般的な不平等は年々ひどくなる．

このより両極化したメリトクラシー社会について，何ができるのか？

もしブレアが彼の公の発言からこの言葉を消せば，あるいは，少なくともこの暗い側面を認めれば，救われるのか．もし彼とブラウン氏が，金持ちに対する所得税を増税し，地方の人々を参加させ，国家的政治への参加の訓練を与えることでより強力な地方政府を復活させることでこの新しいメリトクラシーから距離をおこうとするならば，救いとなるだろうか．

あの本にはもう一つの予言があった．今以上に，大規模な教育的選抜

> がまた挿入されるだろうというものだ．私の想像上の著者，メリトクラシーの献身的な弟子は，革命の直前にこういった．「社会の低級な階層の子ども達に高度の文明化を拡大しようとする試みによって，教育水準を低下させることはもはや必要ではない．」
>
> 少なくとも，こういったことが現実になることを避けることは，まだ不可能ではないだろうと希望する．

『メリトクラシーの興隆：1870－2033』で描かれた世界は，IQ で能力が測られることを前提に，IQ の高い人々には早くからそれにふさわしい教育，職業，待遇を与える．そのため，労働者（その時にはテクニシャンと改称）は IQ の低いものがなるので，その指導層にはエリートを雇うことになる．こうして，そもそも「教育の機会均等」の実現を要求してきた労働者階級は，その実現を通して，メリトクラシーの台頭を許し，自ら再び支配される側に転落する一方，もはや以前のようには支配する側を批判する能力さえ自分達の階級から奪われていく様を描き出している．その結果，「正統な」エリートへの従属であり，権利を剥奪され，あきらめかつ無関心な，あるいは批判的能力をもたない客体，受け身的市民が形成されるのである．能力はそもそも自然の気まぐれによって階級を問わず分布していたはずなのに，唯一の人間を測る基準が IQ（学力）に固定化されたために，IQ の高いもの同士の婚姻や，能力のある子どもが生まれなかった場合には，偶然労働者階級に生まれ落ちた能力のある子どもを養子にすることによって，能力のあるものは労働者階級から吸い上げられてしまうのである．

また，ヤングはメリトクラシーではない社会を具体的に以下のように述べている．

> 我々が他者を富，職業，教育，権力だけではなく，知性や肉体的スキルだけではなく，彼らの親切心，勇気，想像力，感性，正直さ，同情心，謙遜心によっても評価していたら，この世に階級など存在しなかっただろう．科学者が肉体労働者よりも，子どものいない大学教授が父親としての素質を発揮しているポーターよりも，大事な委員会の議長がバラを育てるのがとても上手なトラック運転手よりも優れているなどということを，誰がいうことができようか[22]．

現在のイギリスでは，イレブンプラス試験が支配的であった時代と同じように，教育の意味そのものをめぐって再び論争が起こっている．さらに，徐々に強まってきている教育の成果をあたかも個人の成果としてのみ見なす風潮に対しても批判が起こり始めている．この風潮は，大学の授業料徴収を，将来の高所得は保障されているわけであるから，これは先行投資なのだとして正当化した労働党政権の主張によってさらに強められている（日本に近づいたといってもいいかもしれない）．これは，多様な人間の能力を一元的に評価しようというメリトクラシー的発想に対しての健全な反発を示している．しかし，反発を示しているだけでは何も変えられない．現代社会がすでに義務教育修了では安定したある程度の生活を保障できるだけの職に付くことを困難とし始めているという労働（雇用）の問題に対処しなければ，さらに失業者を増やすことになるからである．

こういった現実に対して，ヤングは，利潤が期待できないような領域でも，コミュニティのニーズを掘り起こし，結果的にそれをビジネスにつなげていくことを考えていた．人間は食べていかなければならない．しかし，生活保護を受けるのではなく，自分で稼ぐことが人間として重要なのである．確かに非営利法人によるボランティア活動は，大切な領域で重要な役割を果たしているが，それでは，サービスを受ける人と与える人との間に一種の「主従関係」が生じる．サービスを受ける側の人々の方が何が必要か一番わかっているので，それをビジネスへとつなげていくこと，すなわち，これまでは受け身だった人々が自分で起業をすることが肝要であるというのだ．さらに，「コミュニティへの思い」で人間を評価する場合，その「コミュニティの思い」が独善かどうかを市場によってチェックするという考え方が背景にあることも重要である．

サッチャリズムの結果，国家の前線が大幅に後退し，市民社会に活動の余地が生まれ，それと同時に補助金なども社会に供給された．ビジネスチャンスが拡がった時に，これまではそういったチャンスの活用方法を知らず，社会的ネットワークももたなかった人々で，「コミュニティへの思い」というアイデアから起業しようという人々に対して必要なスキルと情報と資源を提供し，その自立を支援しようというのが「社会貢献型企業のための学校」（School for Social Entrepreneurs：SSE）であった[23]．この学校は，ヤングが亡くなる数年前，1998年に，ヤングが設立した数多くの機関の最後のものとして設立されている[24].

現在このSSEのアイデアは，労働党政権によって奨励されるようになり，英国全土に広がっている．また，この運動は，現在日本でも注目をあびつつある企業倫理の問題（Corporate Social Responsibility：CSR）[25] やフェアトレードをめざす企業などの動きとも，また2006年にノーベル平和賞を受賞したバングラディッシュのムハマド・ユヌスとグラミン銀行の融資活動などとも深く関連しているといえよう．

ここではこれ以上展開することはまだできないが，こういった傾向，すなわち社会の底辺層からの経済的・社会的発展を創造する努力を具体化するという試みの中に，メリトクラシー社会を乗り越える契機があるのではないだろうか．とくに，この活動が成人を対象とし，ふたたび経済活動において自立を促進している点に，学校教育を真に自由にする可能性があると信じたい．なぜなら学校での失敗を再び学校で取り戻すのではなく，社会に出た段階で取り戻す可能性を追求することで，学歴が相対化されるからである．

学校制度が社会的分業に応じて労働者を配分するという現在の体制に対して，本格的な代案がさしあたり提案できないのであれば，このように相対化する試みは重要である．そしてこれとならんで，市場社会主義者であるルグランが提唱するデモグラント（Demogrant）[26] なども十分検討に値するものであろう．

# 註

## 序章

1　「品質保証国家」の考え方のより直接的な経緯については，大田直子「評価の政策史―― イギリスの経験」『教育社会学研究』日本教育社会学会，2003年を参照のこと．

2　たとえば Illich, I., *Gender*, Pantheon Books, 1982.（イヴァン・イリイチ／玉野井芳郎訳『ジェンダー』岩波書店，1998年）参照．もちろん実際に想定されているのは独立自営の白人成年男子であることは明らかであり，このことからこの想定に対して，またこの想定のうえに成り立つ優位性に対して，それ以外の存在，たとえば女性，有色人種，労働者階級，障害者などによる彼らの基本的人権の主張は，社会の平等を促進するうえで大きな役割を果たしてきたことはいうまでもない．

3　兼子仁『新版　教育法』有斐閣，1978年，98頁．兼子のこの指摘は重要である．私教育法制を根幹とする場合，親が最終的に子どもの教育に関する責任および統制権を有することになるからである．これは自然法的関係にもとづいている．親の地位に対して専門職としての教師の地位の優位性はここからは導き出されえないことは「親代わり *in loco parentis*」という言葉が象徴している．しかも親には教師を選ぶ（雇用する）という絶対的優位性が存在していることを見落としてはならない．もちろん現在では，自然法的親子関係そのものが崩れているとみる立場も登場してきている．石川稔．森田明編『児童の権利条約』一粒社，1995年．

4　Briggs, Asa, *Michael Young : Social Entrepreneur*, Palgrave Mcmillan, 2001, p.159.

5　Young, M., *The Rise of Meritocracy*, Transaction Publishers, 1994. ここに黒崎とヤングの関心の重なりをみることは非常に興味深い．黒崎勲『教育と不平等』新曜社，1989年，黒崎勲『教育行政学』岩波書店，1999年など参照．

6　イギリスの地方自治体は，基本的に行政と立法を兼ね備える議会であったため，日本の地方議会と区別するため，参事会と訳出される．19世紀から20世紀にかけてのイギリスの教育行政制度改革については，大田直子『イギリス教育行政制度成立史』東京大学出版会，1992年を参照のこと．なお，ブレア労働党政権は地方参事会のこの体制に対して，執行部体制の導入を誘導する2000年地方自治法を成立させており，この新しい体制を選択する地方自治体もいくつか登場している．この実態については今後の検討課題とする．

7　Perkin, H., *The Rise of Professional Society : England since 1880*, Routledge, 1989.

8　中央政府による教育内容への非介入は基礎教育（後の初等教育）については1926年に，そして初等および中等教育のカリキュラムに対しては1944年教育法によって規定されなかったことと規則が公布されなかったことによって，行われないものとされた．教育内容への国家統制が廃止された理由はいまだ論争となっているが，一つには，左傾化した教師集団を「専門性」を強調することによって分断しようとした説，中央集権的な教育政策を導入する傾向の強い労働党が政権を取ることを懸念した保守党が，前もって分権的システムを構築したのだという説もある．詳しくは大田直子「研究ノート『秘密の花園』の終焉(1)――イギリスにおける教師の教育の自由について――」『人文学報』259，東京都立大学，1995年を参照のこと．

9　大田直子『イギリス教育行政制度成立史』東京大学出版会，1992年．但しイギリスではつい最近まで就学義務だけが義務教育と見なされていたのではなかった．親の教育権が認められていたので，教育を受けていることが証明されれば，学校以外の場（otherwise）での教育も認められていたのである．前出のマイケル・ヤングはこれを根拠に，学校に関する助言センター（Advisory Centre for Education : ACE. 機関誌 *Where*）を1960年に設立し，公立学校以外の学校教育の多様性を追求する親達へのアドバイスを始めている．また1988年教育法改革論議において，積極的に国家介入を排除することを支援もしている．

その他にも「その他の場での教育（Education Otherwise）」という団体が1978年に一部の保護者を中心に設立されている．その後1980年代以降ホームスクーリング実践者達の数は増大し続けており，この団体は今 UK でホームスクーリングに関しては最大規模の団体であるといわれている．また，「家庭～教育」という名称の団体は UK で最も充実したホームスクーリングに関するホームページを管理している（http://www.home-education.org.uk/menu1.htm，2007年８月ダウンロード）．

10　イギリスにおける義務教育レベルの教員養成が大学で行われるようになるのは1960年代のことである．ここにおいてようやく義務教育学校の教師という職業が専門職であることが社会的に認められるようになったといえよう．現在ではむしろ学校現場で養成することも重視されるようになったが，これは逆に脱専門職の政策と批判される．

11　イギリスの教育改革を日本の現在のモデルとして高く評価しているものの中に，自民党及び民主党の国会議員らが行ったイギリス調査報告書がある．『教育正常化への道』と題された報告書は，調査の時点ですでに労働党の「品質保証国家」のもとでの教育制度を調査したにもかかわらず，あくまでもそれをサッチャリズムのそれとして把握し，その成功の鍵を1944年教育法を1988年教育改革法に改正した点にあると結論付けている．そこからこの報告書は日本においても教育基本法の改正を正当化するものであるが，この結論は誤ったものであることは明らかである．「品質保証国家」のタイプを区分する必要性が決定的であるというのはそのためでもある．中西輝政と英国教育調査団編集『教育正常化への道』PHP 研究所，2005年．また安倍晋三の『美しい国へ』文藝春秋社，2006年においても同様な指摘があり，今後の日本の教育改革をイギリスをモデルにして行う旨明確にされている．

## 第1章

1 *Education*, 22, Oct., 1976, pp.332～333. 全文が掲載されている．

2 この時期にみられた労働党政権の経済政策の方向転換については，内田勝敏編『イギリス経済』世界思想社，1989年のほか，A・ギャンブル，前掲書，Atkinson, H. and S. Wilks-Heeg, eds., *Local Government from Thatcher to Blair*, Polity, 2000. などを参照のこと．

3 これについては，大田直子『イギリス教育行政制度成立史』東京大学出版会，1992年，参照のこと．

4 ウィリアム・ティンダール事件とは，内ロンドン LEA の管轄下にあった同校がきわめてプログレッシブな教育方法をとったために，親達の拒否にあい教師の解任が要求されたのであるが，逆に教師達がロック・アウトして学校の自主運営を行った事件である．仲裁に内ロンドン LEA が介入したが，解決に至らず，第三者による調査が行われ，人事を一新して再出発したものである．これはテーラー委員会設置の直接的契機ともいわれている．テーラー・レポートはそのことは否定しているが，この事件から多くのことを学んだとしている．*A New Partnership for Our Schools*（the Taylor Report.）DES and Walsh Office,（HMSO 1977), pp.3–4. また，同事件が左派の教育学者達に対して与えた影響については，Young, M. and G. Whitty, 'Postscript', *Society, State and Schooling*, The Falmer Press, 1977, p.271. を参照．またマイケル・バーバーはこの事件について以下のように述べている．「1974年，新しい校長としてテリー・エリスが採用された．彼の指揮の下，学校は教師の自律性の限界を試すような実験を行い，『アナーキー』と表現するのが一番ふさわしいような状況をもたらした．『進歩主義』であろうとした彼らの試みは，教師の大多数が学習過程についての自分達の責任を放棄し，生徒の発達の記録さえつけられなかったのである．彼らは専門家の自律性について極端な考え方を持っていた.」Barber, M., *The Learning Games*, Indigo, 1997（1996), pp.47–48.

5 *Black Papers*, 1969. 以降，参照.

6 Ball, S. J., *Politics And Policy Making in Education*, Routledge, 1990, p.23.

7 Centre for Contemporary Cultural Studies（CCCS), *Unpopular Education*,

Hutchinson, 1981, p.201.

8 governing body. 筆者は以前，学校管理団体と訳出していたが，この訳語は定着せず，学校理事会が使われるようになっている．しかしながら，イギリスの公立学校の中には，ボランタリースクールと呼ばれるもともと私立学校だった学校が公費援助とひきかえに公立学校となっているものがあり，そのような学校には大本の学校理事会（foundation）が存在しているために，混乱を避けるために学校評議会という訳語をあてる．また，これは日本の学校評議員導入の際に，かなり意識された組織であることも考えれば，学校評議会のほうがむしろ好ましいということもいえよう．

9 The Taylor Report.

10 Education Bill, No. 14. Nov. 22, 1978.

11 Haxby, P., 'Training for Tomorrow', *Journal of European Industrial Training*, 1982, Vol. 6, Issue 2, p.15.

12 *Ibid*, pp.15–16.

13 *Ibid*. エヴァンズによればMSCは1964年の産業訓練法の効果がえられないために，全国的な計画を行う中央組織として1973年に設立された（Evans, B., *The Politics of the Training Market*, Routledge, 1992.）．

14 Tomlinson, S., *Education in a post-welfare society*, Open University Press, 2001（2004）, p.20.

15 Labour Party, 'The Labour way is the better way : Manifesto 1979', In *Labour Party General Election Manifestos, 1900–1997*, ed., Dale, I., Routledge, 2000, pp.217–237.

16 Conservative Party, 'Manifesto 1979', In *Conservative Party General Election Manifestos, 1900–1997*, ed., Dale, I., Routledge, 2000, pp.265–282.

17 援助席計画（APS）とは，成績が優秀でも経済的理由から私立学校に進学できない児童に対して，国家が私立学校の授業料を負担することによって進学を可能とする奨学金計画である．これについては次章で詳しく述べる．

18 Conservative Party, *op. cit*., pp.278–279.

## 第2章

1 保守党勝利の理由として，産業構造の変化による伝統的な労働者の激減を指摘するものもいる（たとえばRiddle, P., *Thatcher Era*, Oxford, 1991. など）．

2 ポール・ウィリス／熊沢誠・山田潤訳『ハマータウンの野郎ども』築摩書房，1985. なおウィリスの研究に対する批判については Walker, J. C., 'Romanticising Resistance, Romanticising Culture : problems in Willis's theory of cultural production', *British Journal of Sociology of Education*, Vol.7, No.1. 1986. H・ジルー／大田直子訳「抵抗する差異――カルチュラル・スタディーズと批判教育学のディスコース」『現代思想』24－7，青土社，1996年を参照のこと．

3 Halcrow, M., *Keith Joseph : A Single Mind*, London, 1989, p.61.

4 Gray, J., *Beyond the New Right* : markets, government and the common environment, Routledge, 1993. なおこのグレイは後にギデンズの『第三の道』でも賛辞の中で登場する．自由主義思想とギデンズとの関係については改めて検討したい．

5 'Educational and economic activities of 16–18 year olds', *Education Statistics for the United Kingdom 1993*, edition, p.51.

6 サッチャーのもとでの財政政策については，大田直子「現代イギリス教育行政制度をめぐる問題――危機に立つパートナーシップ」『東京大学教育学部紀要』第28巻，1988年のほか，同「変わりゆく外国の教育事情――イギリスの教育改革 3」『学校事務』学事出版，1991年6月号や，小林昭「イギリス補助金政策の新展開と地方財政」宮本憲一編『補助金の政治経済学』朝日新聞社，1990年など参照のこと．

7 Prior, J., *A Balance of Power*, London : Hamilton, 1986, p.115.

8 Education Act 1979 (1979 Chapter 49).

9 「(援助席計画は) 貧困家庭の優秀な生徒を私立学校に通わせるためのものである．(グラマースクールの復活と並んで，これは) 私のような家庭出身の子ども達にもっと勉強の機会を与えるための数々の方策を与えたいという私の希望を叶える第一歩である」(Thatcher, M., *The Downing Street Years*, London : Harper Collins, 1995, p.39.)．総額では5500万ポンドが計上されていた (*Times Education Supplyment* ―― *TES*, 25, Jan., 1980)．後になってボイソンは，LEA が特にシックスズ・フォームにいる生徒に対する APS 計画妨害をしていると批判している．1982年1月の段階で，イングランドで4,185人が援助を受けていた (*TES*, 1, Jan., 1981.)．

10 教育ヴァウチャーのアイデアは，フリードマンが提唱したこの理論をハイエクが取り上げたものであるが，大本は E・G・ウエストの示唆によるものである (Seldon, A., *The Riddle of the VOUCHER*, IEA, 1986. p.31.)．イギリスにおける教育ヴァウチャー制度については，セルドンの他，藤田弘之「イギリス保守党と教育ヴァウチャー問題」『日本教育行政学会年報 16』を参照のこと．また，新自由主義者以外でも，たとえば，中道である自由党と民社党とのアライアンスなども教育ヴァウチャー制度の導入を主張しているが，追加資金を一切認めず，継続教育分野においても導入を要求している点で，保守党のそれと大きく異なるものであった (*TES*, 15, Oct., 1982.)．

11 Education Act 1980, Elizabeth II, C. 20. 同法は，38条別表7からなるものである．その簡単な内容は以下の通りである．(1) 学校評議会及び評議員について．学校管理規則の変更，メンバー構成などの規定など．(2) 入学手続きにおける親の選択の優位性について．親の不服申し立てを認める，学校は入学に関する情報を発表することなど．(3) 就学命令．LEA による学校の指定に関する通知とそれに対する変更の手続きなど．(4) 学校の新設，閉鎖，変更．LEA による学校の新設，閉鎖，変更に関する提案の公表と，それに対する異議申し立ての手続き，定数削減の手続きなど．(5) 報奨と奨学金．援助席計画 (Assisted

Places Scheme : APS)，高等教育・継続教育における報奨金制度の拡大など.（6）学校給食. 給食を基本的には有償とし，例外的に給食費援助・免除を認める. これは結局ミルクに対する国庫補助金の廃止を意味していた.（7）幼児教育. 5歳以下の幼児の就学を義務としないことなど.（8）その他.（9）総則，別表. ミルクへの補助金を廃止したため，サッチャーはmilk sacker／sucker ミルク・サッカー（ミルクを吸い取る人）と揶揄された.

12 Conservative Party, *General Election Manifestos, 1900–1997*, Routledge, pp.285–310.

13 open enrollment ＝通学区域および通学指定校制度の廃止.

14 capitation grant ＝均等割で，人数に応じて配分される補助金の交付方法.

15 Thatcher, M., *ibid.*, pp.279–280.

16 Syllabus 教授細目のこと. GCSE の試験問題の作成と採点を行う外部試験委員会は，試験科目についてシラバスとそれに則した試験モデルを公表する. 学校はそれを検討して，どの外部試験委員会の試験を受験するか決定する. 当時イングランドとウェールズでは7つの外部試験委員会があった.

17 Joseph, K., 'Speech by the Rt. Hon. Sir Keith Joseph, Secretary of State for Education and Science, at the North of England Education Conference, Sheffield, on Friday 6 January 1984', *Oxford Review of Education*, 10–2, 1984. ここからナショナル・カリキュラムのそもそもの発端をジョーセフに求める教育関係者もいる. しかしながら，ボールのインタビューに答えてジョーセフは，この制度では生徒の「差異化」をもたらすことと非強制的であることがとても大切であるとし，強制的な1988年教育改革法におけるナショナル・カリキュラムとは一線を画していると主張している（Ball, S., *Politics and Policy Making in Education*, Routledge, 1990, pp.174–175.）.

18 *TES*, 16, Oct., 1981.

19 *TES*, 25, Dec., 1981. キース・ジョーセフからの依頼の手紙の内容が，セルドンによって付録として掲載されている（Seldon, *op. cit.*, p.36.）.

20 たとえば，1982年の保守党大会での発言（*TES*, 8, Oct., 1982.）など.

21 *TES*, 5, Nov., 1982. ここでジョーセフはAPSのかわりに，初等教育で800ポンド，中等教育で1,000ポンドの奨学金を交付することを述べている.

22 *TES*, 15, Oct., 1982.

23 *TES*, 8, Apr., 1983. 教育ヴァウチャー制度導入の失敗の最大の原因は，セルドンによれば教育科学省の官僚達の強力な反対であった. Seldon, *op. cit.*, pp.60～61, 75～81.

24 *TES*, 14, Oct., 1983. しかしながらこの段階で，彼は新たにタックス・クレジット（減税）のアイデアの検討を示唆している.

25 Conservative Party, *General Election Manifestos, 1900–1997*, pp.285–310. とくに pp.299–300. に教育関係の部分がある. これによると親憲章と1980年教育法によって初めてLEA には親の学校選択を考慮に入れる義務を課し，学校には学校案内を発行し，試験の結果を公表する義務を課し，親には学校評議会への親代表を送る権利を与え，APS によって優秀な子どもに私立の優秀な教育を与えることを可能にしたと自らの政策をまずは高く評価した．また物価の上昇以上に教育費を増大したことを述べている．そして（1）視学官報告書が公表されていなかったのでこれを公開し，報告書の内容を確認できるようにすること，（2）教員養成が不十分であるとして，教員養成カレッジのカリキュラムの改善を行うこと，（3）怠業を減らすために教育福祉サービスでの強調点を就学に置くこと，（4）教師のためのリフレッシュ・コース，養護学校，幼稚園・幼児グループへの支援，（5）生徒の学業到達記録の完備，コンピュータの増設，外部試験の一層の奨励，外部試験制度の改善，O レベル試験の水準の維持，（6）10代に対するよりよい技術教育推進のための14のパイロット事業の導入，以上6点を政策としてあげている．高等教育については別項目で論じているが，イギリスの高等教育を高く評価するもので，今後3年間で700ものポストを若手採用のため増設することや IT を充実させること，効率的な補助金の交付方法の検討について述べている．

26 Seldon, *op. cit.*, p.96.

27 藤田，前掲論文，245頁．

28 Cmnd Paper 9242 (1984), *Parental Influence at School : A new framework for school government in England and Wales*.

29 Cmnd Paper 9469 (1985), *Better Schools*.

30 たとえば *TES*, 12, Feb., 1982. や，15, July, 1983. などにみられるキース・ジョーセフへのインタヴューなどを参照のこと．ここで彼は，一本化された試験制度が導入されても，40%の子どもは対象外となるというイギリス試験制度の基本的な枠組みを批判している．

31 大田直子「現代イギリス教育行政制度をめぐる問題――危機に立つパートナーシップ」『東京大学教育学部紀要』第28巻を参照．

32 Seldon, *op. cit.*, p.23. など．

33 Haxby, P., ‘The Youth Training Scheme ―― The Essentials’, *Journal of European Industrial Training*, 8-3. 1984, pp.vii – viii (ebsco 5224755), Franklin, J. and A. Blacklock, ‘Special Report : Vocational Youth Education and Training’, *Journal of European Industrial Training*, 11-3, 1987, pp.26-32 (ebsco 5232446). も参照．

34 Ball, *op. cit.*, Ch.5. また Ch.4. も参照．

35 McEwan, D., ‘Hustled by history : choices before teachers in a progressive school’, Avis, J., ‘Educational practice, professionalism and social relations’, In *Education Limited : schooling, training and the New Righit in England since 1979*, ed., Education GroupII Department of Cultural Studies, University of Birmingham, Unwin Hyman, 1991. などを参照のこと．この TVEI について，前出の『よりよき学校』では，「14歳から18歳を対象とするカリキュラムの効率的な経営という問題に関して，この TVEI はどのようにコースを選択し，学校間の協同を開発するかという点で，重要なレッスンとなるだろう」(p.79) と述べ

ている．

36　Ball, *op. cit.*

37　*Guardian*, 16, Sep., 1999（ベーカーへのインタビュー）．

38　Education（No.2）Act 1986, 1986, C.61. ちなみに Education Act 1986, C.40. は，もともと，教育（第二）法案とされていたもので，Fellowship of Engineering と Further Education Unit として登録された機関に対する補助金支出を認めるものであった．その後審議の過程で，成立順が逆転したらしい．

39　Conservative Party, *General Election Manifestos, 1900–1997*, pp.320–323, The Next Moves Forward.

40　Ball, *op. cit.*, p.195.

41　Teachers' Pay and Conditions Act 1987, C. 1.

42　*Guardian*, 16, Sep., 1999.

43　Thatcher, *op. cit.*, p.590. 最後の所に救済措置への言及があるが，実際には1988年の段階では想定されていなかったのであり，この言及は回顧録の段階で付け加えられたものと考えるほうが妥当であろう．

44　Education Reform Act 1988, C.40. まず第１部の「学校」では，第１章カリキュラム，第２章入学許可に関する規定，第３章財政と人事，第４章ダイレクト・グラント（教育科学省直轄）校，第５章その他となっている．第２部の「高等・社会教育」では，第１章 LEA の高等・社会教育に関する機能，第２章高等教育の再編成と財政，第３章地域レベルで経営される高等・社会教育機関の財政と管理，第４章その他となっている．第３部は内ロンドン LEA（ILEA）の廃止について，そして第４部が全体の雑則その他に関する規定で，最後に別表がある．同法の解説書としては，Maclure, S., *Education Re－formed*, Hodder & Stoughton, 1988. がある．その他，ローカル・マネージメント・オブ・スクールの基本的な枠組みについては Coopers and Lybrand, *Local Management of Schools*, 1988. 小松郁夫「イギリスの1988年教育改革と教育行政改革」『日本教育行政学会年報16』日本教育行政学会，1990. 浦野東洋一「英国サッチャー政権による教育行政制度の改革」『早稲田教育評論』第５巻第１号，1991年なども参照のこと．

45　大田直子「サッチャー政権下の教育改革」『教育学年報１』世織書房，1992年．

46　ナショナルカリキュラムの制定に対するキース・ジョーセフの議会での反対については，Morris, R., '1944 to 1988', *Central and Local Control of Education after the Education Reform Act* 1988, p.16. などを参照のこと．

47　たとえばデールは，1983年の論文で，「サッチャリズム」を構成している諸力として，（１）公教育制度から最大限の利益を引き出そうとしている産業トレーナー，（２）伝統的価値をより強くもち，かつ「福祉国家」路線を保持する，「サッチャリズム」には敵対するオールド・トーリー，（３）サッチャーが最も信頼している「草の根保守主義」を体現するポピュリスト，（４）道徳推進派，（５）民営化推進派にわけて考察を加えている．彼によれば，これら諸力が相互に矛盾したり，補完したりしてでき上がっているのが「サッチャリズム」なのである．Dale, R., 'Thatcherism and Education', *Contemporary Education Policy*, eds., Ahier, J. and M. Flude, Croomhelm, 1983, pp.237–248. 彼の理論に従えば，たとえば1988年教育改革法のシティ・テクノロジー・カレッジ（CTC）などは，ビジネス界にとってはさほど人気がないことが予測される．そして現実もそれを裏付けるものであった．CTCはわずかな例外を除いて，最終的にはLEAの介入によって設置されたのである．

確かに，1988年教育法が成立して，それが実施されるに従って，この矛盾し対立しあう利害から構成されるサッチャリズムを統一的に把握しようとする試みがその後展開されるのであるが，少なくとも1990年代中頃までは，多くの民主的理論家達はこの矛盾を暴露することでサッチャリズムの弱点を追求しようとする点に理論的努力を払ってきたということができよう．

48 Young, M. and G. Whitty, 'Introduction', *Society, State and Schooling*, Falmer Press, 1977, p.1.

49 Centre for Contemporary Cultural Studies, 'Unpopular Education', Hutchinson, 1981. なお，シルバーらがこの本の批判をしている．Hargreaves, A. and M. Hammersley, 'CCCS Gas！', *Oxford Review of Education*, Vol.8, No.2, 1982. Silver, H., 'Policy as History and as Theory', *British Journal of Sociology of Education*, Vol.2, No.3, 1981.

50 Finn, et al., 'Social Democracy, education and the crisis', *Stencil paper*, Birmingham University, Centre of Contemporary Cultural Studies, 1978.

51 このようなニュースを意図的に流していたのは，ニュー・ライトのプロパガンダ的役割を果たしたディリー・メイル紙，サン紙などであった（Johnson, R., 'A new road to serfdom? A critical history of the 1988 Act', *Education Limited*, Ball, *op. cit.*, p.27）．その他にも*TES*などにもこの手のニュースは散見できる．たとえば*TES*（12, Jun, 1981）では，学校における火災が1976年の時点で，1,954件に達し，被害総額も25,000ポンドに達したことを報告している．またその他に，Thornbury, R., *The Changing Urban School*, Methuen, 1978. も参照．

52 コンプリヘンシブスクールは，子どもの選択の自由を尊重する建前から，必然的に大規模校化せざるをえず，このことが父母の不人気を買ったことは確かである．たとえば，ソーンベリーは，校長の顔を知らない生徒や，多くの教師が教科主任などにつき，実際授業をしていないなどといった*TES*の挿絵をいくつも転載し，この問題について論じている（Thornbury, *ibid.*）．

初等教育段階では，たいてい，少数クラスによる授業が行われ，校長と親との関係も緊密であるイギリス社会において，コンプリヘンシブスクールという大規模校に対する親の不信は，特にミドルクラスの親達を中心に，少数クラス中心の私立学校やグラマースクールに対する関心を強めることになった．また実際に学校で生じる暴力事件や，窃盗事件などから，親達は自分の子どもを守ろうとし，授業料無償のコンプリヘンシブスクールをあきらめて，高い授業料を支払うことを選択し始めたのである．

コンプリヘンシブスクールに対する教育水準の低下という伝統的・権威主義的教育学者達の批判が，その傾向に拍車をかけ，教育に関心のある親達の心をとらえた．実際には，学力の水準の低下を示すデータも『ブラック・ペーパー』*Black Paper*（後述）によっては明らかにされておらず，むしろ逆の結果を示すデータがDESのバロック・レポート（1977）などにおいて示されていたという（Ball, *op. cit.*, p.25.）．しかしながら，この批判は，一人歩きし始めていたし，伝統的・権威主義的教育学者達の公教育制度批判は，教育に関心をもつ親達に理論的根拠を与えた．

53　R. H. Tawney, *Secondary Education for All : a policy for Labour*, Education Advisory Committee, 1922.

54　Halsay, A. H. イギリス教育社会学者，オックスフォード大学ナッフィールド・カレッジ名誉教授．世代間の社会移動（父と息子）の研究を主に行ったほか，教育優先地域（EPA）に関する報告書を執筆している．ヤングが編集した『知識と統制』において批判される旧教育社会学者の代表格である．

55　Young and Whitty, 'Introduction', *op. cit.* ジョンソンらも同様の指摘をしている．CCCS, *op. cit.*

56　B・サイモン／成田克矢訳『イギリス教育史　II』 亜紀書房，231頁．

57　『メリトクラシー』の著者であるマイケル・ヤングは死の直前，最後の事業として社会貢献型企業のための学校を設立した．これは優秀な人々が起業家となるメリトクラシー的社会に対抗して，社会の底辺にいる人々に社会に貢献するようなアイデアで起業し，成功することを可能とすることを助けるために設立された学校である．そこでは教師はすべてボランティアでファシリエーターと呼ばれ，教授方法は行動を通じての学習である．詳しい内容は今後の検討課題であるが，とりあえず大田直子「メリトクラシーを越えて――社会貢献型企業のための学校の試み」『日英教育研究フォーラム』９号，日英教育学会，2005年参照のこと．

58　Bernstein, B.「社会階級・言語・社会化」『教育と社会変動　下』東京大学出版会，1980.

59　Corrigan, P., *Schooling the Smash Street Kids*, Macmillan, 1979.

60　階級文化に着目し，学校制度改革を階級文化論にもとづいて展望しようとするガードナー（Gardner, *The lost elementary school of Victorian England : the people's education*, 1984.）の試みに対する筆者の批判については，大田直子「イギリス1870年基礎教育法の意義をめぐる論争について――E・G・ウエストの理論を手掛りに――」『東京大学教育学部教育行政学研究室紀要』第９号，1989年を参照のこと．

61　大田直子「1902年教育法，1904年教育法の一考察――LEA成立史――」『東京大学教育学部紀要』第23巻，1984年，同「1902年教育法成立をめぐる一考察――学務委員会（SB）から地方教育当局（LEA）への移行をめぐって」『教育学研究』第51巻第４号，日本教育学会，1984年．

62　通常はイレブンプラス試験と呼ばれた中等教育進学振り分け試験のことをさす．実際は10歳時に受験を行う．中等教育学校進学年齢が11歳以上ということでイレブンプラスと呼ばれるようになった．普通IQテストが行われているように説明されてきたが，サザーランドによれば，普通は英語と算数と作文，小学校長の推薦状で行われ，ボーダーライン上にある子ども達を選抜するときにのみIQテストが行われることになっていた．Sutherland, G., *Ability, merit and measurement : mental testing and English education 1880–1940*, Oxford : Clarendon, 1984.

63 この点について，新自由主義者および新保守主義者達が，「教育」とは何か，「教育を受けた」ということは何を示しているのかという意味内容を言説レベルで転換を図っているとする指摘は重要である．たとえば Ball（1990）や Apple（2001：2006），アップル（2007）を参照のこと．

64 Cox, C. B. and A. E. Dyson, *Fight for education : a Black Paper*, 1968 Critical Quarterly Society. 黒書はその後1969年，1970年，1975年，1977年と出されている．

65 イギリスでは1944年教育法以降，ナショナルカリキュラムは存在せず，モデルが中央のスクールカウンシルから提供される程度であった．LEA や教育省は視学官を使っての指導を行ってきた．また外部試験制度もカリキュラム統制の一つのメカニズムであった．しかしながら，教師の研究団体などもまた独自の教育実践を行っていた．たとえば，筆者の知っている事例では，英語の綴りと発音を一致させる英語教育を導入した小学校の事例で，そこに通っていた小学生だった友人は，父親が友人が英語とは思えないものを学んでいることに気付いて慌てて転校させたというものである．この新しい英語運動は，「正しい英語」を重視し，かつそれこそが学問にとって必要であると信じるコックスにとっては，信じられないものであったことは想像できる．

66 Johnson, R., 'A new road to serfdom? A critical history of the 1988 Act', *Education Limited*, Unwin Hyman, 1991.

67 イギリスでは国家権力の境界を規定する憲法がないため，やろうとすれば立法によって，何でもできてしまうということを証明したのがサッチャーであったとハットンは指摘している（Hutton, W., *The State We're In*, London, 1995, p.22.）.

68 Hutton, *ibid.*, p.99. ハットンはこの労働者観を誤ったものとして強く非難し，人間は，賃金の他に生きがいを求めて働くし，職場の士気も重要な生産性の要素であると指摘している．

69 Baker, K., *The Turbulent years*, London, 1993, p.165.

70 *Ibid.*

71 *Ibid.*, p.190. またサッチャーも同様な指摘をしている．「私は現代の教師があまりにもイデオロギー的であり，力量が落ちていると思っている．私は『子ども中心主義』教授法や，事実を学習するよりも想像力を大事にすることや，はっきりした科目ではなく『人文科学』というような広くて漠然としたものへと進む現代の傾向も疑っている」（Thatcher, *op. cit.*, p.590.）.

72 S・ボール／大田直子訳「教育，メージャー主義，『死者のカリキュラム』」『教育学年報２』世織書房，1993年．

73 Baker, *op. cit.*, p.192.

74 Brooks, R., *Contemporary Debates in Education*, London, 1991, pp.22–23.

75 1999年にガーディアン紙が行ったインタビューでは明確にナショナルカリキュ

ラムと学校選択は矛盾するものではないと明言している．*Guardian*, 19, Sep.,1999.

## 第3章

1　Thatcher, *op. cit.*, p.597.

2　リチャード・ウィルコックス／大田直子訳「1988年教育改革法その後」『教育学年報５』世織書房，1996年参照.

3　*National Curriculum (revised)*, SCAA, 1993.

4　パッテンの性格に対する批判がこの時期強まっていたようである．たとえば，Barber, M., *The Learning Game*, Orion mass market paperback, 1997. 参照のこと．

5　Dearing, R.（SCAA）, 1996, *Review of qualifications for 16－19 years olds*.

6　Shephard, G., *Shephard's Watch : Illusions of power in British Politics*, Politico, 2000, p.109. 1994年７月に「私が教育省に赴くことになった時，それはとくに困難な時期であった．それはちょうど私の前任者，ジョン・パッテンが，ぶっきらぼうな辞め方をする前夜であった．彼は教育省が政府の教育改革を実施するために自分達の文化と活動方法を変えなければならないのにもかかわらず，そういうことができないでいるということを認識しなかったために生じた失敗の犠牲者だったのだ．他方，彼は大臣に就任した時に，教育界のやり方には染まらないという決意をもっていたのだ．そして当初から教員組合との接触を拒否したのだった．1970年代の教員の賃上げスト以来，彼らは教育省の最悪の敵であった．そして私もそう告げられてきた．他方，教育と教師は国家にとってとても重要であり，一方に追いやることはできなかった．首相は私に教育分野に平和をもたらすことを望むと，私を教育相に指名した時に述べていたのだった」．そしてシェパードはケネス・クラーク大臣以来出席していなかった1996年のNUTの年次大会に参列するのである．バーバーはこのシェパードの登用を保守党政権の教育政策の転換点として捉えている．なぜならこの時点において，保守党政権からの歩み寄りにより，教育水準を高めるという互いの目的が一致したからである．Barber, 1997, p.97. 彼によればパッテンは最後までサッチャー主義者として市場を信じ，教師と対立的態度をとっていた．

7　Aldrich, R., 'Teachers in England : their education, training and profession', 『日英教育研究フォーラム』第１号，日英教育学会，1997年．

8　メグ・マグワイアー／大田直子訳「教育か訓練か？――教師になる準備とそれに関連する大学の役割について」『教育学年報９』，世織書房，2002年，261－283頁参照.

9　Aldrich, *op. cit.*

10　Education Act of 1992.

11　Education Act of 1993, a. 218. 同法案審議の際，提案者パッテン大臣は，教育アソシエーションおよびその目的について以下のように述べている．「教育アソシエーションは，たった一度しかない子どもの学校での経験を沈下学校にいることによって浪費してはならないということを保障するうえで，たいへん重要なものである．私たちは『教育アソシエーション』という名称をとてもいいものだと思っている．教育省がこれを生み出したと思って自負したいところであるが，新しいものではない．革新的なことというのはそうあるものではない．19世紀においてラスキンが残したような教育について論考を読み返してみよう．トマス・カーライルがいる．私はカーライルがジョン・スチュワート・ミルとの頻繁に交換された往復書簡の中で，教育アソシエーション設立の必要性を述べていることを発見した．今回私が提案しているものこそ彼が使った意味においてのものである．私は，もしGMSが（LEA立学校と）同様に失敗したら同様の手段に訴えることを辞さない」(*Hansard*, vol. 213. Clm. 638, 9, Nov., 1992.)．なおこの規定は1996年学校視察法においても繰り返し規定されている．

12　たとえば1997年の新労働党政権誕生後，クリス・ウッドヘッド勅任首席視学官が過去において教え子との性的スキャンダルがあったことが暴露された時点でも，誰が彼を免職することができるのか取りざたされたが，結局辞めさせる規定がないこと，また Ofsted の予算額の決定や支出報告書が明らかにされないことなどが問題とされた．

13　Power, M., *The Audit Society : Rituals of Verification*, Oxford University Press, 1999, p.156, n. 27.

14　なおパワーは，この VfM と数量化された業績水準（の評価）について，教育の分野では尺度化され難いものであると指摘している（*Ibid*., p.45.）.

15　これについては，Walford, G., *Policy and Politics in Education*, 2000, Ashgate. 清田夏代（2005）などを参照のこと．

16　Neave, G., 'On the Cultivation of Quality, Efficiency and Enterprise : an overview of recent trends in higher education in Western Europe, 1986–1988', *European Journal of Education*, Vol.23, Nos. 1/2, 1988, pp.7–23. ちなみにニーブは1994年の論文では「評価国家」という用語よりは，Quality Control（品質統制）とか Quality Assurance（品質保証）という用語を使い出している．Neave, G., 'The Politics of Quality : developments in higher education in Western Europe 1992–1994', *European Journal of Education*, Vol.29, No.2, 1994, pp.115–134.

17　たとえば，リチャード・ゴンブリッチ／大田直子訳「大学人の大量虐殺」『世界』岩波書店，2001年５月号参照.

18　Dyer, P. S., *UK-Japan Education Forum Newsletter*, 1992. このように大学側（とくにエリート大学）からの発案で，業績評価とそれに比例する研究費補助金配分の方式が開発されてきたことは注目に値する．最終的にはこれは1992年の Research Assessment Exercise に帰着する．

19　たとえば宇都宮深志編『サッチャー改革の理念と実践』三嶺書房，1990年参照.

20　リチャード・ゴンブリッチ，前掲論文参照.

21　ロナルド・バーネット教授へのインタビュー（1999年６月）．またバーネット教授をゲストに呼んでの日英教育研究フォーラム1999年度大会の記録も参照されたい.『日英教育研究フォーラム』第４号，日英教育学会，2000年.

22　職業教育および資格などについては，柳田雅明『イギリスにおける「資格制度」の研究』多賀出版，2004年を参照.

23　たとえば，Whitty や Ball その他の多くの研究者の論文がこういった問題を取り上げている．面接を重視するために，こういった問題が起こるのであるが，この問題は大学進学の手続においてもこれまでずっとみられる問題であった．受験生の英語の話し方，立ち居振る舞いなどに階級が色濃く染みついており，大学教師は同じにおいのする学生を取りたがるからである.

24　全国教育委員会（the National Commission on Education）は，クラウス・モーザー（Claus Moser）卿による国会での教育調査委員会設置要求が保守党政府によって拒否されたのを受けて，ポール・ハムリン（Paul Hamlyn）財団の援助を受けて設置されたものである．第一報告書は，『成功のための学習――今日の教育の批判的考察と将来戦略』*Learning to Success ―― A Radical Look at Education Today and A Strategy for the Future*（1993）. で，かなり評判となったものである．さらに第二報告書である本書『予想に反した成功』（1996）は，貧困地域で成功した11校の事例研究である．５年後同じ学校を追跡した調査報告書『予想に反した成功――５年後』*Success against the Odds ―― Five Years On*（2001）が出されている.

25　大田直子「イギリス1870年基礎教育法の意義をめぐる論争について――Ｅ・Ｇ・ウエストの理論を手掛りに――」『東京大学教育学部教育行政学研究室紀要』第９号，1989年．なおニューカッスル大学にはトゥーリーが中心となってＥ・Ｇ・ウエスト研究所が開設されている.

26　Gorard, S. and J. Fitz, 'The More Things Change : The Missiong Impact of Marketisation?', *British Journal of Sociology of Education*, Vol.19, No.3, 1998. Gorard, S. & J. Fitz, 'Under Starters Orders : the established market, the Cardiff study and the Smithfield project', *International Studies in Sociology of Education*, Vol.8. No.3, 1998. Gorard, S., *Education and Social Justice : the changing composition of schools and its implications*, University of Wales Press, 2000. スティーブン・ゴラード／松下丈宏訳「公共政策の中の市場――イギリス1988年教育改革法を事例として」『教育学年報９』世織書房，2002年，289－322頁.

27　MacLeod, D. (1995), 'School meals reveal 'sham' of equality', *The Guardian*, 5, June, 1995. Whitty, G., *The Rhetoric and The Reality of Recent Education reform in England and Wales*. から重引．Whitty のペーパーは1999年２月に都立大学で講演されたときのもので，日英教育研究フォーラムモノグラフ1999年第３号として収録されている.

28　大田直子「現代化としてのサッチャリズム」（1996年度日英教育研究フォーラムシンポジウムの報告）『日英教育研究フォーラム』第２号，1997年．またその後でデール，アップルが「保守的現代化」という用語で説明しているのを知った

（Apple, M., *Educating the "Right" Way*, 2001, Dale, R., 1983.）.

29 ウィルコックス，前掲論文参照.

30 Jones, K., 'Cultural Politics and Education in the 1990s', In *Education After The Conservatives,* eds., Richard Hatcher and Ken Jones, Trentham Books, 1996, pp.14–15. しかしマイケル・ヤングは「その時，親と教師の間に，カリキュラムを変えなければならないという共通の関心があったことは事実だ．この時両者に初めて共通の関心があったということが認識された．しかしこの共通の関心が今も，あるいはその他のところまで，一般的なカリキュラム論議のレベルで，継続しているとは思えない」と指摘している．「シンポジウム：カリキュラム改革の現在と未来＝言説の検討と実践の構想」での発言，『日英教育研究フォーラム紀要』第５号，2001年，51頁.

31 Walford, G., *Policy and Politics in Education*, 2000, Ashgate, p.134. さらにウォルフォードは CTC が1988年教育改革法で初めて設置されたのではなく，私立学校の枠組みと異なるものではないこと，しかしその重要性は供給の多様性にあり，この重要性を過小評価してはならないとしている.

32 Department for Education and Skill（DfES）からのメールでの回答（2/8/2002）.

33 Walford, *op. cit.*, p.91.

34 Seale, C., 'Demagoguery in Process : authoritarian populism, the press and school exclusions', *Forum*, Vol.39, No.1, 1997, p.18. このような政治難民の子ども達がイギリスの子ども達との間に文化的軋轢を生じていることはあまり話題にならない．面と向かって問題にするには人種問題が絡むからである．しかし私の友人などは，東欧諸国からの難民にみられる男尊女卑的な意識や，女性に対して暴力をふるいやすいといった傾向があることを話してくれた．もちろん暴力をふるうのは彼らだけではない.

35 新聞記事本体はもはやインターネット上では探せなかったが，ガーディアン紙によれば，1996–97年が暴力を理由に退学させられた生徒数のピークであり，12,700人いた（Fall in expulsions of violent pupils, *Guardian,* 28/5/2004.）．なお NASUWT は2005年の大会においても暴力をふるった生徒に対する退学を要望している．Teaching union wants violent pupils expelled, *Daily Mail*, 29/3/2005.

36 Seale, *op. cit.*

37 Education Act of 1997, Ch.44. Part Ⅱ.

38 雑誌『教育』*Education* 編集者ショーン・ロウ氏とのインタビュー（2000年２月）.

39 Ball, S., *Policy and Policy Making in Education*, Ch.5. 参照のこと.

40 同学校のファシリエーターでありトラスティー代表でもあるシャーロット・ヤング氏とのインタビュー（2004年３月および12月）.

## 第4章

1　1999年の調査期間中にアンケートを郵送し，その後回答のあったところでインタビューを受け入れてくれた学校に対して校長のインタビューと学校訪問を行った．結局，小学校63校のうち12校，中等教育学校10校のうち５校から回答があり，実際にインタビューと訪問できたのは小学校で８校，中等教育学校で４校であった．

2　キングスカレッジ，メグ・マグワイヤー博士とのインタビュー（1999年10月）．

3　Inner London Education Authority Results 1986–1990. http://www.election.demon.co.uk/glc/ilea.html（2003年５月ダウンロード）

4　Conservative Party, *Conservative Party General Election Manifestos, 1900–1997*, pp.313–351.

5　*Times Education Supplement（TES）*, 18/9/87.

6　*Ibid*.

7　この問題について話してくれたのは，サレジオ学園のマッキャン校長である．

8　ターシャリーカレッジ（tertiary college）．従来のシックスズフォームが大学進学のためのGECのＡレベル受験のための課程であったのに対抗して，16歳から19歳までの生徒を対象とし，大学進学準備と並んで職業準備教育を含む幅広い教育を供給することを目的とする新しいタイプのカレッジで，当時の労働党の教育政策であった．ILEA がこの提案を行ったのは1984年に公刊された『中等教育学校の改善』*Improving Secondary Schools*（通称ハーグリーブス報告）によってであった．しかしながら実際にはこの種のタイプの学校はそれほど設立されなかったように思われる．

9　*Wandsworth Education Committee Minutes*, 12/87. 但しこの段階での教育委員会の設置は違法である．

10　配布数は以下の通り．家庭（11,000），学校及び教育機関（7,377），学校評議会評議員と地域宗教関係者（1,470），支援サービス提供団体（ILEA の視学官など：315），地方議会事務局（265），キャリアサービス関係者（307），ボランタリー団体（512），教育省，国会議員，ILEA 関係者（218），その他の LEA（855）ワンズワース地区の地方議員他（2,691）. *Wandsworth Education Committee Minutes*, 2/88.

11　当時の新聞報道では，ネイスミスは「歌うマラドンナ」と揶揄され，42,000ポンドという破格の年報で引き抜かれてきたことが書かれてあった（*WBN*, 15/7/88）．

12　Wandsworth Borough Council, *Development Plan for Education Service（draft）*（No.5124）, 21/6/1988. Intended Foreword by the Leader of the Council for inclusion in the Council's Draft education development plan document（No.5361）By Baresford, Leader of the Council.

13「学校視察の大名旅行大批判」（*WBN*, 28/10/88）．この記事では20,000ポンドも公費を使っての視察旅行が批判されている．教育委員会の記録によれば，すでにベーカー教育科学大臣，Association of Metropolitan Authorities も視察旅行を行っているということで，ワンズワースでもネイスミス他５名でマグネットスクールとコミュニティカレッジの視察を行うという決定であった（*WBN*, 26/10/88).

14 TGAT（Task Group on Assessment and Testing）＝ナショナルカリキュラムの作成のために保守党政府によって召集されたナショナルカリキュラム協議会のもとに設置されたワーキンググループ.

15 Wandsworth Borough Council, *Report by the Director of Education on policies towards the assessment of pupils and the organisation of teaching in Wandsworth*（No.5635）.

16 Wandsworth Borough Council, *Education Development Plan*.

17 Wandsworth Borough Council, *Report by the Director of Education on the study visit to the USA during February 1989 approved by the Committee in October 1988*,（No.5879），4/18/89. 視察旅行に参加したものは，ネイスミス，教育庁事務局から１名のほか，バーントウッド女子校のビィーティ校長，アーネストベバン校の校長ら５名が参加した．校長らは別途明確に学校選択とマグネットスクール導入に反対する報告書をまとめている．*Report of Principal and Heads*（No. 5879A）．しかしながら筆者が2000年に行ったネイスミスに対するインタビューによれば，彼はニューヨーク市でサイ・フリーゲル元副教育長に会い，学校選択とマグネットスクールのアイデアには教育改革の可能性があると感じたといっている（2000年３月19日のインタビュー）.

18 *TES*, 16/10/87.

19 2000年２月14日のインタビュー．このインタビューにはワンズワース区役所広報担当官メイソン氏も同席され，リスター氏と共に当時の記憶をたどっての説明をしてくださった.

20 Lister, E., *LEAS—OLD AND NEW : A VIEW FROM WANDSWORTH*, Centre of Policy Studies, October 1991. pp.9–10.

21 在外研究期間中に筆者がネイスミスとコンタクトを取ったのは1999年秋からのことである．まずすでに引退してフランスに移住されていた彼の住所をワンズワース教育局局長（ネイスミスの後任者）であるポール・ロビンソン氏から伺い，書簡で質問を行った．それに対してネイスミスから長い手紙をもらい，その後一度国際電話でインタビューを行った．さらに帰国間近の2000年３月に，『教育』*Education* の編集長であるジョージ・ロウ氏の取り計らいで，ネイスミス氏がわざわざロンドンまでみえられてインタビューが実現した（３月17日)．５時間にも及んだインタビューと雑談は，しかしながら，すでに時間もたっていたため，彼の記憶が書き直されている可能性も十分あるが，ロウ氏も同席されたので，互いに記憶を確認しながらのものとなった．もちろん解釈の相違はお二人の間でみられた．とくに興味深かったのは，実際にナショナルカリキュラムを編制する時にワーキング・グループが内容の選択をめぐって紛糾したことに対する二人の解釈である．ネイスミスは反対派の専門家達がナショナルカリキュラムそのものを爆発させてしまおうとして数多く盛り込もうとしたのだと主張したが，ロウは純粋に必要なものを盛り込んだら盛り沢山になってしまったのだといっていた．

22 *Education Committee Minutes*, 17/1/1990.

23 グレイブニー校の事務長ブリーチ（当時）の説明によると，グレイブニー校はワンズワース当局のマグネットスクール化政策に反対し，コンプリヘンシブスクールという性格を守るために学校評議会と相談して国庫維持学校（GMS）になることを決定したという（1994年訪問時のインタビュー）．つまりLEAの権限を弱めるためにに考え出されたGMSの戦略は，保守党政権の思惑とは異なるように機能もしたということがここからわかる．他にも閉鎖される危険性を回避するためにGMSとなった事例もある．

24 チェスナッツ・グローブ校ピーコック校長へのインタビュー（1999年6月）．

25 「1993年にシティ・テクノロジー・カレッジにした．これによって技術教育に関心のある生徒を惹き付けようとしたが，うまくいっていない．あそこは本当に大変だ．校長は熱心なよい人物だが，いかんせん，もともとの建物が古くて大きく，子ども達が隠れて悪さをする場所がたくさんある．ワンズワースとしては，さらに在籍者の定数を削減させて，建物の3階までをそれに使い，4階以上は成人教育施設にして有効利用を図ろうと考えている」（リスター氏へのインタビュー（2000年2月）．なお教育局局長ロビンソン氏は「教師のモラルが低く，よい教師が集まらない．校長も頑張っているとは思うが一度水準が落ち始めると衰退のスパイラルにはまり込む．こういった場合，強力なしかし正しい介入が必要だと思う」と述べている（ロビンソン氏へのインタビュー，1999年6月）．

26 Ofsted, *Battersea Technology College Inspection Report 1993*（30420. pdf）．

27 1990年代に入り，保守党政府が徐々にLEA自体の弱体化政策を具体的に進めるようになってくるが，これに反対して，ネイスミスは教育局局長の職を辞任したと筆者に説明している．

28 チェスナッツ・グローブ校はLEA立学校にとどまった3校の内の1校のため，こういった生徒を引き受けていた．もちろん当時の状況としては，特別教育ニーズを抱えた子どもや，そこまで行かないにしても問題を抱えている子ども達は拒否されることも多々あり，そういった子ども達のためにはLEAが動いて最終的には個別交渉で受け入れ先を探す状況にあった．そういったことに対してピーコック校長は，その地域の問題を抱えた子どもをひとつの学校が抱え込むのではなく，地域の全部の学校で同じ程度受け入れるのが公正だと思うと指摘している．

29 チェスナッツ・グローブ校のピーコック校長によれば，ワンズワース区の中等教育学校の校長達は以前とは比べものにならないくらいに情報を頻繁に交換し，自分達の協議会を設立したのだという．ピーコック校長によれば，彼らを結束に導いたものは，実は学校選択政策にその原因があった．だいたいどこの学校でも入学許可を与えるのには，（1）すでに兄弟姉妹が在学しているかどうか，（2）家からの距離，（3）健康上の特別な理由がある場合，といった条件が考慮されている．グレイブニー校でさえもなかなか選抜を導入しなかったし，導入する際にも入学定員の半数までとしていた（グレイブニー校事務長）．

30 Barber, M., Introduction, In *Education in the Capital*, ed., Michael Barber, Cassell, 1992, pp.41–42.

31 経歴については彼の著作を参照．その他第三期に配給に関するアドバイザーへの着任は首相官邸ニュースに掲載されている．http://www.inyourarea.gov.uk/output/Page2697.asp.（2005年７月６日ダウンロード）

32 O' Conner, M., E. Hales, et al., *Hackney Downs : The School that Dared to Fight*, Cassell, 1999, p.4. Arden Report. からの重引．

33 *Ibid*., p.20. Barber, M., *The Learning Game*, 1997（1996）, Indigo, p.114.

34 Barber, M., Introduction, In *Education in the Capital,* ed., Michael Barber, Cassell, 1992, pp.12–21.

35 O' Conner, M., E. Hales, et al., *op. cit*., pp.5–６.

36 Barber, 1992, p.16.

37 Census 2001-Hackney' s POPULATION（ONSのホームページからダウンロード）．

38 O' Conner, M., E. Hales, et al., *op. cit*., pp.135–138.

39 *Ibid*.

40 Barber, 1997, p.113. ハロルド・ピンター（Harold Pinter）は，2005年ノーベル文学賞を受賞した劇作家であり，詩人．マイケル・ケイン（Michael Cain）はイギリスを代表する俳優．

41 ハックニー・ダウンズ校のシニアマネージメントチームの一人，ケン・ラッセル副校長（のちに校長代理となる）は学校が抱える問題点を以下のように1993年新学年の始まりにまとめている．それによれば，（１）遅刻，怠業などを含む問題，（２）問題行動，（３）情緒的問題，（４）認定書がない程度（non-statemented）の特別教育ニーズをもつ生徒，（５）言語上の問題，（６）特別教育ニーズ認定書をもつ生徒というカテゴリーをたてた場合，ハックニー・ダウンズ校では，全校生徒467名の内，101名が行動上の問題を，99名が学習上の困難を，90人が言語上の問題を，41人が恒常的に怠業の問題を抱えていることがわかった．実際にはいくつもの問題を同時に抱える生徒がいるので，結論としては264名の生徒が何らかの問題を抱えていることがわかった．O' Conner, M., E. Hales, et al., *op. cit*., p.66.

42 *Ibid*.,「第８章　人種問題戦争」を参照のこと．

43 *Ibid*., p.xvi. 1996年の段階ではバーバーは「女子生徒を成績不振の男子生徒のために犠牲にすることなどできない」として政府のこの決定を支持している．Barber, 1997, p.114.

44 O' Conner, M., E. Hales, et al., *op. cit*., pp.135–136.

45 *Ibid*., p.138.

46 バーバーは以下のように当時の状況を述べている．「突然みんなハックニー・ダウンズ校を愛していることに気づいたのだ．極左の社会主義者労働者党

(Socialist Workers Party) の影響を受けていた教員組合の支部と，若者の必要性よりも自分達の内部闘争を重視する労働党支部が協働して，学校を閉鎖させないためのキャンペーンを打ったのだ．そしてハックニー・ダウンズ校の教師と親はこのキャンペーンを支持した」．Barber, 1996, p.114.

47　O' Conner, et al.,「第16章，救済に向けて」参照.

48　*Ibid*., p.192.

49　筆者は1999年の在外研究の時に藤田英典教授と共にバーバー教授とお目にかかるチャンスがあったが，仲介の労をとって下さったジェフ・ウィッティ教授に教育アソシエーションの話題は避けるようにと念を押されていたため，聞けなかった．

50　ハックニー・ダウンズ校関係者に依れば，結局この最初で最後の教育アソシエーションは最初から閉鎖ありきという態度で臨んだのであった．

51　Tomlinson, S., *Education in a post－welfare society*, Open University, 2001 (2004), p.75. トムリンソンはまた，ハックニー・ダウンズ校が閉鎖される根拠となった生徒の成績と同レベルの成績まで改善した学校が，1997年においては政府によって高く評価されたという事実も指摘している．p.92.

52　雑誌『教育 *Education*』の編集長であるジョージ・ロウは，「全国で80校近くが「危機にある」といわれていたのにもかかわらず，なぜハックニー・ダウンズ校が，現に成績の改善が進んでいたにもかかわらずスケープゴートのように選ばれたのか，不思議である．学校を変えるのには長くかかり，お金のかかる仕事である．労働党のLEAが失敗したところで成功させることを証明したいと保守党政府は希望したのかも知れないが，成功は保障されているわけではない」とコメントしている．O' Conner, et al., p.195. より引用.

53　*Ibid*., p.197.

54　Barber, M., *The Learning Game*, 1997 (1996), Indigo, pp.116–119.

55　*Ibid*., pp.129–130.　原典は Sammons, et al., for OFSTED, 1995.（提出物）

56　*Ibid*., pp.133–145.

57　*Ibid*., pp.151–153.

58　O' Conner, et al., pp.249–251.

## 第5章

1　Le Grand, J. and R. E. Goodin, *Not Only the Poor : Middle Classes and the Welfare State*, Routledge, 1987.

2　Le Grand, J., 'Liberty, Equality and Vouchers', In David, G. Green, ed., *Empowering the Parents : How to Break the School Monopoly*, IEA Health and Welfare Unit, 1991, pp.77–90.

3　ノベルト・ボッビオ／片桐薫・圭子訳『右と左――政治的区別の理由と意味』御茶の水書房，1998年.

4　Giddens, A., *Beyond Left and Right*, Polity, 1994, p.68.

5　新労働党の政策は，「第三の道」，すなわち中道左派と呼ばれるものである．アンソニー・ギデンズがその理論的メンターであるといわれ，大方の研究者が彼の思想と新労働党の戦略を同一視しているが疑わしい．

6　『社会正義』*Social Justice*（The Commission on Social Justice, 1994.）では，その大前提として経済的発展こそが英国復活の道として捉えられており，そのために以下の４点が提案されている．（１）困難な時に必要とされるセーフティネットの福祉国家から経済的機会のための跳躍板としての福祉国家へ転換すべきである．（２）教育と訓練へのアクセスを劇的に改善し，すべての人々の才能に投資をすべきである．（３）雇用，家庭，教育，余暇，そして退職といったものとのバランスをとりながら，男女すべてのライフサイクルを通じて真の選択を推進しなければならない．（４）英国の社会資本を再構築しなければならない．家庭から地方自治体までの社会制度は，人々が自分の人生を全うできるために依存できる社会的環境を提供できるように成熟しなければならない（The Commission on Social Justice, 1994, pp.1–2）．これらは，ブレア新労働党政権によっても基本的に共有されていると思われる．つまり，ギデンズのみがブレアらの理論的メンターであるとすることは誤りであろう．たとえばギデンズの『第三の道』とニューレイバーの政策には，とくに道徳における宗教の位置をめぐって微妙な違いが存在しているかのように思えるため，同一視することにやや疑問が残る．また，総選挙前に出されたブレア関係の宣伝書２冊（トニー・ブレア『新しい英国——若い国という私のビジョン』とマンデルソンとリデル『ブレア革命——労働党はブレア革命を起こすことができるか』）とも，ブレアがオックスフォード大学在学中に一番影響を受けた研究者として，スコットランド人のジョン・マックマリをあげており，ギデンズの名前は一切見られない．Blair, T., *New Britain : my vision of a young country*, Fourth Estate, 1996. Mandelson, P. and R. Liddle, *The Blair Revolution : Can New Labour Deliver?*, faber and faber, 1996. また，ギデンズ本人もブレアやブラウンとの親交はむしろ政権が誕生してからかのような印象を与える文章を明らかにしている（Giddens, 2007.）．さらに第二期以降では，ギデンズの労働党政府への態度に若干の距離感があるのではないかということもいわれている．いずれにせよ，この問題は今後の課題とすることとしたい．

7　Blair, T., *ibid.*, p.61. 出版年度は1996年になっているが，収録されている文章は不明のもの一点を除いて，すべて1996年６月29日以前のものである．Mandelson, P. and R. Liddle, *ibid.*, p.56.

8　Mandelson and Liddle, *ibid.*, pp.12－14.

9　*Social Trends 1970－1995*, Central Statistical Office, CD-ROM 版 1996. より作成.

　前掲の『社会正義』においては，1993年当時の実態は以下のように把握されている．

　①ほぼ三分の二の家庭が平均年収以下で生活をしており，３人に１人の子どもが貧困の中で成長している．②就労可能な年齢の男性のうち，５人に１人が未就労で，百万人以上の人が長期の失業状態にある．勤労所得に見る不平等は，1886

年以来最大のものとなっている．③21歳の5人に1人が数学ができないし，7人に1人が読み書きができない．Aレベルで2科目合格する生徒の数は日本とドイツの高校生の半分である．④最も貧しい層の子どもは，最上層の社会階層の子どもよりも病気で死ぬのは2倍，交通事故で死ぬのは4倍にものぼっている．⑤犯罪は今や第四の産業となっている．薬物中毒件数は1973年以来14倍となっているし，人種差別にもとづく暴力事件は過去10年間において他の犯罪よりも急激に増加している（The Commission, 1994, 2, p.2.）.

このうち子どもの貧困問題はゴードン・ブラウンが最も関心を払う分野であるといわれている．

さらに同書は続けて，保守党政権が自由市場経済によって英国の復活を図ろうとしたこと，その結果は逆に経済的弱点や，社会的分断，政治的には中央集権主義を生み出したと指摘しているが，同委員会は基本的に従来の労働党の政策が時代の変化に追いついていなかったという認識に立ち，こういった問題は保守党政権の政策の失敗だけが原因ではないと明言した．そして英国は今急変する世界において，経済，政治，社会この三領域で革命を行わなければならないと結論する．まず経済革命としては革新と「付加価値」を追求し，すべてのものがスキルをもつべきであるとした．社会革命は女性の社会進出により成し遂げられたとし，責任を伴う権利，すべての人が潜在的能力を開花できるような包摂的社会の創設を訴えた．そして政治革命としては，文献と民主化，すべての人の発言力を強める方策が必要であるとしている（p.3）.

さらに具体的に，（1）経済的欠如という悪には経済的自立という目標を，（2）怠惰という悪には就労した場合の褒美を，（3）無知という悪には学習の機会を，（4）病気という悪には健康へのチャンスを，（5）汚染という悪には安全な環境を，という見出しで処方箋を提示し，そしてそれらに対する「社会正義」の在り方が続けて論じられている（pp.27－59）.

10　individualizedism. individualismとは異なり，より私事化的側面を強調する際に使われるようである．

11　バーバーはこの事件は英国社会を震撼させ，モラル・パニックを引き起こしたと書いている．Barber, M., *The Learning Game*, p.18. また「サッチャーの子ども達」についてはPicher, J. and S. Wagg, eds., *Thatcher's Children?*, Falmer, 1990.

12　Giddens, A., *The Third Way*, Polity. ギデンズ，佐和隆光訳『第三の道』日本経済新聞社，1999年，その他参照．

13　これについてはギデンズ『第三の道』における「エリートの反乱」，アンディ・グリーン／大田直子訳『教育・グローバリゼーション・国民国家』東京都立大学出版会，2000年における「飛び地」（邦訳，222頁）など参照．

14　以上のキャッチフレーズは主にブレアの著作，マンデルソンとリドルの文献から取り上げたものである．

15　Jones, K., 'Cultural Politics and Education in the 1990s', In *Education After The Conservatives*, eds., Richard Hatcher and Ken Jones, Trentham Books,

1996.

16 オーナーシップの感覚を強調することで自覚をもたらし，水準の向上を図ろうという戦略は，たとえば，公共住宅がスラム化するのを阻止するために，自分の家なら大切にするであろうと考えられ，持ち家政策が導入されたことに端的に現れている．同様に，親も教職員も学校を大切にしなければならない．それゆえオーナーシップが教育の場でも強調される．当初野党労働党も後述するようにこのオーナーシップを採用していたが，ブレアはこのアイデアをステークホルダーに展開することによって，責任と権利を統一させ，さらに一歩進めたと考えられる．

17 Jones, *op. cit.*, p.17.

18 The Commission on Social Justice, *op. cit.*, pp. 5, 147.

19 Labour Party, *Diversity and Excellence*, 1995. なお，清田夏代「多元化社会における国家と地方教育当局」『日英教育研究フォーラム』第７号，日英教育学会，2003年も参照のこと．ここで取り上げられているバーミンガムはティム・ブリッグハウス（Tim Brighouse）教育局局長の存在とともにバーバーによって詳しく紹介されていることはすでに指摘しておいた．このつながりは新労働党の教育政策を理解するうえで重要である．ティム・ブリッグハウスは現在はロンドン教育大学院客員教授である．ちなみに学校選択に関して様々な論文を発表しているハリー・ブリッグハウスは彼の息子である．

20 Barber（1997）は1997年の「選挙前から，私は折にふれて労働党の政治家にアドバイスを与えてきた．教育政策の殆どは私が書いたのだ．投票日から私の役割は根本的に変わった．５月２日，私はブランケット大臣から教育雇用省の中の水準と効果という新ユニットの長に任命されたのだ．結果として，私は選挙に先立って自分も参加して作り上げてきた政策を実施する責任を負うことになったのだ」と述べている（pp.10–11.）．

21 Labour Party, 'New Labour : Because Britain deserves better', *General Election Manifestos, 1900 – 1997*, Politico : Routledge, 2000, pp.349–353.

22 この極秘文書の公開を許可してくれたHMC関係者，とくにヴィヴィアン・アンソニー氏にお礼申し上げる．

23 このルールがなにを示しているのかは今の所不明であるが，報告文からすれば「このルールは，個々の子どものニーズが特定化される場合には，私立学校での教育を可能とする」ものと説明されている．この場合には，ワーノック勧告の特別な教育ニーズだけではなく，その他公立学校では不可能とされるような種類のものも含むとされている．

24 実際，労働党はこれまで特権の象徴であるパブリックスクールに対して，敵対という単純な態度をとっていたわけではない．むしろアンビバレントな対応をしてきた．廃止を強力に主張する左派の論理が，理論的には平等という観点から建て前としては労働党の公式見解であったが，過去において，一度も明確に廃止を打ち出したことはない．それはパブリックスクールが国家統制の及ばない領域にあったからでもあるが，実は労働党指導者層にパブリックスクールに対するある種の尊敬と畏怖の念が存在していたからである．さらに労働党指導層にオックスブリッジ出が増えるに従い，エリートの問題は，「やつら」の問題というより「われら」の問題となってきたのである．ブレアなどはオックスフォード出身の二世議員の典型である．労働党が労働者の政党という基本的性格から逸脱してきていると鋭く批判を加えていたのがマイケル・ヤングである．Young, M., 'Down with meritocracy', *Guardian*, 29/6/2001. これについては補論を参照のこと．

25 Queen's Speech, *Hansard*, Vol.294, clms.4145, 7, May, 1997.

26 *Hansard*, Vol.298, clm.597, 27, Oct., 1997.

27 たとえば，ウィッティーは筆者に対してそう述べている．その他にもチェスナッツ・グローブ校のピーコック校長も同じ意見であった．

28 代表的な研究として，Power, S. and S. Gewirtz, 'Reading Education Action Zones', *Journal of Education Policy*, Vol.16, No.1, 2001. pp.39–51. Dickson, M., et al., 'Education Action Zones and Democratic Participation', *School Leadership & Management*, Vol.21, No. 2, 2001, pp.169–181. Theakston, J., et al., 'Teachers Talking : teacher involvement in Education Action Zones', *School Leadership & Management*, Vol.21, No. 2, 2001, pp.183–197. シャロン・ゲワーツ「ニュー・レイバー第三の道の実践における緊張関係はいかなるものであったか？ EAZの場合」『日英教育研究フォーラム』第９号，96–138. 日英教育学会，2005年など．

29 EiC Action Zones. DfES StandardsHPよりダウンロード（2006年３月19日）. http://www.standards.dfes.gov.uk/sie/eic/eicactionzones/

30 筆者が2000年の２月，３月にワンズワース教育局で教育委員会後の議事録を見せて頂いた時期にこれが話題となっていると事務官から教えて頂いた．その時はまだ裁判中であったが，最終的にワンズワース区の言い分が認められたのはあとから新聞報道などで知った．また Tomlinson, *op. cit.*, p.96. も参照．

31 http://www.standards.dfes.gov.uk/beaconschools/（2006年３月19日ダウンロード）.

32 教育スキル省シティ・アカデミー担当者とのインタビュー（2004年３月２日，サラ・クーゼンズ〈Sarah Couzens〉DFES，シティアカデミー担当チーム）.

33 イギリスでは階級別の教育制度を形成してきたという歴史的背景により，大学進学を準備するいわゆる学術的カリキュラムと，卒業後にすぐ職業に就くことを前提とする実践的カリキュラムが中等教育段階で明確に区分されていた．これは1970年代にコンプリヘンシブスクールが主流になった後にも基本的には続いていたため，バランスのとれた普通中等教育カリキュラムの開発の必要性が常に主張されていたのではあるが，反対も強く，なかなか実現しなかったのである．たとえばマイケル・ヤング（2002）を参照のこと．これはさらに公立学校に対して宗教団体との関係を明確に表示せよという2002年教育法案で大問題となった「宗教系学校（faith school）」の奨励にも表れている．これは信教を理由に選抜を許すものとして批判をあびたものであるが，その背景にある「宗教系学校の方が普通の公立学校よりも教育水準が高い」というイメージを利用することによって，ミドルクラスを取り込もうとする新労働党の意図のもう一つの現れであると考えられる．

34 The Labour Party, 'New Labour : because Britain deserves better (1997 Manifesto)', In I. Dale, ed., *Labour Party : General Election Manifestos, 1900－1997*, p.353. 2009年現在では初年度の費用として200万ポンド準備しておかなければならないとされている．当初政府はアカデミーの建設費用を400万ポンドと予想していたが，実際には大幅にこれを越えるものであった（クーゼンズへのインタビュー，註32参照）．大田直子「英国労働党政権の学校タイプの多様化政策——アカデミーの事例を中心に」『公立学校改革における市場力（選択）と非市場力（参加）の相互作用の研究』（科学研究費報告書，研究代表者・黒崎勲，2004年）．同「労働党政権の中等教育多様化政策——アカデミーの事例考察」『イギリスの中等教育改革に関する調査研究——総合制学校と多様化政策——中間報告』（研究代表者・佐々木毅，2004年）参照．

35 アカデミーは，外観や建築などの面で，1960年代に急ごしらえされたLEA立中等教育学校の校舎と比べて人気があるなど優位に立っている点などが批判されている．戦後第一次ベビーブームへの対応として建設された校舎はすでに耐用年数を超えているものの，莫大な費用がかかるため，放置されているものが多い（スティーブン・ボールへのインタビュー，2004年３月）．但し老朽化した学校施設の立て替えを全面的に行うことも現労働党政権は約束している．またゴラードもその後の研究で，スペシャリストスクール政策のもとで不平等が拡大してきたことを指摘している．Gorard, S. and C. Taylor, *Specialist schools in England : track record and future prospect*, Cardiff : School of Social Sciences, 2001.

36 学校の多様性をカリキュラムで考える場合には，スペシャリストスクール的なものが登場するのは当然である．この問題は学校選択政策導入の当初から論争となっていたが，たとえば，ネイスミス氏は，「ピアノ，ダンスやバレーの上手な子どもがそのための専門的な学校に入ることは問題視されないのに，他のことになると反対が出るのはなぜだろう，子どもが自分の好きなものを学ぶのになんで反対されるのだろうか，子どもも学校がもっと好きになるだろうに」と話していた（1999年11月電話でのインタビュー）．

37 このシチズンシップ教育はなにも科目として指定されていたわけではなく，基本的にはクロス・カリキュラム的に導入される予定であった．しかしながらたとえばナェスナッツ・グローブ校では Ofsted の査察の結果，シチズンシップ教育が弱いといわれて憤慨していたように，どのように実践を行うかは当初は学校に委ねられていたため暗中模索の状況が続いていたといえよう．現在はシチズンシップ教育に関係する財団も設立され，モデル・カリキュラム等の提供もインターネットを通じて行われるようになっているし，教員養成プログラムも準備されている．また GCSE の試験科目への導入も行われているため，筆記試験に矮小化されつつもある．内容的には日本の政経や倫社というような感覚である．シチズンシップ教育に関しては，さしあたり以下を参照のこと。清田夏代『現代イギリスの教育行政改革』勁草書房，2005年．なお，フーコーの統治術という概念を使って，このシチズンシップ教育も新たな統治術の一環として考えることも可能である．たとえば山家歩「市民性を通じての統治」村上，石塚，篠原編著『市民社会とアソシエーション』社会評論社，2004年参照．

38　1997年に発表されたデアリング報告は，短期的，中期的視点から全部で93項目にわたる勧告を行っている．そこには，学士号より下位のデグリーを導入すること，大学定員を増員すること，補助金は，高等教育機会の拡大に貢献する戦略を示し，学生の学習経過をモニターし，評価するシステムを作り上げた大学を優先して交付すること，これに関する調査に資金を提供すること，補助金はその６割を学生数に応じて配分すること，学生への授業料徴収，政府は学生の生活保障や障害者への支援をすること，人文科学系のためのリサーチ・カウンシルの設置，高等教育の品質の保証をチェックするための品質保証機関（Quality Assurance Agency：QAA）の設置などが盛り込まれている．このうちのほとんどが最終的には実施に移されていることが後に確認できる．The National Committee of Inquiry into Higher Education, *The Report of the National Committee.*

39　The Labour Party, 'New Labour : because Britain deserves better（1997 Manifesto）', In I. Dale, ed., *Labour Party : General Election Manifestos, 1900–1997.*

40　National Advisory Group for Continuing Education and Lifelong Learning, *Learning for the Twenty-first Century*, 1997. http://www.lifelonglearning.co.uk/archive.htm よりダウンロード．

41　DfEE, *The Learning Age : a renaissance for a new Britain*, Introduction. http://www.lifelonglearning.co.uk/greenpaper/index.htm よりダウンロード．

42　この間の経緯については現在では革新，大学，スキル省のホームページで詳しく説明されている．http://www.dcsf.gov.uk/ila/programme.shtml より2008年10月14日ダウンロード．この計画は現在も継続されているが，今後については再検討されている．

43　Hillman, J., *University for Industry : creating a national learning network*, IPPR, 1996, pp.5–6.

44　*Ibid.*

45　Milner, H., et al., Piloting the University for Industry : Report of the North East Project, IPPR, 1999.　前書きを寄稿したテッサ・ブラックストーン（Tessa Blackstone：生涯学習担当大臣）は，産業のための大学（UfI）こそが労働党政府の生涯学習政策の根幹をなすと指摘している（５頁）．

46　http://www.ufi.com 参照．

47　DfEE, *The Learning Age : a renaissance for a new Britain*, Ch.1.3. なお，ここで紹介した政府文書はすべて註40のホームページよりダウンロードできる．反対派を事前に懐柔するというのは，緑書の質問方法などにみることができる．たとえば，政府はこういうことをやりたいと考えているが，それについて貴方は賛成するか，反対するか．また賛成するならどういう内容がいいと思うかといったやり方である．

48　DfEE, *Learning to Succeed*, Cm. 4932, 1999.

49 コネクションズに関しては，www.lga.gov.uk/lga/parliament/connexions.pdf. よりダウンロード．プロスペクタスの掲載ページが現在はみあたらないが，uk.yahoo.com で調べるとキャッシュから pdf ファイルがダウンロードできる．

50 National Advisory Group for Continuing Education and Lifelong Learning, *Creating Learning Cultures : Next Steps in Achieving the Learning Age*, 1999. http://www.lifelonglearning.co.uk/archive.htm よりダウンロード．

51 Quality Assurance Agency, *Discussion Paper*, 1999, *Consultation Paper*, 1999, *Summary Report*, 2000, *Policy Statement on PDP*, 2000.

52 Foundation Degree Group, *Foundation Degree Prospectus*, 2000.

53 アジェンダ21とはもともと1992年にリオデジャネイロでの「地球サミットで採択された環境保全のための規範を各論において実現するための行動計画」であり，通称「リオ宣言」と呼ばれている．ローカル・アジェンダ21はこれに対応するイギリス政府の政策である．

54 Labour Party, Manifest 1997, ed., Iain Dale, *Labour Party General Election Manifestos, 1900–1997*, Routledge, 2000. したがって，新労働党政権誕生後のLEA をさして，デュルケムが構想した中間団体との類似性を強調する清田夏代の見解は筆者とはまったく異なる．デュルケムのいう中間団体論はむしろ1980年以前の LEA こそが妥当すると思われる（清田：2003）．

55 『地方自治体の現代化』http://www.local.odpm.gov.uk/sponsor/ethical/ethical.pdf. また，白書『現代的地方自治体――地域住民とのふれあい』*Modern Local Government —— In Touch with People* は，http://www.communities.gov.uk/index.asp?id=1165212よりダウンロード．なおこの白書第七章においては，ベスト・バリューを提供する地方自治体はまず（1）明確なサービスの基準をもち，（2）継続的に改善を行うための明確な目標をもち，（3）サービスの利用者の発言力を高め，（4）独立した監査と査察を有するものであり，中央政府は地方自治体がサービスの供給に失敗したときに行動を起こすための新しい権限をもつとされている．なお，(財)自治体国際化協会『クレアレポート　英国におけるベストバリュー』206号（2000年）も参照のこと．

56 http://www.local.odpm.gov.uk/ よりダウンロード．

57 上記の文書は http://www.auditcommission.gov.uk//reports/index.asp からダウンロード．

マルチ・エージェンシー（あるいはジョインドアップ）政策とは，直接的には2000年に起こった一人の少女が叔母達によって虐待死させられた事件に端を発し，「どの子どもも大切」Every Child Matters キャンペーン，2004年子ども法などで導入されているが，すでに述べたように，バーバーやブレアの著作にもみられるもので，関係行政機関や司法，警察などの地域ネットワークを作り上げるものである．

2006年の段階ではLEA はたんに Local Authority と呼ばれるようになり，たとえばロンドンのワンズワース区の場合，以前の法定教育委員会（Education Committee：EC）は，教育に関する監督と精査委員会（Educational Overview and Scrutiny Committee）と改称され，政策決定は Cabinet と呼ばれる執行部が行うことになった．教育に関する監督と精査委員会の委員長がこのキャビネットの一員である．ワンズワース区では以前のLEA－ECの制度の時代においても，地方議会の主要メンバー（通常は法定委員会の委員長など）が非公式に事前に会議を開き，全体の運営の原案を決めていたので，ある意味，この非公式な会議およびそのメンバーが正式な会議とキャビネットメンバーに移行しただけであるともいえる．EC は政策決定機関とはならなくなったため，年に３回程度（必要に応じては緊急に応召される場合もあるが）開催される程度となった（子どもと青少年局局長ロビンソン氏談，2006年３月８日インタビュー）．

管見の限り公選制の首長制を導入している自治体は，2006年３月の段階でロンドン，ドンカスター，ハートルプール（Hartlepool），ストーク，ノース・タインサイド（North Tyneside）であり，リーダーと責任内閣制的執行部体制を採ったバーミンガム，ウィラル（Wirral），ダーラム，ワンズワースなどいくつかの自治体であった．リーダーと責任内閣制の場合は，これまでも形式的に一年限りのメイヤーをおいていた地方自治体が多いため，どの程度の違いが出てくるのか不明である．また，この論文を執筆中に日本においてもこの教育財政制度改革やマルチ・エージェンシー（ジョインドアップ）政策への関心がみられる．これらの文献の検討も含め，地方自治体改革，地方財政改革を，生涯学習社会構想と関連して労働党政権の教育政策の内容を検討することは今後の課題としたい．

### 終章

1　ロンドン大学教育大学院スティーブン・ボール教授へのインタビュー（2002年11月）．

2　DfES 回答（4/3/2003）．清田夏代「多元化社会における国家と地方教育当局」『日英教育研究フォーラム』第７号，日英教育学会，2003年，29-31頁．参照．

3　人口動態的にいえば，1961年の段階では，管理職層，自営業，サービス業まで含めて，いわゆるミドルクラスは55％である．ミドルクラスをアッパーとロウアーに分けるのは19世紀からみられるが，アッパーと目されるグループはこの時期15.7％である．他方，2003年夏の統計では，以下のようになっている．トップクラスの企業経営者および専門家10.8％，中位クラスの企業経営者および専門家22.2％，中間管理職10.3％，小規模企業経営者及び自営業7.7％，下位監督者および技術職9.4％，セミ定型労働13.3％，定型労働9.8％，長期失業者16.5％である（*Labour Force Survey*, ONS, 2003 June.）．この数値は新しい分類をつかってのものであるが，ミドルクラスとされる人々は51％，他方労働者階級とされる人々は23.1％であり，長期失業者が16.5％という状況が浮かび上がってくる．基本的にミドルクラスが肥大したわけではないが，労働者階級が縮小し，失業者が固定化されてきていることがわかる．また，ミドルクラス内をみてみれば，いわゆるアッパーと目されるグループが33％で，この部分が増大していること，またいわゆるホワイトカラー層が全般的に増大していることがわかる．詳しくは拙稿「教育におけるキイワードとしてのミドルクラス」『日英教育研究フォーラム』第10号，日英教育学会，2006年を参照のこと．またボールはサービス・クラスという名称で新しいミドルクラスの台頭をみている．Ball, S., *Class Strategies and Education Market*, Falmer, 2003. も参照のこと．

4　M・F・D・ヤング／大田直子訳『過去のカリキュラム・未来のカリキュラム』東京都立大学出版会，2002年．

## 補論

1　1980年代の教育改革以前のイギリスの中央教育行政機関（教育科学省）が，いかに軽視されてきたかについては，Stephen, Ball, *Politics and Policy - making in Education*, Routledge, 1990. を参照のこと．日本における文部官僚の役割や彼らの自負などと比較すると非常に興味深いだろう．

2　大田直子「ニューヨーク市における学校選択の現状」課題番号16530517，平成16年度～平成18年度科学研究費補助金（基盤研究（C））研究成果報告書『学校選択制度による公立学校教育の質の向上メカニズムに関する研究』（研究代表者・黒崎勲）所収，29－80頁．

3　DfES, Time Series, Total UK Education Spending as a proportion of GDP. http://www.dfes.gov.uk/rsgateway/DB/TIM/m002002/edspendrev2006.pdf. より．なお，Office for National Statistics, *Social Trends*, No.30, p.62, No.33, p.69, 2003；No.34, p.49, 2004；No.37, 2007. も参照したが，数値が若干異なっている．大学の授業料をUK国籍保有者にも課すようになった点も忘れてはならない．これは大学の収入となった．したがって，同じ予算の比率でも支出される分野にメリハリがついたということが考えられる．高等教育費に関しても上記のGDP比の場合は合計されている．

4　http://www.mof.go.jp/jouhou/syukei/sy014/sy014t.htm よりダウンロード（2007年7月21日）．

5　学校教育費の予算増は前出の*Social Trends*においても強調される点である．

6　これについては序章の註9を参照のこと．

7　マイケル・アップルは，アメリカのホームスクーリング運動やチャータースクールが公費を宗教活動に支出するための隠れ蓑となっている点や，多くの子ども達が公立学校から「退出」し，宗教教育を家庭で受けることで，民主主義社会の根幹である多元性や多様性を促進する契機を失いつつある危険性を指摘している．アメリカでは公立学校を通じてアメリカ人が作られていくからである．この点，イギリス社会では，1944年教育法による普遍的義務教育制度が確立した際も，ホームスクーリングの規定は明確に権利として規定されているという歴史があった．現在，公立学校でも宗教色を前面に打ち出す政策がとられているし，様々な宗教系公立学校が登場しつつある．これに対してはウォルフォードが指摘しているように，私立学校として国家統制の埒外におくのではなく，公立学校にして，ナショナルカリキュラムを通じた多元的価値観やシチズンシップ教育を行うことのほうがいいという評価が一般的である．マイケル・アップル／大田直子訳『右派の／正しい教育』世織書房，2008年．黒崎他『多元化社会の公教育：国際シンポジウム：新しいタイプの公立学校の創設と教育の公共性』日日教育文庫，2003年．

8　A・グリーン／大田直子訳『教育・グローバリゼーション・国民国家』東京都立大出版会，2000年．

9　M・J・ウィーナ／原剛訳『英国産業精神の衰退——文化史的接近』勁草書房，1984年．

10　大田直子「第１提案　第二次世界大戦と教育——イギリスの経験（教育史学会第39回大会記録）」『日本の教育史学』39号，教育史学会，1996年．同「『秘密の花園』の終焉（１）——イギリスにおける教師の教育の自由について」『人文学報』259号，東京都立大学，1995年など参照．

11　日本でも学校評議員制度，そして，地域運営協議会制度が導入されたわけであるが，この導入をめぐる論議の過程で，アメリカのチャータースクールやイギリス型の学校評議会制度の導入も充分に検討されていたはずであった．こういったラディカルな改革案から最も重要な部分を切り離して，文部科学省のデザインにそう形で，いかにこれらの制度が導入されてきたかという具体的な経緯については，大田直子「地教行法一部改正と学校運営協議会論議」（日本教育学会第63大会報告）『教育学研究』72—１，日本教育学会，2005年３月，74－77頁を参照のこと．

12　堀尾が具体的に例示するのは共同保育運動のみである（堀尾輝久，兼子仁，1977，84頁）．また市民社会学派と堀尾理論の関係については，黒崎勲『増補　教育の政治経済学』日日教育文庫，2006年，94頁を参照．

13　小田中直樹『日本の個人主義』（ちくま文庫）筑摩書房，2006年．

14　内田義彦『社会認識の歩み』（岩波新書）岩波書店，1971年（初版）．

15　Gamble, A., *Hayek : The Iron Cage of Liberty*, Westview Press, 1996.

16　Whitty, G., S. Power and D. Halpin, *Devolution & Choice in Education*, Open University Press, 1998, p.124.

17　*Ibid*., pp.133–134.

18　Giddens, A., *The Progressive Manifesto*, Polity, 2003, pp.17–20. の要約．

19「反対派の手によって」と書いているが，具体的には，文部科学省の官僚と，教育関係者であったといってよいだろう．もちろん彼らが悪意に満ちてそうしたわけではない．彼らは「平等」を守ろうとしているのである．その根拠については，上記註11および黒崎勲『新しいタイプの公立学校——コミュニティ・スクール立案過程と選択による学校改革』日日教育文庫，2004年を参照のこと．教育学会で報告した内容は，地域学校運営協議会が導入された経緯を，規制改革を推進する首相官邸，総合規制改革会議，教育改革国民会議，中央教育審議会の順にその議論を追ってみたものである．発言の内容，その場のやり取りや，まとめ方，そして最終答申の文言での変遷がよく理解できる．もちろんこのような場合，国会での議論も見落としてはならない．しかしながら，国会の議論というものもすでに形骸化しているというのが率直な感想である．法案が出された時点ですでに大方の議論は終わっているのだ．筆者は同法改正の審議の際，衆議院文部科学委員会で意見を聴取されたが，なにかそれが大きな内容の変更と結び付いたというようなことはなく，手続き上意見を聴取するというポーズ以上には何も感じなかった．これは地方公聴会に呼ばれた時も同様である．法案のほとんどが政府提案になっている点や，政治家が専門分野をもたないような場合，与党議員は官僚に依存することが多い．法案審議の場は，たとえば，まったく関係ないことを発言して，与党の教育政策を誉め讃えるパフォーマンスの場とした国会議員もいる．野党でも与党と同じ条件で情報にアプローチでき，そのための予算も同等に与えられている，そして専門畑をもつ政治家を適材適所に配置するイギリスの議会政治のあり方についても学ぶことは多いのではないだろうか．

20　ブレア率いる新労働党政権の内閣の構成をみて，すでに大学卒業生，とくにオックスブリッジや一流校出身者が大多数を占めている状況に危機感を強めたのは，1950年代に「メリトクラシー」という言葉を発明したマイケル・ヤングその人であった（Young, M., 'Down with meritocracy', *Guardian*, 2001年６月29日号を参照のこと）．第一期の閣僚はプレスコット以外ほとんどのものが大学出になっている．ヤングは1945年総選挙時の労働党選挙綱領を共同で執筆したことでも知られている．この選挙で成立したアトリー労働党政権は，その閣議の席上に必ず一つ空席がもうけられていた．それは，「庶民の席」であった．これは庶民の代表としての労働党の自覚を示すものであったといわれていたが，残念なことに，この椅子の存在はかなり早くに忘れ去られてしまった．それと同時にヤングは労働党から距離をおくようになる（コミュニティ学研究所ジェフ・デンチ教授とのインタビュー，2004年11月24日）．

21　ミリバンドはその後副首相官房に移動し，地方自治体担当副大臣となったうえ，環境，食品，地方問題担当大臣を経て，2007年６月以降は外務大臣である．彼は，階級的要因が子ども達の教育水準の上昇を妨げている，と述べていた（*Guardian*, 18/9/2003）．二期目の選挙に臨むに際して，ブレアが行ったスピーチは，〔おそらく特化学校（スペシャリスト・スクール）の拡大について述べたものであろうが，〕一部の人々に手厳しく批判された．たとえばラフバラ大学のリスター教授は，ブレアの演説の重要性は「メリトクラティックな香りを平等主義とつなげた」ことにあるのではなく，「メリトクラシー（の展開）が依然として不十分だ」とブレアが考えていることだと指摘している（*Guardian*, 10/2/2001）．

22　Young, M., *For Richer For Poorer*, 1951（Briggs, A., *Michael Young : Social Entrepreneur*, palgrave, 2001, p.159. より重引）．

23　『マイケル・ヤング：社会貢献型企業家』（2001）を執筆したエイサ・ブリッグスによれば，ヤングにとって，SSE は彼の思想の集大成であり，彼が生涯精力を傾けてきた革新にもっともふさわしいものであった．SSE は，「中世のルールに縛られた大学」でもなく，「政府の補助金の規制に縛られた現代の大学」でもない地域に根ざしたもので，学生達は「新しい革新的プロジェクトを開発する」ことが期待されていた．学生達のプロジェクトはリスクを伴うものであるが，

SSE により財政的資源のみならず人的資源へのアクセスももつことが可能となる．「一つの革新的プロジェクトを導入することは，起業家精神を試すことでもある．……そして起業家精神とは，私（ヤング）にとって，もっとも集中した獲得目標が明確な最善の学習方法である．そのねらいは，連続する試練，連続する試みと失敗にあるのだ」(Briggs, 2001, p.4.)．

24 ヤングは1953年にフォード財団の援助を受けて，ロンドンのベスナル・グリーンに「コミュニティ学研究所」The Institute of Community Studies を設立し，2000年までそこの所長を務めた．ヤングはここを拠点に，様々な研究所，団体，プロジェクトを立ち上げていく．そのうちの多くはアメリカ社会にヒントをえたものであった．その中でも消費者協会（Consumers' Association, 1956年設立，機関誌 *Which*)，教育支援センター（Advisory Centre for Education : ACE, 1959年設立，機関誌 *Where*)，全国革新センター（National Innovations Centre, 1968年から1974年，機関誌 *What*）のほか，放送大学，多言語で健康や医療関係の相談に乗る健康情報トラスト（1987年設立)，日本の科学研究費にあたる補助金を扱う社会科学研究協議会（Social Science Research Council : SSRC, 1965年設立）などが上げられる．さらに1988年教育改革法の審議過程では，貴族院で学校教育の多様化を主張して教育選択センター（Centre for Educational Choice）を設立させている．これは，先の ACE と同様に，公教育の独占に対抗して，多様化を促進するための組織であった．その他にも葬儀を自らの手で行えるようにと全国葬儀カレッジ（National Funerals College, 1994年）を設立したほか，33団体を設立した．そして1998年，彼の最後の組織である「社会貢献型企業のための学校（School for Social Entrepreneurs : SSE)」を設立するのであった．以上については，大田直子「メリトクラシーを越えて――社会貢献型企業のための学校」『日英教育研究フォーラム』第９号，日英教育学会，2005年を参照されたい．ヤングの研究および人間の能力のはかり方，IQ の問題は今後の課題の一つである．

25 日本においては一橋大学の谷本寛治氏の研究が注目される．谷本氏の存在を教えてくれた山本朋佳さんにお礼申し上げる．

26 Demogrant の中身としては，若者が自立する年齢にまとまった額の給付金を与え，自由に使わせるというものである．進学に使ってもよいし，訓練，あるいは起業してもよいというもので，これはすべての若者に給付される．その理由として，富めるものであっても親の財産に依存している場合には自立できない可能性があるからであるとしている．Le Grand, J., *Motivation, Agency and Public Policy*, Oxford U. P., 2003. もともとのアイデアはアッカーマンらのステークホールディングである．Ackerman, B. and A. Alstott, *The Stakeholder Society*, Yale U. P., 1999. その他 Nissan, D. and Le Grand, J., *A Capital Idea : Set-up Grants for Young People*, Fabian Society, 2000. Le Grand, J., *The Other Invisible Hand*, Princeton U. P., 2007. を参照のこと．おおもとはトマス・ペインの「土地再分論者の正義」*Agrarian Justice*（1797年. http://www.thomaspaine.org/Archives/agjst. html に原文がある）で書かれているアイデアであるとアッカーマンらは述べている．

# ●資料＝イギリスの学校制度〈1～4〉

## 〈資料1〉年齢と学年の相関

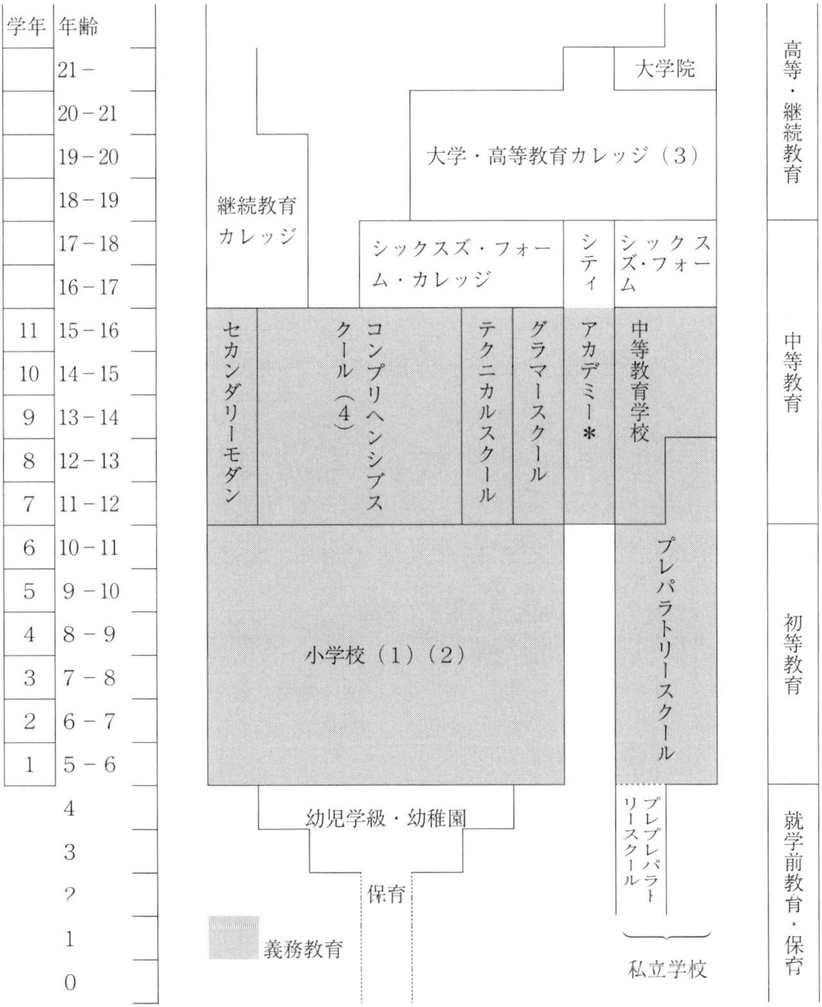


注1：（1）小学校にはミドルスクール（5歳～9歳など）も含まれる.（2）小学校への進学は現在は4歳から認められている.（3）語学系の学部は4年間である.（4）多くのコンプリヘンシブスクールは現在スペシャリストスクールを標榜している.

注2：＊印は設立資金の一部が設置者（民間）負担の国費維持学校を示す.

注3：図表の横幅は割合を示しているわけではない.

## 〈資料２〉 学校供給者別タイプ

### 〈1944年教育法〉

| | | |
|---|---|---|
| maintained | provided（LEA管轄） | 特　徴 |
| | county school | 土地建物，運営費，人件費全額LEA負担 |
| | non-provided（元私立）<br>voluntary controlled school<br><br><br>voluntary aided school<br><br><br>special agreement school<br>direct grant school | <br>運営費人件費全額LEA負担<br>世俗教育に関する教員の任免権はLEAがもつ<br>学校評議会の三分の二がLEA任命<br>運営費，人件費75％がLEA負担<br>学校評議会の三分の二は大本の理事会代表<br>宗教教育の担当教師の任免権は自由<br>LEA負担150％，主にローマン・カソリック教会立<br>国費援助を受けるかわりに25％無償席を提供する<br>＊1980年以降インディペンデントスクールに分類 |
| non-maintained | independent school | 公的管轄外 |

### 〈1988年教育改革法から1998年学校水準と枠組み法以前まで〉

| | | |
|---|---|---|
| maintained | provided（LEA管轄） | 特　徴 |
| | county school | 土地建物，運営費，人件費全額LEA負担 |
| | non-provided（元私立）<br>voluntary controlled school<br><br><br>voluntary aided school<br><br><br>grant maintained school<br><br>city technology college | <br>運営費人件費全額LEA負担<br>世俗教育に関する教員の任免権はLEAがもつ<br>学校評議会の三分の二がLEA任命<br>15％準備資金確保<br>学校評議会の三分の二は大本の理事会代表<br>宗教教育の担当教師の任免権は自由<br>土地建物は学校評議会所有<br>運営費人件費全額国庫負担<br>100万ポンド準備資金確保<br>残りの経費は全部国庫負担 |
| non-maintained | independent school | 登録制 |

〈1998年学校水準と枠組み法〉

| | | |
|---|---|---|
| maintained | provided（LEA管轄） | 特　徴 |
| | community school | 土地建物，運営費，人件費全額LEA負担 |
| | foundation school | 運営費，人件費全額LEA負担（元GMS） |
| | non-provided（元私立） | |
| | voluntary controlled school | 運営費人件費全額LEA負担<br>世俗教育に関する教員の任免権はLEAがもつ<br>学校評議会の三分の二がLEA任命 |
| | voluntary aided school | 新設時15％準備資金確保<br>学校評議会の三分の二は大本の理事会代表<br>宗教教育の担当教師の任免権は自由<br>（元GMSもあり） |
| non-maintained | city academy<br>city technology college 他類似 | 100万ポンド準備資金確保<br>残りの経費は全額国庫負担<br>評議会名称はBoard of Governors<br>independent schoolとして登録も可 |
| | independent school | 登録制<br>授業料徴収 |
| | その他 | 部分的に国費援助を受ける学校 |

注：＊16歳以降の教育機関はLEAから独立してLSCの管轄に属する（2000年学習とスキル法）

出典：*Statistics of Education Schools in England 1999*, The Stationery Office, 2000.

## 〈資料3〉1999／2000年度資格制度の枠組み

### （1）GCSEとGNVQのポイント制

| GCSE Grade | GNVQ | No. of Point |
|---|---|---|
| A+ | | 8 |
| | Intermediate Distinction | 7.5 |
| A | | 7 |
| B | Intermediate Merit | 6 |
| C | Intermediate Pass | 5 |
| D | Foundation Distinction | 4 |
| E | Foundation Merit | 3 |
| F | | 2 |
| | Foundation Pass | 1.5 |
| G | | 1 |

注：実際の得点は様々なコース属性によって複雑に計算される.

出典：*First Release*, 12 Oct., 2000, National Statistics, p.5.

### （2）GNVQとGCSEの換算表

| | | GCSE Grades | Equivalent to：<br>No. of GCSEs |
|---|---|---|---|
| GNVQ | Part 1 Intermediate | A+－C | 2 |
| | Part 1 Foundation | D－G | 2 |
| GNVQ | Full Intermediate | A+－C | 4 |
| | Full Foundation | D－G | 4 |
| GNVQ | Language unit Intermediate | A | 0.5 |
| | Language unit Foundation | D | 0.5 |
| GCSE | Short course | Same grade | 0.5 |

出典：*Ibid*., p.4.

### （3）GCEとGNVQの換算表

| Grade | GCE A | GCE AS | Advanced NVQ Grade | No. of Points |
|---|---|---|---|---|
| A | 10 | 5 | Distinction | 18 |
| B | 8 | 4 | Merit | 12 |
| C | 6 | 3 | Pass | 6 |
| D | 4 | 2 | | |
| E | 2 | 1 | | |

出典：*Ibid*., p.5.

## 〈資料4〉学校評議会構成の変遷

### (1) Better School

| Category of governor | fewer than 100 pupils | 100-299 | 300- | 600- |
|---|---|---|---|---|
| parents | 2 | 3 | 4 | 5 |
| LEA appointed | 2 | 3 | 4 | 5 |
| Teachers | 1 | 1 | 1 | 1 |
| Headteacher | 1 | 1 | 2 | 2 |
| Foundation | 2 (0) | 3 (0) | 4 (0) | 4 (0) |
| Co-opted | 1 (3) | 1 (4) | 1 (5) | 2 (6) |
| Total | 9 | 12 | 16 | 19 |

### (2) 1986 (No. 2) Act

| Category of governor | less than 100 pupils | 100-299 | 300- | 600- | 備　考 |
|---|---|---|---|---|---|
| parents | 2 | 3 | 4 | 5 | |
| LEA appointed | 2 | 3 | 4 | 5 | primary の場合は下位行政区からも1名指名 |
| Teachers | 1 | 1 | 2 | 2 | |
| Headteacher | 1 | 1 | 1 | 1 | |
| Foundation | 2 (0) | 3 (0) | 4 (0) | 4 (0) | |
| Co-opted | 1 (3) | 1 (4) | 1 (5) | 2 (6) | local business community |
| Total | 9 | 12 | 16 | 19 | |

### (3) 1988 Act Art. 53

| Category of governor | Grant-Maintained | 備　考 |
|---|---|---|
| Parent governors | 5 | |
| headteacher | 1 | |
| Teacher governors | 1 or 2 | |
| first governor* | more than 7 | *at least two parents governors |
| foundation governor* | more than 7 | *at least two parents governors |

（4）1993 Act Art. 60, schedule 7

| | GMS | GMS |
|---|---|---|
| Category of governor | Secondary school-normal basis | Primary school-normal basis |
| Parent governors | 5 | 3 or 5 |
| head teacher | 1 | 1 |
| Teacher governors | 1 | 1 |
| first govenor | 1 | 1 |
| foundation govenor | 5 | 3 or 4 |
| sponsor govenors | 3 | 1 |
| additional governors | | |

（5）1998 Act schedule 9

Community School

| Category of governor | Secondary school-normal basis | Secondary school-option if less than 600 pupils | Primary school-normal basis | primary school-option less than 100 | 備　考 |
|---|---|---|---|---|---|
| Parent governors | 6 | 5 | 4 or 5 | 3 | |
| LEA governors | 5 | 4 | 3 or 4 | 2 | |
| Teacher governors＊ | 2 | 2 | 1 or 2 | 1 | ＊headteacher if not elected |
| Staff governors | 1 | 1 | 1 | 1or 0 | |
| Co-opted governors | 3 | 4 | 3 or 4 | 2 | ＊any additional governor |

Community Special School

| Category of governor | | 備　考 |
|---|---|---|
| Parent governors | 3 | |
| LEA governors | 2 | |
| Teacher governors＊ | 1 | ＊headteacher if not elected |
| Staff governors | 1 or 0 | |
| Co-opted governors | 2 | |
| Co-opted governors | 1 | |

Foundation

| Category of governor | Secondary school-normal basis | Secondary school-option if less than 600 pupils | Primary school-normal basis | primary school-option less than 100 | 備　考 |
|---|---|---|---|---|---|
| Parent governors | 7 | 6 | 5 or 6 | 4 | |
| LEA governors | 2 | 2 | 2 | 2 | |
| Teacher governors | 2 | 2 | 1 | 1 | |
| Staff governors | 1 | 1 | 1 | 1 or 0 | |
| Foundation governors* | 5 | 4 | 3 or 4 | 2 | *and/or partnership governors |
| Co-opted governors | 3 | 2 | 1 | 1 | |

Voluntary Controlled

| Category of governor | Secondary school-normal basis | Secondary school-option if less than 600 pupils | Primary school-normal basis | primary school-option less than 100 |
|---|---|---|---|---|
| Parent governors | 6 | 5 | 4 or 5 | 3 |
| LEA governors | 4 | 3 | 3 | 2 |
| Teacher governors | 2 | 2 | 1 | 1 |
| Staff governors | 1 | 1 | 1 | 1 or 0 |
| Foundation governors | 5 | 4 | 3 or 4 | 2 |
| Co-opted governors | 2 | 2 | 1 | 1 |

Voluntary Aided School

| Category of governor | Secondary school-normal basis | Secondary school option if less than 600 pupils | Primary school-normal basis | primary school-option less than 100 |
|---|---|---|---|---|
| Parent governors | 3 | 2 | 1 or 2 | 1 |
| LEA governors | 2 | 1 | 1 or 2 | 1 |
| Teacher governors | 2 | 2 | 1 | 1 |
| Staff governors | 1 | 1 | 1 | 1 or 0 |
| Foundation Governor* | 11<br>*3 parents | 8<br>*2 parents | 6 or 8<br>*2 parents | 5 or 6<br>*2 parents |

# 引用文献

（アルファベット順）


## A

安倍晋三『美しい国へ』文藝春秋社, 2006.

Ackerman, B. and A. Alstott, *The Stakeholder Society*, Yale U. P., 1999.

Aldrich, R., 'Teachers in England : their education, training and profession',『日英教育研究フォーラム』第１号, 日英教育学会, 1997.

Apple, M., *Educating the "Right" way : markets, standards, God, and inequality*（２nd ed.）, Routledge Falmer, 2006.（マイケル・アップル／大田直子訳『右派の／正しい教育』世織書房, 2008）

Atkinson, H. and S. Wilks-Heeg, eds., *Local Government from Thatcher to Blair*, Polity, 2000.

Avis, J., 'Educational practice, professionalism and social relations', In *Education Limited : schooling, training, and the New Right in England since 1979*, ed., Education Group II Department of Cultural Studies, University of Birmingham, Unwin Hyman, 1991.

## B

Baker, K., *The Turbulent years : my life in politics*, London : Faber and Faber, 1993.

Ball, S., *Politics And Policy-Making in Education*, Routledge, 1990

ボール・Ｓ／大田直子訳「教育，メージャー主義，『死者のカリキュラム』」『教育学年報２』世織書房, 1993.

Ball, S., *Class Strategies and Education Market*, Falmer, 2003.

Barber, M., *Education in the Captial*, Cassell, 1992.

———, *The Learning Game*, Indigo, 1997（1996）.

バーネット・Ｒ「1999年大会記録」『日英教育研究フォーラム』第４号，日英教育学会, 2000.

バーンシュタイン・Ｂ「社会階級・言語・社会化」『教育と社会変動　下』東京大学出版会, 1980.

Blair, T., *New Britain : my vision of a young contry*, Fourth Estate, 1996.
ボッビオ・N／片桐薫・圭子訳『右と左――政治的区別の理由と意味』御茶の水書房, 1998.
――――, *Leading the way――A new vision for local government,* IPPR, 1998,
Briggs, A., *Michael Young : Social Entrepreneur*, Palgrave McMillan, 2001.
Brooks, R., *Contemporary Debates in Education : an historical perspective*, London : Longman, 1991.

## C

Callaghan, J., 'Laskin Speech', *Education*, 22, Oct., 1976.
Centre for Contemporary Cultural Studies, *Unpopular Education*, Hutchinson, 1981.
Commission on Social Justice, *Social Justice*, Verso, 1994.
Coopers and Lybrand, *Local Management of Schools*, 1988.
Corrigan, P., *Schooling the Smash Street Kids*, Macmillan, 1979.
Cox, C. and A. E. Dyson, *Black Papers 1969 : the crisis in education*, Critical Quarterly Society, 1969.
Cox, C. and R. Boyson, *Black Paper 1975 : the fight for education*, London, 1975.
Cox, C. and A. E. Dyson, *Black paper three*, Critical Quarterly Society, 1970.
Cox, C. and R. Boyson, *Black Paper 1977*, London, 1977.

## D

Dale, I., *Labour Party : General Election Manifestos, 1900–1997*, London, Routledge, Politico, 2000.
――――, *Conservative Party General Election Manifestos, 1900–1997*, London, Routledge, Politico, 2000.
Dale, R., 'Thatcherism and Education' in *Contemporary Education Policy*, eds., Ahier, J. and M. Flude, Croomhelm, 1983.
Department of Education and Science, *Parental Influence at School : A new framework for school government in England and Wales*, Cmd 9242, 1984.
――――, *Better Schools*, Cmd 9469, 1985.
DES and Walsh Office, *A New Partnership for Our Schools (The Taylor Report)*, HMSO, 1977.
DfEE, *The Learning Age : a renaissance for a new Britain*, 〈http://www.lifelonglearning.co.uk/greenpaper/index.htm〉 1998.
――――, *Learning to Succeed*, Cm 4932, 1999.
Dickson, M. et al., 'Education Action Zones and Democratic Participation', *School Leadership & Management*, 21–2, 2001.

E

Evans, B., *The Politics of the Training Market*, Routledge, 1992.

F

Finn, D., et al., *Social democracy, education and the crisis*, CCCS, University of Birmingham, 1978.

Franklin, J. and A. Blacklock, 'Special Report : Vocational youth Education and Training', *Journal of European Industrial Training*, 11-3. 1987.

藤田弘之「イギリス保守党と教育ヴァウチャー問題」『日本教育行政学会年報　16』日本教育行政学会, 1990.

G

ギャンブル・A／小笠原欣幸訳『自由経済と強い国家』みすず書房, 1990.

――――／都築忠七訳『イギリス衰退100年史』みすず書房, 1987.

Gamble, A., *Hayek : The Iron Cage of Liberty*, Westview Press, 1996.

Gardner, P., *The lost elementary schools of Victorian England : the people's education*, Croom Helm, 1984.

ゲワーツ・S「ニュー・レイバー第三の道の実践における緊張関係はいかなるものであったのか？ EAZの場合」『日英教育研究フォーラム』第９号，日英教育学会, 2005.

Giddens, A., *The Third Way*, Polity, 2000.（ギデンズ・A／佐和隆光訳『第三の道』日本経済新聞社, 1999）

ジルー・H／大田直子訳「抵抗する差異――カルチュラル・スタディーズと批判教育学のディスコース」『現代思想』24-7, 青土社, 1996年.

ゴンブリッチ・R／大田直子訳「大学人の大量虐殺」『世界』岩波書店，2001年５月号.

Goldstein H., 'Relegate the leagues : Data from performance tables is crude and often misleading.', *New Economy*, 1996.

Gorard, S. and J. Fitz, 'The More Things Change : The Missing Impact of Marketisation?', *British Journal of Sociology of Education*, 19-3, 1998.

――――, 'Under Starters Orders : the established market, the Cardiff study and the Smithfield project', *International Studies in Sociology of Education*, 8-3, 1998.

Gorard, S., *Education and Social Justice : the changing composition of schools and its implications*, University of Wales Press, 2000.

ゴラード・S／松下丈宏訳「公共政策の中の市場――イギリス1988年教育改革法を事例として」『教育学年報９』世織書房, 2002.

Gorard, S. and C. Taylor, *Specialist schools in England : track record and future prospect*, Cardiff : School of Social Sciences, 2001.

Gray, J., *Beyond the New Right : markets, government and the common*

*environment*, Routledge, 1993.
グリーン・A／大田直子訳『教育・グローバリゼーション・国民国家』東京都立大学出版会, 2000.

## H

Halcrow, M., *Keith Joseph : A Single Mind*, Macmillan, 1989.
Halsey. A. H. and M. Young, 'The Family and Social Justice', in (eds.). Halsey A. H. et. al., *Education, Culture, Economy, Society*, Oxford U. P., 1997.
Hargreaves, A. and M. Hammersley, 'CCCS Gas!'', *Oxford Review of Education*, 8-2, 1982.
Haxby, P., 'Training for Tomorrow', *Journal of European Industrial Training*, 6-2, 1982.
————, 'The Youth Training Scheme——The Essentials', *Journal of European Industrial Training*, 8-3, 1984.
ハイエク, F・A／田中眞晴・田中秀夫訳『市場・知識・自由——自由主義思想の経済思想』ミネルヴァ書房, 1986.
————／一谷藤一郎・一谷映理子訳『隷従への道——全体主義と自由』東京創元社, 1992.
Hillman, J., *University for Industry : creating a national learning network*, IPPR, 1996.
Headmaster Conference, *Annal Reports*（1857年から1999年まで）, HMC.
堀尾輝久『現代教育の思想と構造』岩波書店, 1971.
————『現代社会と教育』岩波新書, 1997.
堀尾輝久・兼子仁『教育と人権』岩波書店, 1977.
Hutton, W., *The State We're In*, London : Cape, 1995.
Hutton, W. and D. Glodblatt, *The Stakeholding Society : Writings on Politics and Economics*, Polity, 1999.

## I

ILEA, *Improving Secondary Schools : Report of the Committee on the Curriculum and Organisation of Secondary Schools chaired by Dr. David H. Hargreaves*, ILEA, 1984.
Illich, I., *Gender*, Pentheron Books, 1982.（イヴァン・イリイチ／玉野井芳郎訳『ジェンダー』岩波書店, 1998）
石川稔・森田明編『児童の権利条約』一粒社, 1995.

## J

自治体国際化協会『クレアレポート　英国におけるベストバリュー』（財）自治体国際化協会（CLAIR）, 2000.
Johnson, R., 'A new road to serfdom? A ciritical history of the 1988 Act', in

*Education Limited : schooling, training, and the New Right in England since 1979*, ed., Education Group II Department of Cultural Studies, University of Birmingham, Unwin Hyman, 1991.

Jones, K., 'Cultural Politics and Education in the 1990s', in *Education After the Conservatives*, eds., Hatcher, R. and K. Jones, Trentham Books, 1996.

Joseph, K., 'Speech by the Rt. Hon. Sir Keith Joseph, Secretary of State for Education and Scinence, at the North of England Education Conference, Sheffield, on Friday 6 January 1984', *Oxford Review of Education*, 10–2, 1984.

K

兼子仁『新版　教育法』有斐閣, 1978.

Kay, J., John KAY. 〈http://www.johnkay.com/〉

小林昭「イギリス補助金政策の新展開と地方財政」宮本憲一編『補助金の政治経済学』朝日新聞社, 1990.

小松郁夫「イギリスの1988年教育改革と教育行政改革」『日本教育行政学会年報16』日本教育行政学会, 1990.

黒崎勲『教育と不平等』新曜社, 1989.

――――『学校選択と学校参加』東京大学出版会, 1994.

――――『教育行政学』岩波書店, 1999.

――――他『多元化社会の公教育：国際シンポジウム：新しいタイプの公立学校の創設と教育の公共性』日日教育文庫, 2003.

――――『増補　教育の政治経済学』日日教育文庫, 2006.

L

Labour Party, 'The Labour way is the better way : Manifesto 1979', Dale, I. ed. *Labour Party General Election Manifestos, 1900–1997*, Routledge, 2000.

――――, *Diversity and Excellence*, Labour Party, 1995.

Le Grand, J., 'Libety, Equality and Vouchers' in *Empowering the Parents : How to Break the School Monopoly*, ed., D. G. Green, IEA Health and Welfare unit, 1991.

――――, *Motivation, Agency and Public Policy*, Oxford U. P., 2003.（郡司篤晃訳『公共政策と人間――社会保障制度の準市場改革』聖学院大学出版会, 2008）

――――, *The Other Invisible Hand*, Princeton U. P., 2007.

Le Grand, J. and R. E. Goodin, *Not Only the Poor : Middle Classes and the Welfare State*, Routledge, 1987.

Lister, E., *LEAS-OLD AND NEW : A VIEW FROM WANDSWORTH*, Centre of Policy Studies, 10, 1991.

Lister, R., 'On mertocracy's merits', *Guardian*, 2/10/2001.

## M


MacLeod, D. 'School meals reveal 'sham' of equality', *Guardian*, 5/6/1995.

Maclure, S., *Education Re-formed*, Hodder & Stoughton, 1988.

Mandelson, P. and R. Liddle, *The Blair Revolution : Can New Labour Deliver?*, faber and faber, 1996.

Marden, M. (ed.), *Success against the odds-five years on*, Routledge/Falmer, 2001.

McEwan, D., 'Hustled by history : choices before teachers in progressive school' in *Education Limited*, ed., Education Group II Department of Cultural Studies, University of Birmingham, Unwin Hyman, 1991.

Milliband, D., 'Class haunts the classroom', *Guardian*, 9/18/2003.

Milner, H. et al., *Piloting the University for Industry : Report of the North East* Project, IPPR, 1999.

森田明『未成年者保護法と現代社会――保護と自律のあいだ』有斐閣, 1999.

Morris, R., '1944 to 1988', in *Central and Local Control of Education after the Education Reform Act 1988*, ed., R. Morris, Harlow : Longman, 1990.

マグワイヤー・M／大田直子訳「教育か訓練か？教師になる準備とそれに関連する大学の役割について」『教育学年報９』世織書房, 2002.


## N


中西輝政他『教育正常化への道』PHP研究所, 2005.

National Advisory Group for Continuing Education and Lifelong Learning, *Learning for the Twenty-first Century*. 〈http://www.lifelonglearning.co.uk/archive.htm〉, 1997.

———, *Creating Learning Cultures : Next Steps in Achieving the Learning Age*. 〈http://www.lifelonglearning.co.uk/archive.htm〉, 1999.

Neave, G., 'On the Cultivation of Quality, Efficiency and Enterprise : an overview of recent trends in higher education in Western Europe, 1986–1988', *European Journal of Education*, 23–1/2, 1988.

———, 'The Politics of Quality : developments in higher education in Western Europe 1992–1994', *European Journal of Education*, 29–2, 1994.

Nissan, D. and Le Grand, J., *A Capital Idea : Set-up Grants for Young People*, Fabian Society, 2000.


## O


O' Conner, M. et al., *Hackney Downs : The School That Dared to Fight*, Cassell, 1999.

小田中直樹『日本の個人主義』（ちくま文庫）筑摩書房, 2006.

Office of Deputy Prime Minister, *Modernizing Local Government*. 〈http://www.local.odpm.gov.uk/sponsor/ethical/ethical.pdf〉

――――, *Modern Local Government――Touch with People.* 〈http://www.communities.gov.uk/index.asp?id=1165212〉
Office of National Statistics, *Labour Force Survey*. 〈http://www.statistics.gov.uk/STATBASE/Source.asp?vlnk=358〉
――――, *Social Trends.* 〈http://www.statistics.gov.uk/StatBase/Product.asp?vlnk=5748〉
――――, *Census*. 〈http://www.ons.gov.uk/census/index.html〉, 2001.
Office for Standareds of Education (Ofsted), *Battersea Technology College Inspection Report 1993*. 〈http://www.ofsted.gov.uk/〉 1993.
大田堯『子どもの権利条約を読み解く――関わり合いの知恵を――』岩波書店, 1997.
大田直子「1902年教育法, 1904年教育法の一考察――LEA成立史――」『東京大学教育学部紀要』第23巻, 東京大学教育学部, 1984.
――――「1902年教育法成立をめぐる一考察――学務委員会（SB）から地方教育当局（LEA）への移行をめぐって――」『教育学研究』第51巻第４号, 日本教育学会, 1984.
――――「現代イギリス教育行政制度をめぐる問題――危機に立つパートナーシップ」『東京大学教育学部紀要』第28巻, 東京大学教育学部, 1988.
――――「イギリス1870年基礎教育法の意義をめぐる論争について――E・G・ウエストの理論を手掛りに――」『東京大学教育学部教育行政学研究室紀要』第９号, 1989.
――――「変わりゆく外国の教育事情――イギリスの教育改革３」『学校事務』学事出版, 1991年６月号.
――――『イギリス教育行政制度成立史』東京大学出版会, 1992.
――――「サッチャー政権下の教育政策」『教育学年報１』森田他編, 世織書房, 1992.
――――「研究ノート『秘密の花園』の終焉（１）――イギリスにおける教師の教育の自由について――」『人文学報』259, 東京都立大学, 1995.
――――「第１提案　第二次世界大戦と教育――イギリスの経験（教育史学会第39回大会記録)」『日本の教育史学』39号, 教育史学会, 1996.
――――「現代化としてのサッチャリズム」『日英教育研究フォーラム』第２号, 日英教育学会, 1998.
――――「サッチャリズムの教育改革」『岩波講座現代の教育』(12) 岩波書店, 1998.
――――「評価の政策史――イギリスの経験」『教育社会学研究』, 日本教育社会学会, 2003.
――――「英国労働党政権の学校タイプの多様化政策――アカデミーの事例を中心に」『公立学校改革における市場力（選択）と非市場力（参加）の相互作用の研究』(科学研究費報告書：代表黒崎勲), 2004.
――――「労働党政権の中等教育多様化政策――アカデミーの事例考察」『イギリ

スの中等教育改革に関する調査研究——総合制学校と多様化政策——中間報告』（科学研究費報告書：代表佐々木毅）, 2004.

————「国家の教育責任の新たなる在り方——イギリス「品質保証国家」の教育政策」『教育学研究』71-1, 日本教育学会, 2004.

————「メリトクラシーを越えて——社会貢献型企業のための学校」『日英教育研究フォーラム』第９号, 日英教育学会, 2005.

————「スティーブン・ボール教授への質問——『サービスクラス』とは誰か」『日英教育研究フォーラム』第10号, 日英教育学会, 2006.

————「地教行法一部改正と学校運営協議会論議」（日本教育学会第63大会報告）『教育学研究』72-1, 日本教育学会, 2005.

————「イギリス労働党政権の教育政策とサッチャリズムの教育政策との連続性と非連続性の分析 科研費報告書」（課題番号16530549）, 2007.

————「ニューヨーク市における学校選択の現状」『学校選択制度による公立学校教育の質の向上メカニズムに関する研究』（科研費報告書：代表黒崎勲）, 2007.

————「新労働党の教育政策——オーナーシップからステークホルダーへ」『人文学報』首都大学東京教育学研究室, 2009.

## P

Perkin, H., *The Rise of Professional Society : England since 1880*, Routledge, 1989.

Pitcher, J. and S. Wagg, eds., *Thatcher's Children?*, Falmer, 1990.

Power, M., *The Audit Society : Rituals of Verification*, Oxford U. P., 1999.

Power, S. and S. Gewirtz, 'Reading Education Action Zones', *Journal of Education Policy*, 16-1, 2001.

Prior, J., *A Balance of Power*, London : Hamilton, 1986.

Riddle, P., *Thatcher Era*, Oxford, 1991.

## S

佐藤修司「キャンデルの内外事項区分論をめぐる諸理解：『比較教育』における区分論の位置と構造」「東京大学教育学部教育行政学研究室紀要」10号, 1990.

School Curriculum and Assessment Authority（SCAA）, *National Curriculm (revised)*, 1993.

————, *Review of qualification for 16-19 years olds*, 1996.

Seale, C., 'Demagoguery in Process : authoritarian populism, the press and school exclusions', *Forum 12-16*, 39-1, 1997.

清田夏代『現代イギリスの教育行政改革』勁草書房, 2005.

————「多元化社会における国家と地方教育当局」『日英教育研究フォーラム』第７号, 日英教育学会, 2003.

Seldon, A., *The Riddle of the VOUCHER*, IEA, 1986.

Shephard, G., *Shephard's Watch : Illusions of power in British Politics*, Politico, 2000.

Silver, H., 'Policy as History and as Theory', *British Journal of Sociology of Education*, 2-3, 1981.

サイモン・B／成田克矢訳『イギリス教育史 II』亜紀書房, 1980.

Sutherland, G., *Ability, merit and measurement : mental testing and English education 1880-1940*, Oxford : Clarendon, 1984.

スゥイナトーン＝ダイヤー「講演の記録」*UK-Japan Education Forum Newsletter*, 日英教育学会, 1992.

## T

Tawney, R. H., *Secondary Education for All : a policy for Labour*, Education Advisory Committee, 1922.

Thatcher, M., *The Downing Street Years*, London : Harper Collins, 1995.

The National Committee of Inquiry into Higher Education, *The Report of the National Committee*, (Dearing Report), 1997.

Theakston, J. et al., 'Teachers Talking : teacher involvement in Education Action Zones', *School Leadership & Management*, 21-2, 2001.

Thornbury, R., *The Changing Urban School*, Methuen, 1978.

Tomlinson, S., *Education in a post-welfare society*, Open U. P., 2001 (2004).

## U

内田勝敏編『イギリス経済』世界思想社, 1989.

内田義彦『社会認識の歩み』(岩波新書) 岩波書店, 1971.

浦野東洋一「英国サッチャー政権による教育行政制度の改革」『早稲田教育評論』5-1, 1991.

宇都宮深志編『サッチャー改革の理念と実践』三嶺書房, 1990.

## W

Walford, G., *Policy and Politics in Education*, Ashgate, 2000.

Walker, J. C., 'Romanticising Resistance, Romanticising Culture : problems in Willis's theory of cultural production', *British Journal of Sociology of Education*, 7-1, 1986.

Wandsworth Education Committee, *Wandsworth Education Committee Minutes*.

Whitty, G., 'The Rhetoric and The Reality of Recent Education Reform in England and Wales', *Monograph, UK-Japan Education Forum*, Vol.3, 1999.

Whitty, G. et al., *Devolution & Choice in Education*, Open U. P., 1998.

Wiener, M., *English Culture and the Decline of the Industrial Spirit : 1850-1980*, Cambridge U. P., 1981.

ウィーナ・M・J.／原剛訳『英国産業精神の衰退——文化史的接近』勁草書房,

1984.
ウィルコックス・R／大田直子訳「1988年教育改革法その後」『教育学年報５』世織書房, 1996.
ウィリス・P／熊沢誠・山田潤訳『ハマータウンの野郎ども』筑摩書房, 1985.
Wood, E., 'Local Government Finance in England', *Research Paper 98/106*, House of Commons, 1998.

Y

山家歩「市民性を通じての統治」村上, 石塚, 篠原編『市民社会とアソシエーション』社会評論社, 2004.
柳田雅明『イギリスにおける「資格制度」の研究』多賀出版, 2004.
Young, M., *The Rise of Meritocracy*, Transaction Publishers, 1994.
————, 'Down with meritocracy', *Guardian*, 2001.6.29.
Young, M. and G. Whitty, '*Postscript' in Society, State and Schooling*, Falmer Press, 1977.
ヤング・M・F・D.／大田直子訳『過去のカリキュラム・未来のカリキュラム』東京都立大学出版会, 2002.
————,「シンポジウム：カリキュラム改革の現在と未来＝言説の検討と実践の構想」『日英教育研究フォーラム』第５号, 日英教育学会, 2001.

### 関連URL

http://www.opsi.gov.uk/acts.htm 〈すべての法律がダウンロードできる〉
http://www.teachernet.gov.uk/ 〈基本的な教育政策関連文書がダウンロードできる〉
http://www.dcsf.gov.uk/index.htm 〈子ども学校家族省のホームページ〉
http://www.ofsted.gov.uk/ 〈Ofstedのホームページ〉
http://www.qca.org.uk/ 〈QCAのホームページ〉

# 索　引

## ■ア行



## ■カ行

■サ行



■タ行

## ■ナ行



## ■ハ行



## ■マ行

■ヤ行



■ラ行



■ワ行



■教育法



■主要なURL

子ども学校家庭省　http://www.dcsf.gov.uk/
革新大学スキル省　http://www.dius.gov.uk/
基礎統計資料　http://www.statistics.gov.uk/
教育関連政府刊行物　http://www.teachernet.gov.uk/
教育関連公式情報　http://www.direct.gov.uk/en/EducationAndLearning/
教育水準局（Ofsted）　http://www.ofsted.gov.uk/
資格とカリキュラム当局（QCA）http://www.qcda.gov.uk/
資格認定局（Ofqual : 新設）　http://www.ofqual.gov.uk/
イングランド高等教育基金協議会（HEFCE）　http://www.hefce.ac.uk/
高等教育品質保証局　http://www.qaa.org.uk/
公文書　http://www.official-documents.gov.uk/
国会議事録（Hansard）　http://www.parliament.uk/
法律／規則　http://www.opsi.gov.uk/acts

# あとがき

難産だった．第一稿は５年以上も前に書き上げていたが，推敲を重ねていたとき，数年来検討を続けてきた勤務先の大学の改革案に業を煮やした石原都知事の突然の「大改革」の嵐の前に，あれよあれよという間に大学がぼろぼろになっていった．内部にいたため，見たくないことも知りたくなかったこともたくさん見た．外から見た情報も教えてもらった．どこに真実があったのか，何が起こり，何がどう決まったのか，将棋の世界なら勝負が終わった後で感想戦があるだろうが，今でも実はよくわからない．末端に位置する教職員は，本来ならば今後の主力を担っていく年齢層なのに，ほとんど蚊帳の外におかれた．退職が近い年齢層が執行部を担うことは今後の大学運営を決定する重大な局面にとってどうだったのだろうかと今でも思う．「大学の自治」という言葉は執行部からはとうとう一度も聞かれないままであった．

またこの間恩師宮崎犀一先生の突然のご病気があり，恩師であり指導者であり，また共同研究者でもあった黒崎勲教授が以前から決まっていたことではあったものの日本大学に転出された．東京都側ではなく，当初大学がまとめた改革案においても定数削減があり，講座制のもとで私を早く教授にするために定年前に転出を決心されたのであった．そのような人事に関わる事情は一切外部には漏らせない．そのことを知る由もない一部の同僚や院生から誤解され，失意と屈辱の中での退職であった．また人文学部というユニークな環境のもとで出来た他分野の仲の良かった友人達も次々と大学を去るなど目まぐるしく環境が変わり，精神的にもきつかった．年齢的にも研究以外にいろいろな仕事を受けるようになり，忙しくもあった．今から思えば院生時代，あるいはイギリスでの在外研究時代が懐かしい．

産みの苦しみが大きければ大きいほど喜びも大きいというが，今回はそういった実感がない．時間が経てしまった分，新鮮味がなく，情報も古くなってしまった．かといって歴史的研究というほど評価が出そろったわけでもない．しかしながらいつまでも手元に抱えたくもなかった．まとめあげた後でイギリスの教育改革の本当の意義が見えてきたからである．一日も早くその研究に着手したかった．しかし，この本はその基礎的な作業ともなっているのでまずはこれを公表しないと先には進めないと感じた．

本書は既発表の論文を中心に構成し，加筆をほどこしたため，文章のつながりがあまりよくない．読者の忌憚ないご意見をいただきたいと思う．

本書のもとになっている論文は以下の通りである．

「サッチャー政権下の教育政策」（『教育学年報１』世織書房，1992年）

「サッチャリズムの教育改革」（『岩波講座現代の教育12　世界の教育改革』岩波書店，1998年）

「イギリス新労働党の教育政策――装置としての「品質保証国家」」（『教育学年報９』世織書房，2002年）

「国家の教育責任の新たなる在り方：イギリス「品質保証国家」の教育政策」（『教育学研究』日本教育学会，2004年）

「英国労働党政権の学校タイプの多様化政策――アカデミーの事例を中心に」（『公立学校改革における市場力（選択）と非市場力（参加）の相互作用の研究』科学研究費報告書，研究代表黒崎勲，2004年）

「イギリスの新しい教育財政制度」（『イギリスの中等教育改革に関する調査研究』科学研究費報告書，研究代表佐々木毅，2006年）

「イギリス労働党政権の教育政策とサッチャリズムの教育政策との連続性と非連続性の分析」（科学研究費報告書，研究代表大田直子，2007年）

「新労働党の教育政策――オーナーシップからステークホルダーへ」（『人文学報』首都大学東京人文社会学系教育学，2009年）

なお，「品質保証国家」という用語を使い出したのは2000年ぐらいからであるが，恩師宮崎犀一先生からすぐ電話をいただき，品がないとお叱りを受けた．確かに「教育の品質保証」という言葉は使われず，「教育の質保証」がこの頃頻繁に見られるようになった．しかしながら，1980年代以降，イギリス教育改革は経済のメタファーで語られ，実際にそのような原理が構築されてきたのである．そのことを深く自覚しなければならない．そのために「品質保証国家」という用語に執着しているのである．

今でも教育改革は続いているし，日本でも夙にその必要性が叫ばれている．イギリスの教育改革をモデルにして語る政治家が増えているが，彼らは表面的にしか物事を見ていないのではないか．本格的に検討すべきものは，イギリスの教育改革は福祉国家のどこを問題とし，未来社会を展望する上で，どのように解決しようとしたのかという点であろう．そして日本とイギリスの政治的風土，文化で決定的に違うことは何か，またサッチャーとブレアのどちらの時代をモデルとするほうが多少なりとも日本にとって有意義なものとなりうるのかといった観点からの分析であろう．本書が多少なりともこういった問題に貢献できれば幸いである．

出版に漕ぎ着ける直前に黒崎勲教授がお亡くなりになった．「黒さん」がいなかったら私は研究者として一人前にはなれなかったと思う．実は「黒さん」が病気で苦しんでおられたとき，私も同じ病気を抱えていることがわかり，摘出手術を受けた．私はこれはやはりここ数年間のストレスが原因だったと思っている．そして，これまでは一病息災といって黒さんを慰めていたが，私も同じ道を辿ることが明らかになった．癌は生活習慣病だともいわれている。私もこれまでの生活を根本的に見直し，統合医療を基礎においた闘病生活を今送っている．人生の意味を考えながら，そして家族や多くの友人たちの暖かい支えに感謝しながら．

最後になったが，世織書房の伊藤晶宣さんには出版の労をとっていただいた．ここにお礼申し上げる．

大田直子

〈著者紹介〉
大田直子（おおた・なおこ）
首都大学東京都市教養学部人文・社会系心理学・教育学コース教育学教授。著書に『イギリス教育行政制度成立史』（東京大学出版会，1992年），共編著に『教育のために――理論的応答』（世織書房，2007年），訳書にマイケル・W・アップル『右派の／正しい教育――市場，水準，神，そして不平等』（世織書房，2008年）などがある。2010年３月28日逝去。

現代イギリス「品質保証国家」の教育改革

2010年４月15日　第１刷発行 ©

著　者｜大田直子
装幀表｜M. 冠着
発行者｜伊藤晶宣
発行所｜(株)世織書房
印刷所｜三協印刷(株)
製本所｜協栄製本(株)

〒224-0042　神奈川県横浜市西区戸部町7丁目240番地　文教堂ビル
電話045(317)3176　振替00250-2-18694

落丁本・乱丁本はお取替いたします　Printed in Japan
ISBN978-4-902163-52-0

マイケル・W・アップル／大田直子訳
右派の／正しい教育 ●市場、水準、神、そして不平等
4600円

田原宏人・大田直子編
教育のために ●理論的応答
3000円

野平慎二
ハーバーマスと教育
2400円

矢野智司
意味が躍動する生とは何か ●遊ぶ子どもの人間学
1500円

佐藤　学
学びの快楽 ●ダイアローグへ
5000円

藤田英典
家族とジェンダー ●教育と社会の構成原理
2600円

清川郁子
近代公教育の成立と社会構造 ●比較社会論的視点からの考察
8000円

〈価格は税別〉

世織書房